기업의 지속 성장을 위한

문제 해결의 통합적 이해

기업의 지속 성장을 위한

문제
해결의
통합적 이해

안병진 · 김상익 지음

문제 해결의 통합적 이해

지은이 | 안병진, 김상익
펴낸이 | 한기철

2012년 3월 31일 1판 1쇄 펴냄
2015년 1월 20일 1판 2쇄 펴냄

펴낸곳 | 한나래출판사
등록 | 1991. 2. 25 제22-80호
주소 | 서울시 마포구 월드컵로3길 39, 2층 (합정동)
전화 | 02-738-5637 · 팩스 | 02-363-5637 · e-mail | hannarae91@naver.com
www.hannarae.net

ⓒ 2012 안병진, 김상익
Published by Hannarae Publishing Co.
Printed in Seoul

ISBN 978-89-5566-127-9 93320

급변하는 외부 환경에 기업이 적절히 적응하고 지속적으로 발전하기 위해서는 끊임없는 개선과 혁신이 필요하다. 그리고 이러한 개선과 혁신이 원활히 이루어지기 위해서는 많은 문제를 해결해야 한다. 하지만 지금은 외부 변화의 속도와 폭이 너무 빠르고 커서 어제의 정답이 더 이상 오늘의 정답이 아니며, 심지어는 불확실성 때문에 정답이 없는 것처럼 보이기까지 하는 상황이 벌어지고 있다.

이러한 상황 속에서 기업이 적절하게 대응하고 경쟁력을 유지하기 위해서는, 새로운 문제를 신속히 발견하고 올바르게 해결할 수 있는 능력을 키우는 것이 그 어느 때보다 절실하게 요구된다.

흔히 문제 해결 능력이 경영자나 일부 관리자에게만 필요한 능력으로 생각하기 쉽지만 이는 잘못된 생각이다. 우리는 문제와 기회로 가득 찬 세상에서 끊임없이 의사 결정을 하고 문제를 해결해 가면서 살아가고 있다. 만약 이 세상의 모든 문제를 사라지게 할 수 없다면,

문제를 해결하면서 살아갈 수밖에 없는 것이다. 따라서 지금의 환경에서는 문제 해결 능력은 글쓰기 혹은 셈하기처럼 누구나가 갖추어야 할 기본적인 능력에 속한다고 할 수 있다.

이 책의 목적은 문제 해결에 관한 기본적인 내용을 체계적으로 정리함으로써, 일반인으로 하여금 좀 더 문제를 잘 해결할 수 있도록 돕는 것이 첫 번째 목적이고, 그 다음으로 기업이나 대학에서 문제 해결을 위한 기본 교육 교재로 활용할 수 있도록 하는 것이 두 번째 목적이다.

이 책에서는 기업의 문제를 '풀어야 할 과제'라는 의미에 초점을 맞추어, 문제 해결과 관련된 의사 결정과 실행에 대한 기본적인 내용을 설명하는 데 역점을 두고 있다. 왜냐하면 상황이 복잡하고 불확실할수록, 문제를 정확하게 인식 및 파악하고, 원칙과 기본에 더욱 충실한 해결책을 모색하여야 하기 때문이다.

문제 해결과 관련된 좀 더 전문적인 내용은 이 책의 후속편이라 할 수 있는 ≪기업의 성과 창출을 위한 문제 해결의 통합적 방법≫에서 따로 다룰 예정이다. 따라서 이 책과 함께 후속책을 참고하면 보다 효율적이 될 것이다.

문제의 해결책은 없어서 마련하지 못하는 경우보다는 구하는 방법을 몰라서 못 구하는 경우가 더 많다. 그리고 문제 해결 절차의 이해 없이 문제에 직면한다는 것은 지도 없이 무작정 탐험을 떠나야 하는 것과 같다. 문제가 있으면 해답도 있는 법이다.

이 책 내용의 많은 부분이 다른 연구자들의 노고와 저서에서 비롯된 것이다. 이분들의 노고에 감사드리고 책의 흐름상 일일이 밝히지 못한 점 사과드린다.

이 책이 문제 해결 과정이라는 긴 여정에서 장애물을 제거하고, 체계적으로 문제를 해결하는 데 조금이라도 도움이 되는 지침서 또는 길을 잃어버렸을 때 찾아볼 수 있는 안내서가 되기를 기원하며, 기업을 비롯한 사회 많은 분야의 눈 밝은 독자들의 질정을 고대한다.

2012년 3월
일감호가 내려다보이는 연구실에서
저자 씀

차례

1장

문제란 무엇인가?

우리가 흔히 듣는 말 중에는 "하루하루가 문제의 연속이다"라는 말이 있다. 실제로 우리는 늘 문제 속에서 선택을 하면서 살아가고 있다. 음식 메뉴를 선택하는 것 같은 사소한 선택에서부터 배우자를 결정하는 것처럼 중요한 선택까지 그 범위는 매우 다양하다. 어떤 선택은 너무나 일상적이고 사소해서 큰 어려움 없이 이루어지기도 하지만, 어떤 선택은 너무나 어려워서 막막하기만 할 때도 있다.

일상생활뿐만 아니라 기업에서도 어떤 경우든 선택과 결정에는 결과가 따르고 결과에는 책임을 져야 한다. 이렇게 책임을 져야 한다는 사실이 선택하고 결정하는 것을 두렵고 어렵게 만든다. 문제가 심각한 경우 이를 피하고 싶다고 해서 피할 수 있는 것도 아니다. 우리 스스로가 문제를 극복하지 않는다면 누구도 그 일을 대신 해주지 않으며, 책임 역시 져주지 않기 때문이다. 따라서 문제를 적극적으로 받아들이고 올바른 절차와 기법을 활용하여 비판적으로 분석하고 창의적으로 문제를 해결할 수 있는 능력은 기업에서뿐만 아니라 우리가 살아가면서 꼭 필요한 능력 중의 하나이다. 문제를 해결하는 과정에 대한 긴 여정을 떠나면서 먼저 문제 해결에 대한 기본 개념부터 파악해 보기로 한다.

1 문제 해결의 기본 개념

1) 문제의 의미

우선 **문제**라는 말의 사전적 의미부터 알아보기로 하자. 문제는 쓰이는 상황에 따라 의미가 다소 달라진다. 예를 들어 시험 문제와 같이 '정답을 요구하는 질문'이라는 의미로 사용되기도 하고, 현재 상태와 원하는 상태와의 차이를 극복하는 것이라는 뜻에서, '풀어야 할 과제'라는 의미로 쓰이기도 한다. 또한 사람들 사이에 의견이 서로 다를 때는, '논쟁을 일으키는 이슈'라는 의미로 사용되기도 한다.

이와 같이 문제라는 말은 다양한 의미를 가지고 있으므로 현재 우리가 갖고 있는 문제의 성격부터 분명히 할 필요가 있다. 일반적으로 문제는 **개방형 문제**open-ended problem와 **폐쇄형 문제**closed-ended problem로 구분할 수 있는데, 개방형 문제는 정확히 정의되지 않아 이해하기 어렵고 애매하여 하나의 정답을 찾기 어려운 문제로, 여러 개의 해답이 가능한 문제를 의미한다. 만약 건물을 설계하거나 정책을 수립한다면, 수학 문제를 푸는 것과는 달리 여러 개의 해답이 가능할 것이다. 반면에 폐쇄형 문제는 분석적 방법을 이용하여 이미 정해진 절차에 따라 해답을 찾을 수 있게 정의가 잘되어 있는 문제를 말한다. 이와 같이 문제의 성격을 구분하는 이유는 문제의 성격에 따라 해결 방향이 달라져야 하기 때문이다. 예를 들어 타협안을 찾아야 하는 문제에서는 한 가지 정답만 고집할 수 없고, 반대로 정답이 있는 문제에 대해서는 적당히 타협해서는 안 될 것이다.

문제라는 말과 흔히 혼용하여 사용하는 말로 **문제점**이라는 말이 있다. 예를 들어 음주 상태에서 빗길을 과속으로 운전하다가 사고가 발생했다고 하자. 이때 음주, 빗길, 과속을 문제로 볼 것인지, 혹은 교통사고 자체를 문제로 볼 것인지를 생각해 보자. 엄밀히 말하면 사고 전후 상황에 차이가 생기므로 교통사고 자체를 **문제**로 보아야 한다. 그리고 음주, 빗길, 과속은 사고의 원인으로 추정되므로 일단 **문제점**으로 볼 수 있다. 하지만 이 중에서 다른 원인과는 달리 '빗길'의 경우에는 마땅한 해결책을 찾기 어렵다. 운전자들에게 주의해서 운전하라고는 할 수 있지만, 비 자체를 막을 수는 없기 때문이다. 즉, 비는 사고의 원인이기는 하지만 문제점은 아니다.

정리하면 결과로 일어난 것을 **문제**라고 할 경우, **문제점**은 원인 중에서 대책을 세울 수 있고 또한 대책을 세울 필요가 있는 것을 말한다. 우리는 문제가 발생하면 이를 해결하기 위해 원인을 파악하고, 이들 중에서 대처할 수 있는 것과 없는 것으로 구분한 후에 대처할 수 있는 것에 대하여 대응 방안을 수립하기 마련이다. 따라서 발생한 문제를 해결하기 위해서는 문제점을 파악하는 것이 무엇보다 중요하다.

이와 같이 **문제**라는 말에는 다양한 의미가 있지만, 이 책에서는 주로 현재 상황과 원하는 상태와의 차이를 극복하기 위해 기업에서 풀어야 할 문제, 즉 '기업에서 해결해야 할 과제'라는 뜻의 문제를 다루고자 한다. 문제가 있으면 해답도 있는 법이다. 문제에 봉착했을 때 핑계를 대며 책임을 회피하거나 실패에 대한 변명을 늘어놓아서는 문제가 해결되지 않는다. 문제는 역량과 의욕을 갖춘 사람이 분명한 목표를 갖고 올바른 절차와 기법을 활용하여 해결안을 도출하고 이를 실행할 때 해결된다. 이러한 문제 해결 능력을 식으로 표현하면, 다음과 같이 의사소통 능력, 사고 능력, 절차와 도구의 활용 능력, 그리고 실행력의 곱으로 표현될 수 있을 것이다.

문제 해결 능력＝의사소통 능력×사고 능력×절차와 도구 활용 능력×실행력

따라서 문제가 제대로 해결되기 위해서는 이러한 의사소통 능력, 사고 능력, 절차와 도구 활용 능력, 실행력 등을 모두 갖추어야 하며, 이때 문제 해결 능력은 이러한 능력들의 '더하기'가 아니라 '곱하기'로 이루어진다. 여기서 '곱하기'라는 것은 다른 능력이 아무리 탁월해도 이 중에서 한 가지가 영zero에 가까우면 전체가 영에 가까워질 수 있다는 것을 의미한다.

문제 해결 능력과 관련하여 실행력의 경우에는 '문제 **상황의 절박함**' 그리고 권한 위임과 동기부여 등과 같은 외부적인 요소나, 혹은 "문제를 반드시 해결하겠다"라는 개인적 마음가짐 등에 많은 영향

을 받는다. 하지만 의사소통 능력, 사고 능력, 절차와 도구 활용 능력 등과 같이 의사 결정과 관련된 능력은 학습과 훈련을 통해서 향상될 수 있다는 점을 유념할 필요가 있다. 따라서 이 책은 학습을 통하여 함양될 수 있는 개인의 사고력, 합리적 의사 결정 능력, 문제 해결 절차, 문제 해결 기법 등에 관한 기본적인 내용을 이해하여 문제 해결 능력을 배양함을 목적으로 하고 있다.

2) 문제 해결과 의사소통

해결해야 할 문제 중에서, 특히 서로 타협하고 양보해야 하는 문제를 해결하는 데 중요한 것이 의사소통이다. 의사소통이란 말이나 글을 이용하여, 서로 정보를 교환하고, 관계를 맺으며, 서로를 이해하고, 서로에게 영향을 미치려는 행위나 혹은 그 과정을 의미한다.

어떤 조직이 공동의 문제를 가지고 있는 경우, 서로의 생각과 입장이 다르다면 어떻게 다른지, 문제 상황을 인식하는 관점은 왜 다른지, 왜 서로 다른 해결책을 고집하는지 등을 의사소통을 통해 이해하려고 노력하는 것은 문제 해결에 있어서 매우 중요한 일이다. 특히 상대방의 말을 경청한다는 것은 무엇보다 중요하다. 따라서 상대방의 의견을 듣고, 듣고, 또 들어야 한다.

의사소통이 어려운 이유 중에 하나는 개인의 가치관이 서로 다르기 때문이다. 누구나 자신이 오랫동안 믿어 왔던 것을 쉽게 바꾸지 못할 뿐 아니라, 서로 첨예하게 대립한 경우 각자 나름대로의 정당성과 이유를 갖고 있기 마련이다. 이때 갈등을 피하기 위해서 일방적으로 수용해 버리거나 냉소적인 태도를 취하는 것은 바람직하지 않다. 이와 같이 서로가 옳다고 생각하는 것이 다를 때 의사소통이 원활히 이루어지기 위해서는 편협함을 버리고 개방적인 태도를 갖는 것이 무엇보다 중요하다. 개방적인 태도란 고정관념으로부터 벗어나 서로가 다르다는 사실과 상대의 가치를 인정하는 것에서부터 시작한다.

만약 하나의 문제 사안에 대하여 입장과 의견에 커다란 차이가 있다면 각자가 당연하다고 받아들이고 있는 사실이 과연 옳은지를 의심해 볼 필요가 있다. 내 생각만 옳고 다른 생각은 틀렸다는 것은 지나치게 권위주의적인 태도이다. 내가 옳다고 믿는 것도 시간의 흐름 속에서 변할 수 있다는 것을 받아들이는 것이 중요하다. 이렇게 함으로써 생각이 일정한 틀 속에 갇히는 것을 막을 수 있고 유연한 사고가 가능해진다. 옳다고 생각되는 개인 혹은 사회의 통념도 시간의 흐름 속에서 변하기 마련이다. 예를 들어 200년 전까지만 해도 흑인들은 영혼이 없고, 또한 읽는 법을 배울 수 없다는 것이 미국 지식인들의 상식이었다.

고정관념을 벗어나 유연한 사고가 가능해질 때, 기존의 생각들 사이에서 새로운 관계를 발견할 수 있게 된다. 예를 들어 갈등 관계도 상황에 따라 상생 관계로 변할 수 있고, 단기적 손실이 장기적으로는 도움이 될 수도 있다는 사실을 발견할 수도 있다. 이러한 개방적인 생각과 사고의 유연성은 서로를 이해하는 데 도움이 되고, 나아가서 문제 해결의 필수 요소인 의사소통의 기본 바탕이 된다.

많은 사람의 이해가 얽힌 문제를 해결할 때는 소통하는 인간관계가 커다란 역할을 한다. 이해가 얽힌 경우 서로의 이해를 모두 충족하지 못하면 문제 해결 자체가 무의미해지기도 한다. 한의학에 "통通하지 못하면 통痛해진다"라는 말이 있다. 이 말은 소통이 잘 안되면 병들기 쉽다는 말이다. 특히 문제가 복잡하고 여러 사람이 연관되어 있을수록 소통하는 인간관계는 더욱 중요해진다. 결국 인간관계는 의사소통에 기초를 두고 있으므로 복잡한 문제를 해결하고자 할 때 의사소통의 역할은 무엇보다 중요하다.

뿐만 아니라 문제를 혼자서 해결하기도 하지만 복잡한 문제일수록 팀을 구성하여 해결하는 경우가 많다. 이러한 경우 팀원들끼리 효율적인 협력 관계를 구축하기 위해서는 의사소통을 통해 서로를 이해하고 함께 하는 것이 절실히 필요하게 된다. 결국 신뢰와 존중을 바탕으로 서로 주고받는 의사소통 능력은 문제 해결을 위한 핵심 역량 중의 하나이다.

3) 문제 해결과 사고 과정Thinking Process

문제 해결과 사고 과정은 서로 깊은 연관성이 있으며, 생각하는 능력은 문제 해결에 있어서 결정적인 역할을 담당한다. 만약 사고 과정에서 오류가 발생한다면 올바른 의사 결정이 어려워진다. 따라서 사고 과정에서의 오류를 막기 위한 노력뿐만 아니라 사고 과정 자체에 대한 올바른 이해는 문제 해결의 성공 가능성을 높여 준다. 지금부터 문제 해결 과정과 연관된 사고 과정의 구체적인 내용과 활동에 대하여 알아보기로 하자.

● 인식Perception

인식은 외부 세계로부터 감각을 통하여 정보를 받아들이는 과정을 말하며, 문제를 파악하고 관련 정보를 수용하는 역할을 한다. 이러한 인식 과정은 선입견이나 기대감에 영향을 받을 수 있으므로 정보를 수용할 때는 착오를 일으키지 않도록 유의해야 한다. 특히 그래프니 도표와 같이 시각적 효과를 향상시킬 수 있는 객관적 방법을 잘 활용하면, 현상에 대한 정확한 인식과 판단에 도움이 된다.

● 관심Attention

우리가 인식한 모든 것에 반응하기는 어려우므로 그 중에서 일부를 선별하기 마련이다. 관심이란 우리가 인식한 것들 중에서 중요하다고 판단되는 사항에 반응하는 것을 말한다. 예를 들어 글쓰기는 관심을 필요로 하는 과정이지만, 껌을 씹는 것과 같이 무의식적으로 반복되는 행위에는 관심이 덜 가게 된다. 만약 중요한 문제에 관심을 갖지 못한다면 문제 해결의 타이밍을 놓치기 쉽고, 중요한 일을 무관심하게 다루거나 무심코 진행한다면 실수나 오류를 범하기 쉽게 된다.

- 기억Memory

경험을 통해 얻은 정보가 추후 다시 사용될 수 있도록 저장된 것을 기억이라고 한다. 문제 해결에 사용되는 대부분의 지식은 개인 경험에 의존하는 경우가 많다. 따라서 기억을 더듬는 행위는 문제 해결에 있어서 매우 중요한 과정이다. 하지만 개인의 기억은 왜곡될 수 있다는 점을 염두에 두어야 한다.

- 분류Classification

특정 상황이나 사물에 대하여 어떤 공통 특징을 갖는 개체들끼리 모아서, 집단으로 나누는 것을 분류라고 한다. 만약 분류 기준이 해결하고자 하는 문제의 중요한 특징을 반영하고 있다면, 분류는 문제 해결을 위한 중요한 실마리가 된다. 그리고 문제와 관련된 상황이나 사물이 지나치게 복잡한 경우에는 문제 해결이 쉽지 않다. 이러한 경우에 분류를 통한 세분화가 제대로 이루어질 수 있다면 복잡한 것을 이해하는 데 크게 도움이 된다.

- 학습Learning

개인 혹은 집단이 지식과 기술을 습득해 가는 과정이 학습이다. 그리고 학습의 관점에서 보면 문제 인식은 무엇을 해결해야 하는가know what를 배우는 과정이고, 문제 해결은 어떻게 해결해야 하는가know how를 학습하는 과정으로 볼 수 있다. 학습을 통한 문제 해결도 중요하지만, 올바른 문제 해결을 위해서는 문제 해결 방법 자체를 학습할 필요가 있다.

● **동기**|Motivation

　동기란 현재 상태를 변화시키기 위한 이유나 원동력을 말한다. 예를 들어 필요, 요구, 가치, 만족, 선호, 효용, 목적, 목표 등은 동기와 연관된 단어들이다. 문제 해결에 있어서 뚜렷한 동기는 목표를 분명하게 해주고, 분명한 목표는 문제 해결 과정에서 방향을 제시해 주는 등대와 같은 역할을 한다. 또한 동기가 뚜렷해야 문제 해결 과정에서 어려움을 극복하고, 목표를 달성할 때까지 지속성을 유지할 수 있게 된다.

● **판단**|Judgment

　판단 기준과 관련된 정보를 바탕으로 평가 과정을 통해 결론에 도달하는 것을 판단한다라고 한다. 문제 해결 과정에서 완벽한 판단은 거의 불가능하지만, 올바른 판단을 위해서는 사실에 근거하고 다양한 오류를 범하지 않도록 노력해야 한다. 또한 다른 사람의 주장에 대해서는 비판 과정을 통해 그 타당성을 점검해 볼 필요가 있다.

● **추론**|Reasoning

　연역이나 귀납과 같이 데이터, 사실, 전제 조건 등을 바탕으로 결론을 유도해 가는 과정을 추론이라고 한다. 우리는 이러한 추론 과정이 이치에 맞게 진행될 때 논리적이라고 하며, 과정이 논리적일 때 증거에 의한 책임 있는 결정이 가능해진다. 뿐만 아니라 결론을 유도해 가는 과정이 논리적일 때, 비로소 문제와 관련된 이해 당사자 간의 의사소통도 원활히 이루어질 수 있다.

● **창의성**Creativity

창의성은 새로운 것을 개발할 수 있는 능력을 의미한다. 이러한 창의성은 상상력에 바탕을 두고 모든 것을 새로운 관점에서 바라볼 때 함양되며, 문제 해결에 있어서 다양한 해결책 발굴의 원천이 된다. 창의성은 다양한 해결 방안을 모색하는 과정에서 필수 요소이며, 특히 혁신적인 해결 방안은 창의성 없이 기대하기 어렵다.

문제 해결은 결국 이러한 다양한 사고 과정을 통해 이루어진다. 이러한 사고 과정은 다음 장에서 자세히 다룰 비판적 사고, 창의적 사고, 논리적 사고, 시스템 사고, 통계적 사고로 특징지을 수 있으며, 이러한 사고들이 조화를 이룰 때 비로소 올바른 문제 해결이 가능해진다.

4) 문제 해결을 위한 기능Function

문제 해결 과정은 일종의 탐험과 같다. 적시에 올바른 문제를 인식함은 탐험이 시작되는 것을 뜻하고, 문제 해결의 목표를 정한다는 것은 어디로 갈지를 정하는 것과 같으며, 문제 해결 방향을 정하는 것은 어떤 경로로 갈지를 정하는 것과 같다. 탐험과 문제 해결 두 가지 모두 실행을 위해서는 준비가 필요하고, 준비가 잘되었다는 것은 계획을 잘 수립했다는 것을 의미한다. 또한 문제가 해결되었다는 것은 탐험의 목적지에 도착했다는 것이며, 평가한다는 것은 탐험 결과를 되새겨 본다는 것을 의미한다.

탐험과 마찬가지로 문제 해결은 문제와 관련된 몇 가지 기능을 수행하는 과정에서 이루어진다. 단순한 여행과 탐험이 서로 요구되는 기능이 다르듯이, 문제도 문제의 성격에 따라 요구되는 기능이 다소 달라진다. 예를 들어 새로운 제품을 개발하는 문제와 마케팅 전략을 수립하는 문제는 요구되는 기능이 서로 다르다.

그리고 문제 해결을 위한 기능을 수행하는 순서는 정해져 있는 것이 아니라 필요에 따라 변할 수 있다. 예를 들어 문제를 파악하고, 다양한 해결책을 모색하고 평가한 후, 최종안을 선택하는 것과 같이 순차적으로 진행되기도 한다. 하지만 어떤 경우에는 조사하고 연구한 결과를 평가한 후 다시 조사하는 것과 같이 기능을 수행하는 순서가 바뀌거나 반복해서 진행되기도 한다.

이처럼 문제 해결을 위한 기능을 수행하는 순서는 상황에 따라 달라질 수 있으므로 순서를 완전히 정형화하기는 어렵다. 하지만 다양한 문제 상황에 적용할 수 있도록 수행하는 순서를 어느 정도 체계화하는 것은 가능하다. 이처럼 문제 해결을 위해 기능들의 순서를 체계적으로 정리한 것을 **문제 해결 절차** 또는 **로드맵**road map이라고 한다.

만약 문제 해결 절차를 잘 모르면, 어디서 출발해야 할지를 잘 모르게 될 뿐만 아니라 어디로 나가야 할지도 잘 모르게 된다. 문제 해결 절차를 잘 모른다는 것은 지도도 없이 탐험을 시작하는 것과 같아서, 도중에서 문제가 발생하면 방황하게 되고 그 결과 쉽게 포기하게 된다. 이러한 문제 해결 절차에 대해서는 4장에서 자세히 다루기로 하고, 문제 해결 절차를 구성하는 기능 몇 가지를 먼저 정리해 보면 다음과 같다.

● 문제 인식Problem Identification

무엇인가 문제가 있다는 것을 감지하고 문제와 기회를 구체적으로 확인하는 과정을 문제를 인식한다라고 한다. 이는 문제 해결의 출발점이 되며, 문제의식으로부터 비롯된다. 단순히 오래된 만성적인 문제뿐만 아니라 해결되면 잠재적 효과가 크고 새로운 기회가 될 수 있는 문제를 인식하는 것이 중요하다.

● 문제 정의Problem Definition

문제의 본질을 명확히 하고 문제의 영향과 심각성을 파악하며, 목표를 설정함으로써 발견된 문제를 정확하게 규정하는 것을 문제를 정의한다라고 한다. 결국 올바르게 문제를 정의했다는 것은 인식한 문제를 제대로 이해하게 되었다는 것을 의미한다.

● 연구Research

기존의 정보 또는 새로운 데이터를 수집하여 이를 분석하고, 문제 해결에 필요한 새로운 지식을 창출하고자 하는 노력을 연구라고 한다.

● 진단Diagnosis

문제의 발생 원인을 정확히 파악하는 것은 문제 해결의 성공 여부에 절대적 영향을 미친다. 문제의 발생 원인을 파악하고자 하는 다양한 노력을 진단이라고 한다.

● **대안**(해결책)**의 도출** Alternative Generation

　문제와 관련된 정보를 분석하고 창의성을 바탕으로 문제 해결을
위한 다양한 아이디어를 모색하여, 대안 또는 해결책을 도출하는 것
을 말한다.

● **설계** Design

　우리가 설정한 목표를 달성하고, 요구되는 조건을 충족시키도록
시스템, 요소, 프로세스 등을 새롭게 고안하는 과정을 설계라고 한다.

● **계획** Planning

　목표 달성을 위하여 필요한 일들을 파악하고, 이 일들을 앞으로
어떻게 수행할 것인가 결정하는 행위를 계획을 수립한다라고 한다.

● **예측** Prediction

　명시된 조건에 따르면, 미래에 어떤 일이 어느 정도 발생할 것인
지에 대한 가능성을 분석해 보는 것을 예측이라고 한다.

● **평가** Evaluation

　판단 기준을 마련하고, 다양한 대안 혹은 해결책들을 판단 기준에
따라 비교하여 최적의 안을 선택하거나, 목표와 실제 진행된 것과의
차이를 확인하는 것을 평가라고 한다.

● **실행**Implementation

　실행이란 어떤 계획안을 현실에 구현하는 행위이며, 계획과 성취 사이의 간격을 메우는 일이기도 하다. 특히 문제에 대한 해결 방안은 실행을 통해서 현실에 접목되며, 그 효과는 실행 결과로 나타난다.

　위에서 고찰한 문제 해결을 위한 여러 기능들이 효율적으로 이루어지기 위해서는, 각 기능에서 사용되는 특정 **기법**이나 **도구**tool가 필요하다. 예를 들어 연구라는 기능을 수행하기 위해서 표본조사라는 기법을 통해 자료를 수집하고, 수집된 자료를 통계적으로 분석하기 위한 도구가 필요한 경우가 있다.

　다른 예로서 만약 새로운 프로세스를 설계하고자 한다면, 먼저 기존의 프로세스를 분석하거나 혹은 비교 우위에 있는 다른 프로세스를 배워야 할 것이다. 이러한 기능을 수행하는 데는 프로세스 매핑이나 벤치마킹과 같은 기법이 유용하게 활용될 수 있다. 이와 같이 효율적인 문제 해결을 위해서는 필요한 기능들이 순차적으로 수행되어야 할 뿐만 아니라, 각 기능의 수행 단계에서 필요한 기법이나 도구가 적절하게 사용되는 것이 필수적이다.

2 문제 유형의 분류

　문제의 유형에 따라 문제 해결을 위한 접근 방식이 달라지므로 문제를 제대로 이해하기 위해서는 문제의 유형에 대하여 알아볼 필요가 있다. 문제를 유형에 따라 분류해 보면, 같은 유형에 속한 문제는 비슷한 특성을 보이는 경우가 많기 때문에 유사한 사례를 찾아내기가 쉽고, 그 결과 문제가 쉽게 해결되는 경우가 많다.

1) 문제 해결의 동기에 의한 분류

　기업에서의 문제에 대한 특성을 이해하기 위해서는 먼저 문제 해결 과정이 왜 필요한지를 이해할 필요가 있다. 첫 번째 상황은 기업이 원하는 목표와 실제 성과 간의 차이가 발생해서 이 차이를 좁히고자 하는 경우이다. 두 번째 상황은 현재 목표와 실제 성과 사이에 차이는 없지만, 현재에 만족하지 않고 더 높은 목표를 설정하고 이를 달성하고자 하는 경우이다. 그리고 세 번째 상황은 현재 목표와 실제 성과 사이에 차이는 없지만 미래에 차이가 발생할 가능성이 있어서 이를 사전에 예방하고자 하는 경우이다.

(1) 발생형 문제

발생형 문제는 첫 번째 상황에 해당하며, 비정상적이고 바람직하지 않은 상황을 정상적인 상태로 되돌리기 위한 문제를 말한다. 예를 들어 고객 불만 사항과 불량품이 발생되었을 때, 이를 정상적인 상태로 되돌리고자 하는 노력과 같은 것이다. 이러한 문제는 성과를 올리는 데 방해가 되는 원인을 제거함으로써 해결되며, 이와 같은 발생형 문제는 주로 조직 내부에서 비롯된다. 결국 발생형 문제는 시급히 해결책이 요구되는 유형의 문제를 말하며, 문제가 해결되면 이를 유지하기 위해 응급조치, 근본적인 조치, 재발 방지 등의 조치를 취하게 된다.

(2) 설정형 문제

설정형 문제는 두 번째 상황에 해당하며, 이상적인 상황 또는 비전과 목표를 설정하고 이를 달성하고자 하는 과정에서 흔히 발생한다. 예를 들어 신제품 개발과 새로운 시장 개척과 같이 미래에 대비하기 위한 노력과 같은 것이다. 이러한 문제는 외부 변화에 적응하고 기회를 포착하기 위해 무엇에 집중해야 할지를 모색하는 과정에서 발견되며, 이러한 문제는 주로 외부에서 비롯된다. 결국 설정형 문제는 위기를 분석하고 기회를 모색하는 과정에서 발견될 수 있는 유형의 문제를 의미한다(<표 1.1> 참조).

　기업에서 이상적인 상태나 목표를 설정할 때, 장기적인 관점에서는 높은 수준을 설정해야 하지만 즉각적인 성과 도출이 필요한 경우에는 구체적이고 노력하면 달성 가능한 수준을 설정하기도 한다. 그리고 현재 상태를 분석해도 이상적인 상태가 어떤 상황인지 명확하지 않은 경우가 있을 수 있다. 이런 경우에는 우선 가치 기준을 설정하고 이를 향상시키기 위한 노력을 해볼 필요가 있다.

　이때 가치 기준은 시간의 흐름 속에서 변할 수 있다는 사실을 유념해야 한다. 예를 들어 어릴 때는 공부를 잘하는 것이 중요한 가치 기준이지만, 나이가 들면 건강이 더 중요한 가치 기준이 된다. 결국 이상적인 모습도 환경 변화와 시간의 흐름 속에서 변하며, 이것이 기업이 설정형 문제를 지속적으로 해결해야 하는 이유이기도 하다. 예를 들어 고도 성장기에는 기업의 경영 목표가 시장 점유율 확대이지만 기업이 커지면 기업 윤리에 기초한 기업의 사회적 책임이 더욱 요구된다.

　설정형 문제는 실행이 핵심이므로, 실행을 위해서는 우선 목표 달성에 필요한 기간을 설정하고, 목표 달성에 필요한 조건을 확인하며, 이러한 조건을 충족하기 위한 기술과 지식을 습득한 후 해결책에 대한 구체적인 실행 계획을 수립하여야 한다.

<표 1.1> 발생형 문제와 설정형 문제의 특징

발생형 문제	설정형 문제
· 문제가 무엇인지는 알고 있다.	· 문제가 무엇인지부터 찾아야 한다.
· 즉시 해결되어야 한다.	· 중요하지만 즉시 해결해야 하는 것은 아니다.
· 원인 파악이 핵심이다.	· 목표 달성을 위한 방법을 찾는 것이 핵심이다.
· 해결 여부를 알 수 있다.	· 해결 여부가 명확하지 않을 수 있다.
· 문제를 해결하면 종료된다.	· 계속 해결해 나가야 한다.

(3) 잠재형 문제

잠재형 문제는 세 번째 상황에 해당하며, 설정형 문제와 마찬가지로 현재는 특별한 문제가 없지만, 다른 점은 방치해 두면 미래에 문제로 변질될 수 있는 유형을 말한다. 예를 들어 지금 자동차의 연료가 많지 않다면, 현재는 문제가 없지만 계속 방치하는 경우 자동차가 정지하는 문제가 발생할 것이다. 이와 같은 잠재형 문제를 해결하기 위해서는 문제 발생을 사전에 방지하는 예방책 마련과 문제가 발생했을 때 적용할 수 있는 대비책을 사전에 준비하는 것이 중요하다. 예를 들어 기업에서 리스크risk에 대비하여 이에 대한 대응 능력을 향상시킴으로써 피해를 최소화하는 위기관리가 잠재형 문제 해결의 대표적인 경우라 할 수 있다.

2) 문제 발생 영역에 따른 분류

기업의 경영 기능은 전략 수립, 마케팅, 생산, 회계 및 재무, 인사 및 조직, 구매, 정보시스템, 개발 등과 같은 기능으로 구성되어 있으며, 각 기능 혹은 영역별로 다양한 문제가 발생하게 된다. 이때 문제 해결을 위한 지식이나 방법은 각 기능별로 차이가 있다.

예를 들어 개발 부서나 생산 부서의 문제 해결 방법과 마케팅 부서의 문제 해결 방법은 서로 다를 수 있다. 따라서 문제가 어떤 영역에서 발생한 것인지부터 파악해야 한다. 이렇게 하면 유사 사례를 찾고, 문제 해결 방향을 설정하는 것이 쉬워진다.

문제가 한 영역에서 일어나는 것이 아니라 여러 영역에 걸쳐서 발생하는 경우도 있다. 이때 각 영역에서 따로따로 문제를 해결하는 것보다는 여러 영역의 관련 전문가를 모아서, 다기능 팀cross functional team을 구성하여 해결하는 것이 더 바람직하다. 다기능 팀을 구성한 경우에는 다양한 부서의 입장을 조율하고 전사적 최적화를 이루기 위한 노력이 중요하며, 이러한 노력이 효율적으로 이루어지기 위해서는 전체 상황을 이해할 수 있는 안목을 가진 사람이 다기능 팀에 포함되어 있어야 한다.

3) 기업의 업무 수준에 따른 분류

기업에서 경영진, 중간 관리자, 현업 실무자들이 각각 수행하는 업무와 해결해야 하는 문제의 특성은 업무 수준에 따라 서로 차이가 난다. 이러한 업무 수준은 조직 수준, 프로세스 수준, 직무 수준으로 나눌 수 있으며, 이들은 서로가 서로에게 영향을 준다. 따라서 업무 수준에 따른 문제 역시 서로가 서로에게 영향을 주기도 한다.

예를 들어 상위 수준의 문제는 하위 수준의 문제 해결 방향에 영향을 주기도 하고, 거꾸로 하위 수준의 문제가 제대로 해결되지 않고 누적되면 상위 수준의 문제로 발전하기도 한다. 그리고 무엇보다 중요한 것은 문제가 효율적으로 해결되기 위해서는 업무 수준에 따라서 문제 해결의 접근 방식이 달라질 필요가 있다는 것이다.

(1) 조직 수준

조직 수준의 문제를 이해하기 위해서는 거시적인 시스템의 관점에서 조직과 시장의 관계, 조직을 구성하는 주요 기능 등에 초점을 두고 살펴볼 필요가 있다. 그리고 조직 수준의 문제는 전략, 조직 목표, 조직 구조, 자원 배분 등에 영향을 크게 받는다. 만약 상위 조직 수준의 문제가 잘못 해결된다면 하위 수준에서의 문제 해결 노력은 의미가 거의 없어지며 심지어 역효과를 낼 수도 있다.

조직 수준의 문제는 새로운 수익 모델 개발, 장기 수요예측, 기업 합병과 인수 등과 같이 미래 불확실성에 대비하여 장기적 관점에서 계획이나 전략을 수립하는 과정에서 발생한다. 이때 발생하는 문제는 기업의 생존과 번영으로 연결되며, 복잡하고 미래 지향적이며 불확실성이 높은 특징을 갖는다. 따라서 이러한 유형의 문제를 해결하기 위해서는 내부 정보뿐만 아니라 외부 환경에 대한 정보가 필요하고, 전체를 파악하는 능력과 함께 과거에 구애받지 않고 다양한 대안을 검토할 수 있는 능력이 요구된다. 이러한 경우 임원 또는 최고경영자가 직접 문제를 핵심 전략 과제로 설정하여 해결해야 하는 경우가 많다.

(2) 프로세스 수준

프로세스는 일하는 과정을 말하며, 설계 프로세스, 생산 프로세스, 판매 프로세스, 배송 프로세스 등과 같이 시스템의 산출물을 만드는 과정을 의미한다. 프로세스 수준의 문제는 조직 목표 달성과 고객 만족에 필요한 가치 증진이 프로세스를 통해 충족되지 못할 때 발생한다. 그리고 조직은 다양한 프로세스들로 구성되어 있으므로 앞에서 언급한 조직 수준의 문제는 세분화되어 프로세스 수준의 문제로 연계되기도 한다.

프로세스 수준의 문제는 생산 시설 교체, 가격 결정, 예산 수립, 인력 관리 방안 수립 등과 같이 기본적인 기업의 관리 활동을 하는 과정에서 발생한다. 이때 발생하는 문제는 주로 중간 관리자를 중심으로 관련자들이 프로젝트 팀을 구성하여 해결하는 경우가 많다. 이때에는 신뢰할 수 있는 정보를 수집하고, 이를 바탕으로 한 객관적인 분석 결과를 활용하는 것이 중요하다.

(3) 직무 수준

프로세스는 다양한 직무로 구성되고, 또한 직무는 구성원에 의해 수행되므로 직무를 수행하는 사람은 프로세스를 움직이는 중요한 수단이다. 만약 직무가 프로세스를 지원하도록 적절하게 설계되어 있지 않거나 혹은 업무 환경이 적절하지 않은 경우에는 프로세스가 성과를 내기 어렵게 된다.

직무 수준의 문제는 일상적이고 반복적인 재고 관리, 낭비 제거, 주문 처리 등과 같은 기본적인 운영 활동과 통제 업무를 수행하는 과정에서 발생하며, 주로 현업 실무자와 하위 관리자를 통해 해결된다. 이때 발생하는 문제는 즉시 해결함을 원칙으로 하고 단기적으로 결과 확인이 가능하다. 그리고 직무 수준의 문제 해결을 위해서는 기존 방법이나 자원을 적극적으로 활용하는 것이 유용하며, 조금 복잡한 문제는 일상 개선 과제로 설정하여 해결하는 것이 바람직하다.

4) 일반화 정도에 따른 분류

일반적 문제란 직원 실적 관리, 주문 처리 등과 같이 반복적이고 일상적인 업무 수행 과정에서 발생하는 문제를 말하며, 해결 방안을 어느 정도 정형화할 수 있는 유형의 문제를 의미한다. 반면에 예외적 문제란 예를 들어 제품의 하자가 발생하여 대규모로 환불하는 문제, 기상 악화로 인한 운송 문제 등과 같이 드물게 일어나는 문제를 말하며 해결 방안을 정형화하기 어렵다.

일반적 문제는 문제가 일상적으로 반복해 나타나므로 문제의 구조가 비교적 명확한 반면에, 예외적 문제는 문제의 구조가 불명확하므로 정확한 판단, 해결 방법의 창의성 등을 필요로 하는 경우가 많다. 문제 성격을 잘못 이해하면 문제 해결의 방법 또한 잘못 선택할 수 있으므로, 우선 발생한 문제가 일반적 문제인지 또는 예외적 문제인지부터 잘 판단해야 한다. 예외적인 문제는 대부분 생소하고 새로운 문제인 경우가 많으며, 새로운 문제에는 새로운 해결책이 필요한 경우가 많다(<표 1.2> 참조).

<표 1.2> 일반적 문제와 예외적 문제

문제 유형 / 판단 결과	일반적 문제	예외적인 문제
일반적 문제로 판단	규칙과 원칙을 통해 해결하고, 한 번 바르게 해결되면 비슷한 상황에서 발생하는 문제들은 실무적으로 처리할 수 있게 된다.	새로운 현상을 과거에 있던 현상으로 오인하여 과거의 방법을 그대로 적용하는 실수를 저지르기 쉽다.
예외적인 문제로 판단	일반적인 이해와 원칙이 없게 되어 해결책이 독단적 결정 또는 임시방편이 되기 쉽다.	상황별로 상황에 맞게 해결하여야 한다.

이와 같이 다양한 기준으로 문제를 분류할 수 있지만, 결국 문제 해결이란 비정상적 상황을 정상적인 상태로 되돌리는 것, 혹은 상황을 이상적인 상태로 만드는 것을 의미한다. 그리고 시간적인 측면을 함께 고려하면, 문제 해결이란 악순환을 선순환으로 바꾸는 것과 같이 시스템을 원하는 방향으로 변화시키는 것이라고 볼 수도 있다. 또한 문제 해결은 성과를 올리는 데 방해가 되는 것을 제거하는 것을 의미하기도 한다.

3 문제 해결이 어려운 이유

문제 해결이 어려운 가장 큰 이유는 사람들이 진지하게 문제에 적극적으로 대처하려 하지 않는 데 있다. 이는 지식과 경험 부족으로 인하여 체계적인 문제 해결 접근 방법을 잘 모르거나, 혹은 문제가 갖는 제약 조건이 너무 커서 감당하기 어렵다고 느껴서 스스로 한계를 정하기 때문이기도 하다. 제약 조건 중에는 현실적으로 정말 존재하는 것도 있고, 단지 상상의 산물에 불과한 것도 있다. 결국 문제를 잘 해결한다는 것은 진정한 제약 조건뿐만 아니라 스스로 만든 제약 모두를 잘 극복하는 것을 의미한다. 문제 해결 과정에서 흔히 직면하게 되는 제약 조건들을 살펴보면 다음과 같다.

1) 문화에 기인한 제약

문화라는 것은 구성원들이 당연하게 받아들이는 관습 혹은 전통적인 방식을 의미한다. 그리고 문제 해결에서의 문화란 특정 기업에서 전통적으로 사용하던 문제 해결 순서, 해결 도구, 행위 등 많은 것을 포함하게 된다. 이러한 문화에 기인한 제약에는 금기 사항, 시간관념, 변화에 대한 수용 태도, 과학적 방법의 신뢰 정도, 의사 결정 방식 등도 포함된다.

예를 들어 체육관 마룻바닥에 봉을 꽂을 수 있도록 깊이 10cm쯤 되는 파이프가 박혀 있고, 이 파이프 구멍 속으로 탁구공이 들어갔다고 하자. 파이프 구멍이 좁아서 손으로 꺼낼 수도 없고 적당한 도구도 없는 경우, 체육관을 떠나지 않고 탁구공을 꺼내는 문제를 생각해 보자. 이 경우 한 가지 해결책은 파이프에 소변을 누는 것이다. 많은 사람이 이 방법을 생각하지 못하는 이유는 소변을 누는 것이 공공장소에서는 할 수 없는 행동이라는 문화적 제약에 영향을 받기 때문이다. 이러한 문화적 차이에 기인한 제약을 제대로 이해하지 못하면, 문제를 해결하기 어렵게 되고 오히려 대립을 초래하기 쉬울 뿐만 아니라, 의사소통을 방해하는 중요 요인이 되기도 한다.

2) 조직에 기인한 제약

조직이란 그 안에서 문제가 발생하고 있고, 또한 그 안에서 문제를 해결할 수 있는 물리적 환경을 의미한다. 조직은 문제 해결에 있어서 촉매 역할을 할 수도 있고, 한편으로는 장애가 될 수도 있다. 예를 들어 조직의 배경과 구조에 따라 혁신과 변화가 필요한 경우, 문제 해결을 통해 이를 받아들이고 실행에 나가는 데 있어서 다음과 같이 차이가 생길 수 있다.

● 조직 배경

조직의 배경이란 조직의 규모, 외부 환경, 조직의 역사, 다른 조직과의 의존 관계 등을 의미한다. 예를 들어 역사가 짧은 조직에서는 외부 환경 변화에 따라 내부 변화가 필요한 경우, 새로운 시도나 혁신을 수용하기가 비교적 쉽다. 반면에 역사가 긴 조직에서는 이미 시스템이 관료화되어 있는 경우가 많으므로, 새로운 아이디어를 수용하는 일이 상대적으로 어려울 수 있다.

조직의 배경이 문제 해결에 영향을 미치는 또 다른 예를 들어 보자. 만약 이떤 조직이 다른 조직과 의존관계가 높은 경우, 다른 조직과 함께 움직여야 하는 필요성 때문에 변화에 대한 거부감이 독립적인 조직에 비해 상대적으로 적다. 따라서 변화를 원하지 않는 상황일지라도 다른 조직과 함께 문제 해결을 해야 한다면, 의존관계가 높은 조직은 비교적 쉽게 기존 상태에서 벗어나 변화를 받아들이게 된다.

● 조직 구조

조직의 구조 역시 문제 해결 과정에 영향을 미친다. 예를 들어 조직 구성원들의 배경, 교육 정도, 전공 분야 등이 서로 달라 이질적이라면, 변화와 혁신을 이끌어 내기는 수월할지 모르지만 혁신안을 실행하는 데는 곤란이 따를 수 있다. 반대로 개인보다는 조직이 우선되고 조직 운영이 명문화된 매뉴얼에 전적으로 의존하는 조직에서는 새롭고 기발한 아이디어의 발상은 어렵지만, 확정된 아이디어의 실행은 수월할 수 있다.

조직의 구조가 문제 해결에 영향을 미치는 또 다른 예로, 권한이 소수에 집중되어 있고 위계질서를 중시하는 수직적 계층구조에서는, 권한 위임이 잘 이루어져 있는 수평적 구조인 조직에 비해 상대적으로 문제 해결 과정에서 자발적인 독창성과 유연성이 발휘되기 어렵다.

3) 경영자에 기인한 제약

경영 스타일 또는 리더십의 형태는 **합의 도출형**이나 **독재형** 등 다양한 유형이 있을 수 있다. 합의 도출형의 리더는 의사 결정 과정에 아랫사람이 적극 참여하는 것을 장려하지만, 독재형 리더는 의견 수렴 없이 독단적으로 의사 결정을 하는 경향이 있다. 바람직한 리더의 유형은 상황과 문제의 성격에 따라 달라질 수 있으므로, 리더십의 유형 역시 문제 해결의 제약 조건이 될 수 있다.

리더십의 유형은 해결책의 합리성, 해결책에 대한 구성원의 수용 정도, 타이밍 등에 영향을 주고, 이것은 다시 문제 해결의 효과에 영향을 미치게 된다. 따라서 리더십의 유형은 해결책의 효과에 결정적인 영향을 미칠 때가 많다. 하지만 어떤 유형의 리더십이 바람직한가에 대해서는 상황에 따라 달라지므로, 다만 장단점은 말할 수 있지만 모든 상황에 바람직한 리더십의 형태를 결정하기는 어렵다.

예를 들어 비판 과정과 합의 과정을 거친 다수가 원하는 해결책이라고 해서 반드시 최선의 결과를 가져오는 것도 아니며, 소수의 독단에 의한 해결책이라고 해서 반드시 나쁜 결과를 가져오는 것도 아니다. 결국 어떤 형태의 리더십이 바람직한가는 문제 발생 상황과 문제의 성격에 따라 달라진다.

예를 들어 아무리 바람직한 해결책이라도 구성원 간의 합의 과정에서 시간을 지나치게 소모함으로써 타이밍을 놓쳤다면 해결책의 효과는 반감될 것이다. 또한 아무리 바람직하고 타이밍이 적절하다 하더라도 의사 결정 과정 자체가 지나치게 독선적이고 의사소통 과정을 무시했다면, 실행도 해보기 전에 구성원의 저항에 부딪혀 실행 자체가 무산될 수도 있다.

4) 개인의 성향에 기인한 제약

문제를 해결하고자 하는 개인의 태도나 성격 역시 문제 해결의 제약이 될 수 있다. 예를 들어 문제가 풀릴 수 있다고 믿고 긍정적으로 문제에 대처하고 해결책을 모색하는 사람과, 소극적이면서 해결책이 떠오르기를 바라다가 잘 안되면 쉽게 포기하는 사람과는 차이가 있기 마련이다. 예를 들어 다음과 같은 성향을 가진 사람은 해결책이 정해 있지 않은 개방형 문제를 해결하는 데 어려움을 겪을 수 있다.

● 조급한 성향을 갖고 있는 경우
문제를 해결할 때, 중요한 과정은 압축할 수는 있어도 생략해서는 문제를 제대로 해결할 수 없다. 문제의 본질을 정확히 파악도 하지 않거나, 혹은 문제에 대한 여러 가지 원인과 상황을 충분하게 분석하지 않은 상태에서 해결 과정을 성급히 수행한다면 문제가 제대로 해결될 수가 없다. 이처럼 조급한 성향을 갖고 있는 사람의 경우에는 성급한 결론에 도달하기 쉬우므로, 조급함의 폐해를 줄이기 위해서는 정해진 문제 해결 절차를 충실히 따라갈 필요가 있다. 특히 문제를 해결할 때 단계별로 철저한 평가와 검토를 하고 난 후 다음 단계로 넘어가야 한다.

• 치밀함이 결여된 경우

문제 해결 과정이란 스스로와 다른 이에게 질문하고 답변하는 과정의 연속으로 볼 수 있으며, 해결 방안의 깊이는 질문 과정에서 생기는 의문의 양과 질에 의해 결정된다. 따라서 치밀하지 못하면 깊이 있는 해결 방안을 찾기 어렵고, 문제 해결 과정이 피상적으로 흐르기 쉽다. 특히 치밀함이 부족하면 정보를 확인하지 않고 비판 없이 그대로 수용하게 되고, 심지어 핵심이 되는 주장이나 가정들도 검증하지 않고 쉽게 받아들이는 경향까지 발생하여, 문제 해결 과정에서 정확성조차 떨어지게 된다.

• 지나치게 실패를 두려워하는 경우

두려운 상황은 누구나 피하고 싶은 법이다. 따라서 실패에 대한 두려움은 문제를 회피하게 만들고, 결국 문제 해결 과정에 수동적으로 참여하게 만든다. 따라서 실패를 두려워하는 사람에게 창의적이고 혁신적인 해결안을 도출하기를 기대하는 것은 무리이다. 위험이 있으면 당연히 살얼음판을 걷듯 신중해야 하지만, 감당할 수 있는 위험을 계속 회피하기만 한다면 아무것도 하지 않는 위험에 빠지게 되고, 결국 감당할 수 없는 실패를 겪는 경우가 생긴다.

위에서 언급한 개인적 성향 이외에도 개인의 경험이나 배경, 지적 수준, 가치관 등과 같이 개개인의 성격에 기인한 제약에는 다양한 형태가 있을 수 있다. 문제 해결 과정에서 중요한 것은 이러한 제약이 없는 상황을 기대할 것이 아니라 실제로 존재하는 제약을 정확히 파악하여 유연하게 대처하는 것이다.

그리고 무엇보다 중요한 것은 "끝까지 해내겠다"는 제약에 대한 강한 극복 의지이다. 강한 의지를 갖는다는 것은 자신 안에 있는 무한한 가능성을 이끌어 내기 시작했음을 의미하고, 이러한 각오를 한다는 것은 미래의 성공을 미리 결정한다는 것을 암시하는 것이기 때문이다. 결국 문제 해결에 대한 강한 의지는 문제 해결의 진정한 출발점이 된다.

이 책의 각 장 끝에는, 독자들이 다시 한 번 내용을 정리하고자 할 때 독자들의 이해를 돕기 위하여 생각해 볼 필요가 있는 항목들을 정리하여 연습문제 형식으로 제시하였다. 필요한 독자들은 참고하기 바란다.

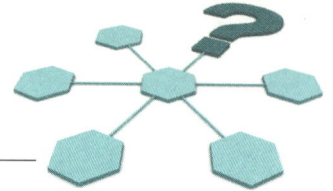

 리뷰를 위해 생각해 볼 문제

1. 운전 초보자가 아침에 배우자와 말다툼을 하고 홧김에 커브 길을 과속으로 운전하다가 교통사고가 발생했다. 이때 문제는 무엇이고 문제점은 무엇인지 생각해 보자.

2. 아이가 유치원에서 귀가할 때 비를 맞고 감기에 걸렸다. 이때 문제점은 무엇인지 생각해 보자.

3. 내 성격 혹은 내가 하고 있는 일 중에서 꼭 드러내어 고쳐야 할 약점을 분석하고 찾아보자. 가장 큰 용기는 약점을 드러내고 극복하는 것이므로, 내면의 소리를 들어 보고 이를 종이에 적어 보자.

4. 공사 현장에서 인부가 떨어져 사고를 당했다고 하자. 이때 사고가 난 것은 눈에 보이는 발생형 문제로 볼 수 있다. 이를 설정형 문제로 바꾸어 서술해 보자.

5. 내 주위에서 파악해 볼 수 있는 발생형 문제, 설정형 문제, 잠재형 문제의 예를 각각 2가지씩 들어 보자.

6. 선거 캠페인으로 '서민이 잘사는 세상', '노인을 위한 복지 정책 확대'를 내세우고자 한다. 이를 실현하고자 할 때 대두될 수 있는 잠재적 문제에는 어떠한 것들이 있을 수 있는지 파악해 보자.

7. 다음 기업들은 크게 성공했던 기업들이다. 이런 훌륭한 기업들이 왜 어려움을 겪게 되었는지 문제 해결 측면에서 조사해 보자.

   (1) 중간 판매상을 배제한 직접 판매로, 1990년대 IBM, HP를 위협하며 컴퓨터 업계의 강자로 부상했던 '델' 회사

   (2) 세계 최초의 모바일 전화로 2003년까지만 해도 경쟁자가 없었던 '모토로라' 회사

   (3) 비디오 체인점으로 미국 전역을 휩쓸었던 '블록버스터' 회사

   (4) 즉석 필름 시장을 독보적으로 점유했던 '폴라로이드' 회사

8. 내 주위에서 발생한 예외적인 문제를 일반적인 문제로 착각한 예를 들어 보자.

9. 문제를 효율적으로 해결하는 사람과 그렇지 못한 사람 사이에는 어떠한 특징적 차이가 있을 수 있는지 토의해 보자.

10. 문제 해결과 관련하여 문화에 기인한 제약의 예를 몇 가지 들어 보자.

11. 합의 도출형 리더와 독재형 리더의 장단점을 토의해 보자.

12. 사람마다 문제 해결 능력에 차이가 있는 이유를 토론해 보자.

2장

문제 해결과 사고력

앞 장에서 우리는 문제란 무엇이며 문제의 형태에는 어떠한 것이 있는지를 살펴보았다. 여기서 우리가 주목하여 할 사항은 문제 해결이라 함은 넓은 의미에서 문제점을 파악하고 해결하기까지의 연속적인 사고 과정이라는 점이다. 따라서 문제 해결의 일차적 핵심 요인은 '문제에 접근하고 해결하는 우리의 사고방식'과 관련되어 있고, 사고방식에 대한 정확한 이해가 바탕이 될 때 문제 해결의 성공률을 높일 수 있다.

이 장에서는 문제 해결을 위한 사고 과정이 어떻게 진행되는지, 그리고 그 과정이 효과적으로 진행되기 위해서는 어떤 것에 주목해야 하는지를 문제 해결과 관련지어 알아보고자 한다. 특히 이 장에서는 문제 해결을 위해 갖추어야 할 사고방식으로 비판적 사고, 창의적 사고, 논리적 사고, 시스템 사고, 통계적 사고 등에 대하여 문제 해결의 관점에서 알아보고, 이러한 사고방식들이 어떻게 결합될 때 효과적인지를 설명한다.

1 문제 해결 과정에서 사고방식의 결합

    문제 해결은 결국 사고 과정의 산물이다. 합리적인 해결 방안은 합리적인 사고 과정을 통해 도출되며, 비합리적인 사고 과정을 통해서는 비합리적인 해결 방안이 나올 수밖에 없다. 결국 우리들이 문제 해결 과정에서 실책을 저지르는 중요한 원인 중에 하나는 문제에 접근하고 해결하는 사고방식과 관련 있으며, 만약 이 점을 이해하지 못하면 잘못된 사고의 틀에 갇힐 수도 있다. 따라서 올바른 문제 해결을 위해서는 사고방식에 대한 올바른 이해가 선행되어야 한다.

    문제 해결을 위해서는 기본적으로 사고를 확산하는 능력과 함께 사고를 수렴하는 능력이 중요하다. 사고의 **확산**divergence이란 상상력을 이용해서 양적으로 많은 아이디어와 다양한 대안을 만들어 내는 것을 말하며, **수렴**convergence이란 비판과 평가 과정을 통하여 옳은 것을 질적으로 선별하는 것을 말한다.

    또한 수렴이란 산발적인 자료나 아이디어를 통합하여 하나의 전체적인 형태나 구조를 만들어 내는 것을 의미하고, 발산이란 어떤 특정 형태나 구조에서 벗어나 새로운 형태나 용도를 탐색하는 것을 의미하기도 한다. 단순하게 말하면 사고의 확산이란 다양한 아이디어와 대안을 만들어 낼 때 필요한 개방적 접근 방법인 **창의적 사고**를 의미하고, 수렴은 하나의 올바른 해결책을 찾고자 하는 목적을 가진 일관성 있는 접근 방법인 **비판적 사고**를 의미한다고 볼 수 있다.

문제를 해결하는 과정에는 사고의 확산과 수렴이 모두 필요하며 상호 보완적이라 할 수 있다. 그리고 문제 해결이 효율적으로 이루어지기 위해서는 창의적 사고와 비판적 사고가 균형 있게 이루어지는 것이 필요하다. 창의적 사고와 비판적 사고가 병행되는 과정에서 균형과 조화가 중요하지만, 문제를 빨리 해결해야 한다는 압박감이 심한 경우에는 빨리 수렴하려는 조바심이 생길 수 있다.

이러한 경우 만약 사고의 확산이 충분히 이루어지지 않은 상태에서 성급한 수렴이 이루어진다면 예상치 못한 결과가 발생할 수 있다. 예를 들어 문제의 성격이 잘못 파악될 수도 있고, 원인 파악과 해결책의 모색 과정이 피상적으로 이루어질 수 있으며, 그 결과 문제 해결이 실패하여 처음부터 다시 시작해야 하는 실책을 범하게 될 수도 있다. 결국 문제 해결을 위한 사고 과정은 확산과 수렴이 반복되는 과정을 기본적으로 얼마나 충실히 하는가에 달려 있다.

문제 해결 과정에서 사고의 확산과 수렴이 충실히 이루어지기 위해서는 문제와 상황에 대한 깊은 이해가 필요하다. 왜냐하면 이해하지 못한 것에 대하여 다양한 아이디어를 도출하기 어렵고, 이해하지 못한 것을 평가하고 조치를 취하기는 더욱 힘들기 때문이다. 결국 사고의 확산과 수렴은 깊은 이해를 전제로 한다.

문제의 상황을 제대로 이해하기 위해서는 상황을 잘 볼 수 있는 **통찰력**이 필요하다. 다른 사람들은 무시하거나 놓치기 쉬운 것들이 명탐정에게는 해결의 실마리가 되듯이, 많은 정보의 흐름 속에서 대부분의 사람이 보지 못한 것을 '볼 수 있는 능력'을 통찰력이라 한다.

"뜰 앞에 지는 한 장의 낙엽을 보고 천하에 가을이 왔음을 안다"라는 구절과 같이 작은 변화를 통해 큰 변화를 감지하는 것도 통찰력이다. 그리고 의사들이 이런 저런 증상들을 연결시켜 질병을 진단하듯이, 단편적인 정보를 연결하고 조합하는 능력도 통찰력이 바탕이 된다.

뿐만 아니라 어떤 시스템을 이해하기 위해서 구성 요소를 파악하고 요소들 간의 인과관계, 인과관계의 순환 구조 등을 조사하는 데도 통찰력이 필요하다. 또한 과학자들이 과거와 현재의 문제를 비교하여 공통점을 유추하거나, 기존 정보가 새로운 문제에 적절한지를 판단하는 밑바탕도 통찰력이다. 이와 같이 문제 자체가 불투명한 경우, 정확한 상황 판단을 위해서는 제대로 보아야 하고, 제대로 보기 위해서는 통찰력이 필요하다.

특히 복잡한 문제와 상황을 제대로 이해하기 위해서는 통찰력뿐만 아니라 **분석력**도 중요하다. **분석**analysis이란 기본적으로 전체를 개별적인 부분으로 분리하거나 분해하여 각각의 특성, 기능, 상호관계 등을 조사하는 것을 말한다. 통찰력과 분석할 수 있는 능력이 제대로 이루어지기 위해서는 논리적 사고, 시스템 사고, 통계적 사고 세 가지 모두가 필요하게 된다.

　논리적 사고는 우리의 사고를 명료하게 해준다. 예를 들어 복잡한 내용을 분류와 조직화를 통해 체계적으로 정리하면 그 내용이 명료해진다. 그리고 논리적 사고는 분석 과정에서 연역과 귀납을 바탕으로 한 논증을 가능하게 해줄 뿐만 아니라, 비판적 사고의 근간을 이룬다. 또한 문제 해결에서 중요한 것이 의사소통이며, 의사소통은 논리적 사고를 바탕으로 할 때 서로 간에 오해 없이 소통이 잘 이루어질 수 있다.

　반면에 **시스템 사고**는 구성 요소의 인과관계와 순환 구조인 피드백을 파악하여 문제 발생의 중요 원인 중의 하나인 복잡성complexity을 이해할 수 있게 해주고, 전체를 볼 수 있는 안목을 제공해 준다. 이렇게 해야 숲과 나무를 동시에 볼 수 있는 균형 잡힌 관점을 유지할 수 있게 된다.

　그리고 **통계적 사고**는 문제 발생의 주요 원인 중의 하나인 변동variation을 이해할 수 있게 해주고, 데이터에 기반을 둔 객관적인 의사 결정을 가능하게 해줌으로써 불확실성과 모호성을 극복하게 해준다.

　문제 해결 과정에서 확산과 수렴 그리고 문제에 대한 깊은 이해는 서로 반복되면서 이루어진다. 예를 들어 창의력에 의해 많은 해결 방법들이 도출되면 이를 논리적으로 정리해야 하며, 이러한 해결 방법들의 내용을 우선 정확히 파악하기 위해서는 치밀한 분석력과 전체를 꿰뚫어 볼 수 있는 통찰력이 필요하게 된다. 그리고 이렇게 해서 파악된 내용은 그것이 과연 정당한지, 정말 문제 해결에 도움이 되는지를 평가해야 하며 이때 필요한 능력이 비판력이다.

이러한 분석과 비판을 통해 얻어진 결과를 바탕으로 문제 해결에 도움이 되는 새로운 생각을 다시 끌어내는 능력이 바로 창의력이다. 이와 같이 문제 해결 과정에서는 다양한 사고방식이 서로 연관되어 순환적으로 이루어진다. 결론적으로 문제 해결 과정은 다양한 사고를 통해 복합적으로 이루어지며, 이러한 다양한 사고가 조화를 이룰 때 문제 해결 과정에서 많은 시너지 효과가 창출될 수 있다.

2 비판적 사고
Critical Thinking

'비판적'으로 '사고'한다는 것은 어떤 문제에 대하여 이모저모 따지고 되새겨 본다는 것을 말한다. 어떤 주장을 비판적으로 따져 보기 위해서는 크게 두 가지를 검토해 보아야 한다. 한 가지는 주장을 제대로 이해하는 것이며, 다른 하나는 그 주장을 제대로 평가하는 것이다.

어떤 주장을 제대로 평가하기 위해서는 먼저 그것을 제대로 이해해야 하고, 제대로 이해하기 위해서는 피상적으로 무조건 받아들이지 말고 이것저것 따져 보아야 한다. 다만 비판적 논의가 있을 때 서로 상대방의 감정을 자극하지 않도록 배려하는 노력이 필요하다. 지금부터 문제 해결 과정에서 어떤 것을 어떤 기준에서 따져 보아야 하는지에 대하여 알아보기로 하자.

1) 평가 항목

문제 해결 과정은 기본적으로 문제의 인식, 해결책의 모색, 해결책의 선택, 해결책의 실행이라는 구조를 가지고 있다. 문제를 해결하기 위해서는 먼저 문제가 되는 상황에 대한 정확한 인식이 필요하고, 이를 바탕으로 관련된 정보나 지식 그리고 필요한 개념을 활용하여 문제를 정의하게 된다. 그리고 문제에 대한 해결책은 수집된 정보나 지식으로부터 얻어질 수도 있고 다양한 아이디어 발상법을 통해 도출될 수도 있다.

도출된 다양한 해결책들 중에서 최선의 해결책을 선택하기 위해서는 분석력과 비판력이 요구된다. 왜냐하면 도출된 해결책이 어떤 가정이나 전제 조건에 기초하고 있는지를 파악하고 평가해야 하며, 해결책의 결과를 예측하여 목적을 달성하는지를 검토하고, 그것이 또 다른 문제를 야기하지는 않는지 분석해야 하기 때문이다. 또한 최선의 해결책을 선택하기 위해서는 다양한 관점과 시각에서 평가해야 하고, 해결하고자 하는 문제의 맥락 속에서 해결책이 타당성을 갖는지를 확인하여야 한다.

결국 문제 해결을 위한 사고 과정에서 일반적으로 주목해야 할 항목으로는 문제, 정보, 개념, 전제 조건, 결과, 해결책, 목적, 관점, 문제의 맥락 등을 들 수 있다. 우선 이러한 항목들에 대하여 하나씩 살펴보기로 하자.

• 문제

인지된 문제가 실제 문제인지부터 확인해야 한다. 예를 들어 보자. 예전에 펩시콜라의 신제품에 대응하기 위하여 코카콜라 경영진이 "시장 점유율을 높이는 방안을 마련하라"는 지시를 내린 적이 있었다. 이러한 지시에 따라 개발진은 새로운 콜라 상품을 개발하게 되었고, 새로 개발된 콜라는 소비자들에게 인기가 없어서 곧 시장에서 퇴출되었다. 이 경우 실제 문제는 신제품 개발이 아니라, "코카콜라의 시장 점유율을 높이기 위한 홍보 전략을 마련하라"였다. 이와 같이 문제는 명확히 파악되고 정의되어야 하며, 해결이 절실히 요구되는 문제이어야 한다.

● 정보

정보는 문제 해결을 위해 필요한 사실이나 상황에 대한 객관적인 데이터를 말한다. 이러한 정보는 객관적 판단의 근거가 되므로, 올바른 결론을 내리기 위해서는 사실에 입각한 믿을 만한 정보를 수집해야 한다. 만약 정보가 사실이 아닌 경우에는 그것에 근거했던 주장이나 해결책들의 정당성을 담보할 수 없게 된다.

● 개념

개념은 어떤 말이 가진 의미, 즉 내용을 말한다. 개념이 애매하거나 모호하면 많은 혼란이 야기된다. 뿐만 아니라 원활한 의사소통과 효율적인 논의를 위해서는 문제와 관련된 개념과 용어를 분명히 해야 한다.

● 목적

문제 해결 과정에서 목적은 방향을 가리키는 나침반과 같다. 문제 해결의 목적이 정말 중요한지를 평가하고, 명확히 설정되었는지도 확인하여야 한다. 그리고 목적은 목표를 통해 구체화된다.

● 관점

　문제를 해결할 때 내부와 외부, 단기와 장기 등과 같이 다양한 관점이 있을 수 있다. 보는 관점에 따라 똑같은 산도 모양이 달라 보인다. 예를 들어 멀리서 보면 완만한 능선을 이루고 있는 산이지만, 가까이에서 올려다보면 경사가 급한 봉우리로 보일 수 있다. 지금 취하고 있는 관점이 무엇인지를 알아야 문제 해결을 위해 무엇에 주목해야 하는지, 그리고 무엇을 보지 못하고 무엇을 놓치고 있는지를 파악할 수 있게 된다. 특히 자기만의 관점에서 벗어나 남의 관점까지 포용하여 문제를 넓게 볼 수 있다면 문제 해결의 폭도 그만큼 넓어질 수 있다.

● 문제의 맥락

　회사의 인사 구조와 관련된 문제 혹은 역사적 배경을 가지고 있는 만성적인 문제를 해결하고자 하는 경우, 만약 맥락을 이해하지 못하고 있다면 문제가 안고 있는 복잡성을 해결하기 어렵다. 맥락을 이해하지 못한 상태에서 제시된 해결책은 목적을 달성할 가능성이 적고 예상치 못한 부작용이 생길 수 있다.

● 전제 조건과 가정

　문제 해결 과정에서 필요한 가정assumption이나 전제 조건은 마치 상식처럼 당연하게 받아들여지는 경향이 있고, 은연중에 사고 과정에 반영된다. 만약 가정이나 전제 조건이 실제로 존재하지 않는 것이라면, 문제 해결 과정도 엉뚱한 방향으로 흘러가 상황이 악화되거나 새로운 문제에 봉착되기 쉽다. 따라서 가정이 무엇인지 명확히 인식하고 이런 것들이 과연 옳은 것인지 검토해 보아야 한다. 왜냐하면 사람들은 실제로는 존재하지 않지만 스스로가 관념 속에서 설정해 놓은 그물에 갇힐 수도 있기 때문이다.

● 해결책

해결책은 우선 목적을 달성할 수 있어야 한다. 잘못된 해결책의 예를 들어 보자. 건조한 황무지에 작물을 재배하기 위한 해결책으로 댐과 수로를 건설하여 물을 공급하였지만, 결과는 새로운 작물도 자라지 않았을 뿐만 아니라 기존에 있던 식물도 죽어 가는 상황이 발생하였다고 해보자. 원인은 새로운 댐과 수로를 통해 공급되는 물이 기존의 토양에 존재하던 높은 농도의 소금을 희석시켜, 오히려 과거의 환경에 적응하였던 식물의 생장을 막았기 때문이었다.

이처럼 해결책이 목적을 달성할 수 없다면 곤란하다. 따라서 해결책은 단순히 원인을 제거하는 것이 아니라 목적을 달성할 수 있어야 하고, 실행 가능해야 하며, 도출되고 선택되는 과정에서 타당한 근거를 갖고 있어야 한다.

● 결과

문제 해결의 목적을 달성했는지를 알기 위해서는, 먼저 해결 결과를 명확하게 파악할 수 있어야 한다. 또한 다양한 해결책을 비교하기 위해서도 각 해결책의 결과를 정확히 파악하거나 예측하는 것이 선행되어야 한다. 결과에 대한 불확실성이 커지면 의사 결정을 잘못할 위험성 역시 따라서 커지게 된다.

지금까지 문제 해결 과정에서 어떤 항목에 주목해야 하는지를 알아보았다. 비판적 사고는 위와 같은 항목에 대하여 평가하는 과정이므로 평가가 제대로 이루어지기 위해서는 평가 항목뿐만 아니라 **평가 기준**이 필요하고, 평가 기준을 충족하는지를 판단하기 위한 **질문**이 필요하다.

2) 평가 기준

비판적 사고는 앞에서 설명한 평가 항목과, 여기에서 살펴볼 평가 기준이라는 두 가지 측면을 가지고 있다. 바람직한 문제 해결이란 우선 중요한 문제를 파악하여, 정확한 정보에 근거하고, 관련된 것들을 충분히 고려하면서, 자기의 생각을 명확히 하고, 결론과 해결책을 적절하게 도출하는 것이다. 따라서 **중요성, 정확성, 충분함, 명확성, 정당성**은 문제 해결 과정에서 앞에서 언급한 평가 항목들에 대한 평가 기준이 된다.

● 중요성

중요성은 '얼마나 가치가 있느냐' 하는 것을 확인하는 것을 의미한다. 예를 들어 기업에서 활용할 수 있는 자원에는 한계가 있으므로 해결해야 할 문제가 많을 때 기업은 우선순위를 정하여 선택과 집중을 하여야 하고, 이때 중요성이 기준이 될 수 있다.

● 정확성

　정확성은 참과 거짓 또는 사실 여부를 확인하는 것을 말한다. 예를 들어 측정이 잘못되어 부정확한 데이터를 근거로 의사 결정을 하면 실패할 가능성이 높아지며, 잘못된 가정을 전제로 추론을 하게 되면 그 결과를 믿기 어렵게 된다.

● 충분함(깊이와 폭 넓음)

　충분함은 질적 또는 양적으로 많은 정보가 확보된 것을 의미한다. 예를 들어 편협한 관점에서 문제 상황을 인식하면 문제를 제대로 정의하기 어렵게 되고, 적은 양의 데이터를 바탕으로 추론을 하면 엉뚱한 결과가 나오기 쉽다.

● 명확성

　명확성은 표현에 대한 평가이다. 예를 들어 기업에서 성과 지표 중에서 일부가 모호하게 정의되어 있다면, 경영 상태를 제대로 파악하기 어렵게 된다. 그리고 고객의 관점을 조사하고자 할 때, 조사 대상인 전체 고객 집단이 어떤 집단인지 명확히 정의되어 있지 않다면 조사 결과가 왜곡되기 쉽다.

● 정당성(논리성과 공정성)

　정당성은 얼마나 논리적이고 공정하며 적합한가에 대한 평가이다. 예를 들어 주장과 근거 사이에 비약이 있어서는 안 되며, 아무리 유용한 기법이더라도 목적에 부합하고 필요한 가정을 충족할 때 사용해야지 함부로 사용하면 좋은 결과를 얻기 어렵다.

이와 같이 비판적 사고를 위해서는 평가 항목과 평가 기준이라는 두 가지 측면이 모두 잘 구비되어 있어야 하고, 이를 연결하는 것이 질문이다. 참고로 이러한 항목을 평가할 때 적용할 수 있는 질문의 예를 몇 가지 들어보면 <표 2.1>과 같다.

<표 2.1> 평가를 위한 질문 예

항목	질문	판단 기준
문제	이 문제를 왜 풀어야 하는가? 이 문제는 어디에서 비롯되었는가?	중요성 분명함
정보	이 문제를 해결하기 위해서는 무엇을 알아야 하는가? 얻어진 정보는 믿을 만한가?	정당성 정확성
개념	우리가 다루고 있는 주된 아이디어는 무엇인가? 이 아이디어를 어떻게 표현할 수 있는가?	중요성 명확성
목적	문제 해결을 통해 무엇을 얻고자 하는가? 문제와 관련된 이해 당사자들이 동일한 목적을 갖고 있는가?	중요성 정당성
관점	문제를 어떤 측면에서 바라보고 있는가? 문제를 바라볼 수 있는 다른 측면은 없는가?	정당성 충분함
가정	그 가정이 실제로 존재한다고 어떻게 입증할 수 있는가? 그 가정을 다른 가정으로 대체할 수 있는가?	정당성 충분함
결과	결과를 예측할 수 있는가? 문제 해결의 목적을 달성하고 있는가?	정확성 중요성

3) 주장에 대한 판단

유령 또는 UFO를 보았다고 주장하는 사람들이 있다. 하지만 우리의 인식은 불완전해서 없는 것을 보기도 하고 있는 것을 보지 못하기도 한다. 특히 개인의 기대감이나 보고자 하는 욕망, 공포 등과 같이 감정이 개입되어 있는 경우에는 더더욱 그럴 수 있다. 따라서 직접적인 목격담은 존재를 입증하는 분명한 증거가 되지 못한다. 그리고 많은 사람이 목격했다고 해서 분명한 증거가 되는 것도 아니다. 증거의 양이 많다고 해서 증거의 질까지 반드시 높아지는 것은 아니기 때문에 말도 안 되는 소리를 아무리 많은 사람이 믿는다고 해도, 그것이 거짓이라면 그것은 여전히 거짓일 뿐이다.

만약 문제 해결 과정에서 잘못된 주장을 바탕으로 의사 결정을 하게 되면, 그 결과 역시 잘못될 가능성이 높아진다. 따라서 어떤 주장에 대해 판단을 할 때는 비판적 사고를 강도 높게 적용할 필요가 있다. 흔히 비판적 사고를 하는 사람을 보면 모든 것에서 흠집만 찾으려는 냉소적인 사람으로 보는 경향이 있지만 사실은 어떤 주장을 받아들이기 전에 평가해 보고 싶어 하는 사람일 뿐이다. 비난과 비판은 다르다. 진정한 의미에서 비판적 사고를 하는 사람은 믿을 만한 증거를 충분히 수집해서 판단을 할 수 있기 전까지는 분명한 입장을 취하지 않으며, 증거에 바탕을 둔 평가 과정을 통해 믿음을 결정한다.

이와 같은 비판적 사고는 올바른 판단을 위해 꼭 필요하지만 쉬운 것은 아니다. 왜냐하면 대부분의 사람들은 불확실한 것을 싫어하고 모호함을 잘 견디지 못하므로 조급해지기 쉽고, 무조건 불신하기보다는 무언가를 의지하고 믿고 싶어 하는 경향이 적지 않기 때문이다. 하지만 무언가를 믿고 싶고, 어떤 것이 사실이기를 바란다고 해서 그것이 정말로 사실이 되는 것은 아니다. 바라는 마음이 사실 여부의 근거가 될 수는 없기 때문이다. 또한 현재 믿을 만한 증거가 없다고 해서 그 주장이 거짓인 것도 물론 아니다. 이러한 경우에는 "나는 아직 모른다"고 하는 것이 타당하다.

"진정으로 진리를 추구하려면 적어도 한 번은 모든 것을 최대한 의심해 보아야 한다"라는 말은 차치하고라노, '잘못된 주장을 믿는 것'과 '옳은 주장을 안 믿는 것' 모두 위험할 수 있으므로, 주장에 대해서는 옳고 그름은 반드시 따져 보아야 한다. 이와 같이 어떤 주장에 대하여 평가를 하고 판단을 하려면 다음과 같은 접근 방법이 도움이 된다.

① 주장을 명확히 적는다.
우선 주장을 명확하게 적는 것에서부터 출발해야 한다. 왜냐하면 모호한 주장에는 그 자체에 함정이 많아서 근본적으로 증명하기가 어렵기 때문이다.

② 주장을 뒷받침하는 증거를 수집하고 증거의 정당성을 평가한다.
단편적인 증거를 바탕으로 일반적인 주장을 하면 곤란하고, 사람

의 인식과 기억에만 기초한 주장도 위험할 수 있다. 그리고 신뢰하기 어려운 자료에 바탕을 둔 평가는 더욱 믿기 어렵다. 이처럼 주장을 하는 데는 다양한 오류를 범할 수 있으므로, 주장에 대한 증거의 정당성을 평가해야 한다. 결국 증거는 양이 아니라 질로 평가해야 하며, 증거가 정당하면 할수록 주장도 정당할 가능성이 높아진다.

③ 다른 설명이나 가정이 가능한지를 살펴보고 그것의 타당성을 평가한다.

어떤 현상에 대하여 다양한 방식으로 설명할 수 있는 경우가 많다. 하지만 다른 설명이나 가정은 검토하지 않고 자신이 원하는 것에 초점을 맞추어 이를 뒷받침하는 정보에만 관심을 기울인다면, 평가를 그르치게 될 가능성이 높아진다. 따라서 다른 설명이나 가정이 있는지를 살펴보고 그것의 타당성을 평가하는 데 많은 노력을 기울여야 한다.

타당성을 평가하기 위해서는 우선 검증이 가능한지부터 확인해야 한다. 검증할 수 없다고 해서 꼭 거짓인 것은 아니지만, 검증할 수 없다면 주장의 진위를 판단할 수 없으므로 그러한 주장은 현실적으로 가치가 떨어진다. 예를 들어 "은하계에 생명체가 존재한다"는 주장은 검증하기 어렵다. 그렇다고 해서 거짓은 물론 아니다. 단지 사실 여부를 명확히 판단할 수 없는 주장일 뿐이다.

그리고 다양한 설명이나 가정이 있는 경우 다른 조건이 비슷하다면 '현상을 가장 간단하게 설명해 주는 것'을 선택하는 것이 좋다. 왜냐하면 단순할수록 틀릴 가능성이 적고, 거짓으로 판명될 확률도 낮아지기 때문이다. 또한 검토하고 있는 주장이 잘 정립되어 있는 기존 학설이나 과학적 지식과 상충되지 않는지도 확인해 볼 필요가 있다. 이러한 과정을 거쳐야만 주장에 대한 판단 오류가 감소될 수 있다.

4) 비판적 사고의 특징

비판적 사고를 하기 위해서는 선입견과 편견을 버리고, 주어진 상황과 모든 것에 대하여 객관적인 태도를 취하는 것이 중요하다. 그리고 자신의 관점뿐만 아니라 상대방의 관점에서도 생각해 보려 하고, 자신의 견해와 다른 견해도 이해해 보려 하며, 자신이 틀렸을 때는 과감히 자신의 견해를 바꿀 줄 알아야 한다. 또한 남들에게 적용하는 기준을 자기 자신에게도 동일하게 적용하며, 어떤 생각이나 입장을 판단하는 기준으로서 이성에 대한 확신을 가지고 있어야 한다. 그 외에도 비판적 사고를 하는 사람의 특징을 요약하면 다음과 같다.

- 측정을 통해 수집된 데이터를 이용하여 객관성 확보에 노력한다.
- 언제나 열린 마음으로 입증되지 않은 모든 주장을 검증해 보려고 한다.
- 증거의 질과 양에 근거하여 믿음을 결정한다. 예를 들어 실험 데이터라면 실험 과정이 믿을 만한지를 살펴보고, 우연히 발생한 증거에는 의존하지 않는다.
- 어떤 사안에 대하여 긍정적인 정보와 부정적인 정보가 함께 있을 때는, 양쪽 모두를 객관적으로 비교하여 믿음의 정도를 결정한다.

문제를 해결할 때 '모르는 것'보다 '잘못 알고 있는 것'이 흔히 우리를 더 잘못된 방향으로 이끌 수 있다. 따라서 잘못 알고 있는 것은 아닌지, 이것저것 따져 보는 것은 중요한 일이다. 이와 같이 따지는 과정을 거쳐야만 우리는 좀 더 현명한 결정을 내릴 수 있다. 결론적으로 비판적 사고는 적절한 평가 항목에 올바른 평가 기준을 부과함으로써 사고의 질을 향상시키고자 하는 사고방식이라 할 수 있다.

문제 해결 과정에서 비판적 사고의 역할이 필요한 경우를 예시하면 다음과 같다.

- 문제를 파악하고 정의하는 과정
- 문제 해결과 관련 있는 정보를 선별하는 과정
- 문제와 관련이 있어 보이는 가설을 설정하고 선택하는 과정
- 문제와 관련된 전제 조건을 인식하고 확인하는 과정
- 문제의 해결책을 평가하여 선택하는 과정
- 결론을 끌어내는 추론 과정의 유효성을 판단하는 과정
- 문제 해결의 성과를 평가하는 과정

3 창의적 사고
Creative Thinking

    문제 해결이 제대로 이루어지기 위해서 반드시 필요한 것이 창의력과 혁신이다. **창의력**이란 이미 존재하는 개념이나 방법을 뛰어넘어 새로운 방식으로 사물을 보고, 문제를 이해하고 해결하며, 독창적인 방식으로 새롭고 차별화된 아이디어를 생성해 내는 능력을 말한다. 그리고 **혁신**이란 창의력에 의해 생긴 아이디어를 변화와 개선을 통해 구현해 나가는 일이라 할 수 있다.

    기업은 구성원들의 창의력과 혁신 활동이 활성화될 때 비로소 새로운 방법으로 문제를 해결할 수 있게 되고, 그 결과 업무를 더 효율적으로 수행할 수 있게 되며 기업 활동의 핵심인 고객 가치를 증진시킬 수 있게 된다. 이처럼 개인이나 기업이 창의력을 발휘하려면 창의적으로 사유하는 능력, 즉 **창의적 사고**를 갖추어야 한다. 결국 창의적 사고란 어렵고 복잡한 문제에 대하여 새롭고 유용한 혁신적인 해결책을 개발하기 위한 사고방식을 의미한다.

1) 창의적 사고의 활성화

창의적으로 문제를 해결하기 위해서는 어떤 특정한 해결책에 도달하기 전에 서로 다른 다양한 해결책을 개발하고, 기존의 해결책을 개선하려고 노력하며 상상력을 적극 활용해야 한다. 창의적 문제 해결에서는 무의식적인 사고 과정과 의식적인 사고 과정이 함께 작용한다.

창의적 사고에 필요한 영감을 받는다는 것은 우리가 마음대로 예측하고 제어할 수 있는 것은 아니지만, 창의성이 활발해질 수 있는 상황을 만들기 위해 의식적으로 노력은 할 수 있다. 무의식은 풍부한 아이디어의 보고이지만 쉽게 접근하기가 어렵다. 하지만 다음과 같은 방법을 통하여 의식과 무의식이 어느 정도 서로 상통하게 만들 수 있다.

● 항상 관찰하고 새로운 질문을 갖는다.

문제와 관련하여 문제의 특징, 유사점과 차이, 관련성 등에 대하여 더 많이 알게 될수록 창의적 해결책이 도출될 가능성이 점점 높아진다. 그리고 이러한 창의력은 주위에 대한 관찰을 통해 배양된다. 특히 새로운 질문을 한다는 것 자체가 탐구 영역이 넓어지는 창의적 과정의 하나이다.

● 전문 영역뿐만 아니라 다른 영역에 대해서도 배워야 한다.

오늘의 문제를 해결하기 위해 어제의 방법을 쓰지 않기 위해서는, 자기 분야에서 뒤떨어지지 않도록 부단히 자기 계발을 하여야 한다. 그리고 한 분야의 아이디어를 다른 분야와 교류하기 위해서는 다른 분야에 대해서도 배워야 한다. 아는 만큼 보이고, 보이는 만큼 새로운 것을 발견할 가능성이 높아진다.

● **구체적으로 상상한다.**

　창의적 사고 과정은 어떤 것을 마음속에 생생하게 상상해 보는 것을 계기로 촉발되는 경우가 많다. 따라서 해결하고자 하는 문제에 대한 실마리를 얻기 위해, 정신적 이미지를 형상화하는 과정이 필요하게 된다.

　예를 들어 무술에서 뛰어 오르면서 공격하는 동작을 완성하고자 할 때 호랑이가 도약하면서 공격하는 모습을 생생하게 상상할 수 있다면 용맹성을 깃춘 동작을 완성하는 데 도움이 될 것이다. 이와 같이 심리적 시뮬레이션mental simulation인 상상력은 창의성의 원천이라 할 수 있다.

● **꿈에서 배운다.**

　꿈은 새로운 이미지의 원천이고, 많은 아이디어를 포함하고 있을 수 있으므로 문제 해결에 대한 실마리를 제공해 줄 수 있다. 꿈을 기억하기 힘들다고 걱정할 필요는 없다. 잠에서 깨어나자마자 무언가 떠오르는 것이 있다면, 이를 정리하면서 의미를 이해하고자 노력하다 보면 의외로 좋은 힌트를 얻게 되는 경우가 있다. 아이디어들은 예기치 못한 순간에 떠오르는 경우가 많고, 이를 기록하지 않으면 사라지는 경우가 많으므로 떠오른 아이디어는 항상 기록할 필요가 있다.

● 긴장을 풀고 이완한다.

너무 열심히 하려고 하면 집착이 생기고, 집착은 사고를 가두고 에너지를 쉽게 고갈시키기도 한다. 따라서 가끔은 긴장을 풀고 이완해 줄 필요가 있다. 이때 유머 감각이 도움이 되기도 한다. 깨어 있는 상태로 긴장을 푸는 것은 스트레스를 감소시켜 주고 의식적인 사고를 잠재워 주기 때문에 무의식적인 아이디어를 표면에 떠오르게 해준다.

● 막힐 때는 거리를 둘 필요가 있다.

벽에 부딪혀서 더 나아갈 수 없다고 느낄 때는 자신과 문제 사이에 거리를 둘 필요가 있으며, 이러한 경우에는 문제를 일단 잊고 다른 일이나 취미에 집중하거나 여행을 떠나는 것과 같이 새로운 자극에 자신을 노출시킬 필요가 있다. 문제에 대해 잊고 있는 잠복기 동안에 무의식이 작용하게 되며, 이러한 잠복기는 창의적 문제 해결에 중요한 역할을 하기도 한다.

● 생체 리듬을 이용한다.

어떤 상태에서 정신 활동이 가장 활발한가를 이해하고 이를 이용할 필요가 있다. 예를 들어 어떤 사람은 한밤중에 집중이 잘되고, 어떤 사람은 새벽에 정신이 맑을 수 있다. 자신의 창의력을 최대한 발휘하기 위해서는 무엇이 필요한지를 이해하고, 그에 따라 일정과 상황을 적절히 조정할 필요가 있다.

창의적 사고의 핵심은 사람들이 일정한 틀 속에서 사고하고 있다는 사실을 이해하는 데서 출발하여, 그러한 틀을 깨고 나오는 방법을 아는 것에서부터 비롯된다. 우리는 어떤 것에 대하여 다양한 측면에서 보지 않고 한 가지 면에서만 파악하려는 경향이 있다. 예를 들어 컵은 무엇을 마실 때 쓰는 것이고, 젓가락은 집을 때 쓰는 것이라고만 본다. 이러한 현상을 기능 고착functional fixedness이라고 한다.

다른 예로, A4 용지를 여러 장 주고 5분 안에 종이비행기를 접어서 3m 떨어져 있는 바구니에 가능하면 많이 넣는 게임을 생각해 보자. 이때 종이비행기를 접는 대신 종이 한 장씩을 집어 아무렇게나 구겨 3m 밖에 있는 바구니에 던져 넣으면 반칙일까? 종이비행기 모양은 정해져 있는 것이 아니라고 주장한다면 터무니없는 억지일까? 이처럼 대부분의 사람들은 종이비행기는 어떠해야 한다는 선입견에서 벗어나기가 힘들다.

틀을 깨고 나오는 상황을 우리는 흔히 패러다임의 전환이라고 한다. 패러다임이란 현실을 바라보는 일정한 사고의 틀을 말한다. 일정한 방향으로 고정된 사고의 틀은 경직된 사고를 낳게 되고, 경직된 사고는 새로운 것들이나 갑자기 떠오르는 것들을 결합할 수 있는 기회를 제한한다. 다시 말해서 어떤 일을 오랫동안 한 가지 방식으로만 생각하다 보면 창의적이고 혁신적인 생각을 할 수 없게 된다. 따라서 창의적 문제 해결을 위한 방법 중 하나가 패러다임의 전환이다.

만약 패러다임의 전환이 이루어질 수 있다면 어떤 상황이나 사건을 매번 똑같은 방식으로 바라보는 습관에서 벗어날 수 있게 된다.

예를 들어 과거에 성공적이었던 아이디어들이 미래에도 성공적일 것이라는 생각에 무기력하게 매달리는 것으로부터 자유로워질 수 있다.

패러다임 전환의 예를 몇 가지 더 들어 보면, 직접 제품을 구매하는 전통에 대한 온라인 구매, 필름 사진에 대한 디지털 사진, 인쇄된 지도책이라는 통념에 대한 GPS 지도 안내, 타자기에 대한 워드 프로세스, 책으로 만들어야 된다는 과거의 백과사전 개념에 대한 온라인 검색 등이 있다. 쉽지는 않지만 어느 정도 의식적인 방법으로 패러다임을 전환할 수 있다. 특히 이를 위해서는 새로운 개념을 인식하는 통찰력, 실패 위험에도 불구하고 앞으로 나가는 용기, 아이디어를 결실로 이끌어 내는 참을성 등이 필요하다.

참고로, 이러한 사고의 창의성이 구체화되는 과정에 대해서, 19세기 프랑스의 수학자 앙리 푸앵카레H. Poincare는 다음과 같은 창의적 사고의 4단계를 제시하였다.

① 순서 1: 몰두 단계
문제와 관련된 정보를 탐색하는 단계로서, 관련된 정보에 대하여 개방적인 자세가 중요하며, 창의성을 저해하는 장애 요인을 제거한다.

② 순서 2: 구체화 단계
무의식이 의식보다 창의적 직관에 더 적합하기 때문에 수동적으로 기다리는 단계로서, 이 과정의 중요한 요소는 긴장 완화이다.

③ 순서 3: 계발 단계

해결책이 갑자기 나타나는 단계이다. 창의적 해결책이란 과거 생각에 충격과 놀라움을 줄 수 있는 해결책을 말한다. 이 단계에서는 결과에 대해서는 개방적이지만 집착하지 않는 것이 핵심 요소이다. 그리고 솟아나는 아이디어를 잊지 않도록 잘 적어 두어야 한다.

④ 순서 4: 실행 단계

직관에 의해 얻은 아이디어를 행동으로 옮기는 단계이다. 이때 아이디어를 혁신으로 전환하기 위해서는 응용력이 필요하며, 생성된 아이디어를 잘 되새겨서 실현 가능성과 유효성을 검증하고 구체적으로 전개해 나가야 한다.

특히 창의적 사고에 의해 새로운 아이디어가 다양하게 도출되기 위해서는 아이디어에 대한 평가를 일단 유보할 필요가 있다. 그리고 새로운 아이디어를 양적으로 많이 확보하기 위해서는 확장되는 사고를 멈추지 말고 가능한 발산되도록 내버려 둘 필요가 있다. 또한 확보된 아이디어 중에는 문제 해결에 유용한 아이디어도 있고 쓸모없는 아이디어도 섞여 있을 수 있으므로, 창의적 사고를 할 때는 평가를 위한 비판적 사고가 필요하게 된다. 결론적으로 창의적 사고와 비판적 사고는 새의 양 날개와 같이 균형과 조화를 이루면서 병행되어야 한다.

2) 창의적 사고의 특징과 장애 요인

창의적인 사람들의 가장 큰 특징은 스스로를 창의적이라고 믿는데 있다고 한다. 개인 스스로가 창의적이지 않다고 생각하는 것이 창의적인 아이디어를 내는 데 큰 방해가 되며, 어떤 것을 할 수 없다고 믿는 것은 스스로가 스스로에게 선고를 통해 구속하는 것과 같다.

창의성의 핵심은 결과에 대한 개방성이다. "목을 내밀지 않는 한 거북이는 전진할 수 없다"는 말과 같이, 결과에 개방적이 되기 위해서는 위험을 기꺼이 감수해야 한다. 자전거에 모터를 결합한 오토바이라는 새로운 개념의 상품에 대한 아이디어가 처음 나왔을 때, 많은 사람들이 너무 위험해서 개발하기도 쉽지 않고, 또 상품성이 없을 것으로 판단했다고 한다.

그러나 창의적인 사람의 특징은 '하면 된다'와 같은 긍정적 사고 positive thinking에 바탕을 두고 위험을 기꺼이 감수한다는 것이다. 그 밖에 창의적인 사고를 하는 사람들의 특징을 몇 가지 더 열거하면 다음과 같다.

- 미래에 대하여 낙관적이고 다양한 관심을 갖고 있다.
- 호기심과 관찰력이 뛰어나다.
- 유별난 아이디어에 대하여도 개방적이다.
- 새로운 아이디어와 정보를 쉽게 받아들이고 새로운 경험에 개방적이다.
- 실천을 중시하며, 방관하는 자세보다 해결책을 제시하고자 한다.
- 새로운 아이디어를 실제적인 해결책으로 전환하려고 노력한다.

• 자신이 하고 있는 일에 열정적이고 또한 끈질기게 헌신하고 몰입한다.

일반적으로 아이디어 즉 문제 해결 방안은, 고안해 내기보다는 비판하기가 훨씬 더 쉽다. 또한 모든 사람이 창의적인 것은 아니며, 창의적 사고가 활발히 이루어지기 위해서는 많은 장애 요인을 극복해야 한다. 특히 새로운 아이디어를 내지 못하는 이유 중에 하나는 쓸데없이 바보가 될 것 같다는 두려움 때문이기도 하고, 반대로 항상 똑똑하고 옳아야 한다는 강박관념 때문일 수도 있다. 그 밖에 창의적 사고를 위해 극복해야 하는 장애 요인을 정리해 보면 다음과 같다.

• 고정관념과 자기 생각의 틀에 갇혀 있다.
• 타인의 비판을 너무 의식하여 소극적이다.
• 지나치게 한 가지 정답만을 강요한다.
• 가정에 대하여 의심도 하지 않고 도전도 하지 않는다.
• 실패에 대하여 지나치게 두려움을 느낀다.
• 지나치게 논리적 사고에만 초점을 맞춘다.
• 애매모호한 것을 참지 못하고 기다리지 못한다.
• 아이디어가 성숙하기도 전에 판단하려 한다.
• 현재 상태에 안주하고 싶어 하고 변화를 두려워한다.

결국 창의적 사고는 남의 아이디어를 무시하거나 반대하려는 것이 아니라, 기존 방식에 만족하지 않고, '더 좋게better' 할 수 있는지를 끊임없이 질문하고 탐색하는 사고방식이다. 또한 창의적 질문은 기존의 것을 무조건 거부하고 파괴하는 데 목적이 있는 것이 아니라, '우리가 하는 일에는 반드시 개선할 점이 있다'는 믿음에서 출발하여 더 나아지기 위한 적극적인 탐색 과정이라 할 수 있다.

3) 아이디어 도출 방법

문제 해결을 위해 도출된 아이디어가 전부 창의적인 것은 아니다. 도출된 아이디어가 적은 비용으로 문제를 효율적으로 해결할 수 있고 새로울 때 비로소 창의적 아이디어라 할 수 있다. 문제와 관련하여 자원이 부족하고 한계와 제약 조건이 많아서 해결이 어려우면 어려울수록 창의적 아이디어의 필요성은 더욱 커진다. 이러한 아이디어를 도출할 때 주먹구구식으로 하는 것보다는 체계적인 기법을 사용하는 것이 훨씬 효율적이다.

그리고 아이디어를 도출할 때 평가 과정과 함께 이루어지면, 아이디어가 양적으로 위축될 수 있으므로 분리해 진행하는 것이 바람직하다는 것도 염두에 두어야 한다. 아이디어 도출 기법은 실로 다양하지만 창의적 사고에 도움이 되는 중요한 몇 가지 방법을 소개하면 다음과 같다.

(1) 브레인스토밍Brainstorming

브레인스토밍은 한 주제에 대하여 관계되는 사람들이 모여 집단효과를 살려 아이디어의 연쇄반응을 불러일으킴으로써 자유분방하게 아이디어를 내는 방법이다. 브레인스토밍에서는 마음이 이완된 상태에서 자유로운 사고를 하는 것이 중요하며 다음과 같은 4가지 원칙을 지켜야 한다.

● 비판을 자제한다.

브레인스토밍이 끝날 때까지 구성원들이 제안한 아이디어에 대한 판단은 유보하여야 한다.

● 자유로운 사고를 환영한다.

아무리 지나쳐 보이는 아이디어리도 모두 수용한다. 나중에 손질하거나 폐기할 수 있으므로 완벽하지 않은 아이디어도 격려할 수 있는 개방적인 분위기여야 한다.

● 양이 많아야 한다.

아이디어가 많을수록 유용한 아이디어가 생길 가능성이 높아지므로, 많은 양의 아이디어가 도출될 수 있도록 유도하여야 한다.

● 조합과 개선을 추구한다.

참가자들은 타인의 아이디어를 개선할 수 있고, 두 개 이상의 아이디어를 결합하여 새로운 아이디어를 제안할 수 있도록 분위기를 유도하여야 한다.

브레인스토밍에서는 리더의 자질과 능력에 따라 그 결과가 달라질 수 있기 때문에 리더의 역할이 매우 중요하다. 리더는 해결하고자 하는 문제를 설명하고, 브레인스토밍의 원칙을 주지시키며, 팀원이 문제에 집중할 수 있도록 회의를 진행하고 격려하여야 한다. 또한 위와 같은 브레인스토밍 4가지 원칙이 잘 지켜지는지 감독하고, 브레인스토밍 결론에 영향을 줄 수 있기 때문에 일반적으로 리더는 아이디어를 내는 데는 참여하지 않는다. 결국 리더의 핵심 역할은 아이디어가 지나치게 지엽적으로 흐르거나 막히면 방향을 전환하도록 유도하여 다양한 아이디어가 나오도록 하는 데 있다.

브레인스토밍은 단순하고 명료한 문제, 한 번에 해답을 얻을 수 있는 문제 등에 적합하며, 일반적으로 다음과 같은 순서에 따라 진행한다.

① 순서 1: 준비 과정

프로젝트 팀원 또는 관계자들로 이루어진 브레인스토밍 그룹을 선발한다. 그리고 리더와 기록원을 미리 정해 놓지 않은 경우에는 선발한다. 회의를 시작하기 전에 리더는 브레인스토밍에 대한 개략적인 설명을 하고 앞에서 설명한 4가지 원칙을 주지시킨다. 또한 리더는 해결하고자 하는 문제를 구체적으로 정의하고 참가자들에게 설명한다.

② 순서 2: 도출 과정

회의를 진행하는 방식에는 **자유분방식**freewheeling과 **라운드로빈**round robin 방식이 있다. 자유분방식은 발표 순서에 상관없이 구성원들이 자유롭게 발표하고, 이를 기록함으로써 아이디어를 동시에 공유하는 방식이다. 라운드로빈 방식은 참가자들이 순서 혹은 교대로 아이디어를 제안하여 더 이상 아이디어가 나오지 않을 때까지 진행하는 방식이다. 물론 아이디어가 없으면 자기 차례를 건너 뛸 수 있다. 아이디어가 충분히 나왔거나 모두가 참여하는 기회를 가졌다고 판단되면 도출 단계를 종료한다.

③ 순서 3: 평가 과정

도출된 많은 아이디어 중에서 중복된 아이디어는 제거하고, 비슷한 아이디어는 하나로 통합한다. 그리고 어디에서 출발하는 것이 문제 해결에 도움이 되는가를 결정하기 위해 아이디어의 우선순위를 정한다. 브레인스토밍은 단순히 사람들의 아이디어를 수집하는 과정이므로, 아이디어를 평가하기 위해서 나중에 아이디어를 뒷받침하거나 입증해 줄 자료를 따로 수집할 필요가 있음을 염두에 두어야 한다.

브레인스토밍은 위와 같이 문제 해결 방안을 마련하고자 하는 경우나, 혹은 어떤 상황에 대처하기 위해 아이디어를 얻을 필요가 있는 상황, 또는 서로 다른 견해에 대한 합의를 구축하고자 할 때 흔히 사용된다.

(2) 속성 열거법Attributes Listing

속성 열거법은 어떤 대상의 성질이나 속성을 최대한 많이 나열한 뒤, 대상에 대해 개선, 변형, 대치하는 방법을 모색하는 기법이다. <표 2.2>의 예에서와 같이 이 방법은 제품이나 프로세스의 개선 방안을 수립할 때 많이 사용된다.

특히 어떤 것을 새롭게 배우거나 새로운 아이디어를 도출하기 위해서는 **적극적인 질문**이 필요하다. 질문하지 않으면 해답도 없는 법이다. 문제 해결을 위한 더 좋은 아이디어를 얻기 위해 질문이 효과적이고 체계적으로 이루어지도록 도와주는 방법 중의 하나가 속성 열거법이다.

<표 2.2> 속성 열거법의 예

문제: 새로운 칫솔을 만들기 위한 아이디어를 도출하고자 한다.	
속성 1: 플라스틱으로 만들어져 있다.	• 다른 재료로 만들 수 있는가? • 다른 재료로 더 값싸게 만들 수 있는가? • 환경 친화 재료로 만들 수 있는가? • 형태를 자유롭게 할 수 있는 재료를 활용하면 어떨까?
속성 2: 손으로 조작한다.	• 전기로 조작할 수 있을까? • 태양열로 충전될 수 있을까?
속성 3: 물과 치약을 공급해야 한다.	• 치약이 칫솔에 저장될 수 있을까? • 물이 뿜어져 나와 치간 칫솔의 역할도 동시에 할 수 있지 않을까?

(3) 가정에의 도전Challenge Assumption

아이디어를 자유스럽게 도출하기 위해서는 우리 스스로가 갖고 있는 가정에서부터 자유로워질 필요가 있다. 특히 주어진 문제에 대한 개선 기회를 막는 장애물을 제거하고, 나아가서 장애물을 기회로 전환시키는 방법을 모색할 때 가정에의 도전 기법이 흔히 사용된다. 가정에의 도전 기법은 일반적으로 다음과 같은 순서로 진행한다.

① 순서 1: 문제를 구체적으로 기술한다.

② 순서 2: 문제에 대한 가정 또는 제약 조건을 가능한 많이 도출하여 기록한다.

③ 순서 3: 가정을 뒤집어서 현재까지 해오던 것과 반대로 생각해 본다.

④ 순서 4: 엄격할 필요가 없는 가정은 다루기 쉬운 가정으로 완화해 본다. 예를 들어, 거래 승인에 필요한 것은 부서장의 승인이 아니라 현장 감독자의 승인이라는 보다 쉬운 형태로 완화해 본다.

⑤ 순서 5: 문제와 가정을 다양한 시각에서 바라본다. 예를 들어 고객, 상사, 기업의 입장 등과 같이 여러 각도에서 문제와 그에 따른 가정이 그들에게는 어떻게 보일까에 대하여 상상해 본다.

⑥ 순서 6: 이러한 과정들을 통하여 생각나는 해결 방안을 모색해 간다.

이와 같은 '가정에의 도전'을 통해서 기존의 가정 중에서 불가피한 것과 극복 가능한 것을 구별할 수 있게 되고, 이를 바탕으로 개선 방안의 영역이 넓어질 수 있게 된다. 결국 이 기법은 가정을 다른 관점에서 바라보게 함으로써 방해물을 기회로 전환할 수 있는지 모색하는 기법이라 할 수 있다.

(4) SCAMPER 기법

SCAMPER라 함은 대체substitute, 결합combine, 적용adapt, 수정modify, 다른 용도 사용put to other use, 제거eliminate, 재배치rearrange 등의 첫 문자를 혼합한 것으로서, SCAMPER 기법은 이와 같이 체계적인 질문을 통해 새로운 아이디어를 찾는 방법이다. SCAMPER 기법에서는 <표 2.3>의 예에서와 같이 상상력을 자극하여 새로운 아이디어를 다양하게 모색하게 된다.

<표 2.3> SCAMPER 기법을 활용한 예제

방법	의미	질문	적용 사례
S	대체	무엇을 대신 사용할 수 있을까?	강화 플라스틱으로 만든 군대 철모
C	결합	무엇을 합쳐 볼 수 있을까?	레이저 포인트 볼펜 =레이저 포인터＋볼펜
A	적용	조건이나 목적에 맞게 조절할 수 있을까?	캐리어(바퀴 달린 가방), 휴대용 전동 칫솔
M	수정	의미, 색, 소리, 향기, 형태를 바꿀 수 있을까?	접는 자전거, 가루세제 ⇒ 액체세제 ⇒ 티슈형 세제
P	다른 용도 사용	다른 용도로 사용할 수 있을까?	TV 모니터를 활용한 예술 작품
E	제거	어떤 것을 제거할 수 있을까?	자동차 안테나 ⇒ 내장형으로 전환
R	재배치	순서, 역할, 위치 등을 바꾸거나 거꾸로 할 수 없을까?	천장에 설치하는 에어컨, 누드 김밥

(5) 마인드맵Mind Map

마인드맵은 자유스러운 사고의 연상 작용을 통해 떠오르는 아이디 어들을 시각적으로 도식화하여, 다른 아이디어와의 관계를 파악하는 방법이며, 다음과 같은 순서로 작성한다. 창의성의 핵심 요소인 상상 imagination이 마음속에서 그림을 그리는 것이라면, 시각화visualization 는 눈에 보이는 형태로 그림을 그리는 것이다.

① 순서 1: 커다란 백지 가운데에 문제의 핵심 단어를 적는다.

② 순서 2: 핵심 단어로부터 이미지를 사용하여 자유롭게 연상을 시작한다.

③ 순서 3: 첫 번째 핵심 단어로부터 시작하여 줄을 긋고 떠오르는 어휘를 기록한다. 적어 놓은 어휘로부터 연상되는 것이 있으면 생각이 흐르는 대로 다시 줄을 긋고 어휘를 적어 나간다.

④ 순서 4: 중간에 멈추지 말고 가능한 한 생각은 자유롭게 놓아두어야 한다.

⑤ 순서 5: 여러 아이디어 사이의 관계를 표시하기 위하여 서로 관련된 아이디어들을 같은 색 펜을 이용하여 연결한다.

마인드맵은 몸과 마음의 긴장이 이완된 상태에서 작성하는 것이 효과적이다. <그림 2.1>에는 종업원 만족도를 높이기 위한 마인드맵의 예가 주어져 있다. 마인드맵은 정형화된 구조가 없고 작성 과정이 이완된 상태에서 자발적이어야 효과가 있으며, 다음과 같은 이유로 문제에 대한 이해와 창의적 사고를 증진시켜 준다.

• 문제의 핵심 단어를 가운데 기록함으로써 출발을 명확하게 해준다.
• 각각의 아이디어들의 상대적 중요도를 중심에서 떨어진 거리로 알 수 있다. 중심에 가까울수록 보다 더 중요한 것을 의미한다.
• 아이디어들 사이의 연결 관계를 쉽게 파악할 수 있다.

- 보다 많은 아이디어를 덧붙이는 것이 쉽고, 마인드맵의 끝이 열려 있다는 것은 계속적으로 현실적인 연결이 가능하다는 것을 의미한다.

<그림 2.1> 종업원 만족도를 높이기 위한 마인드맵의 예

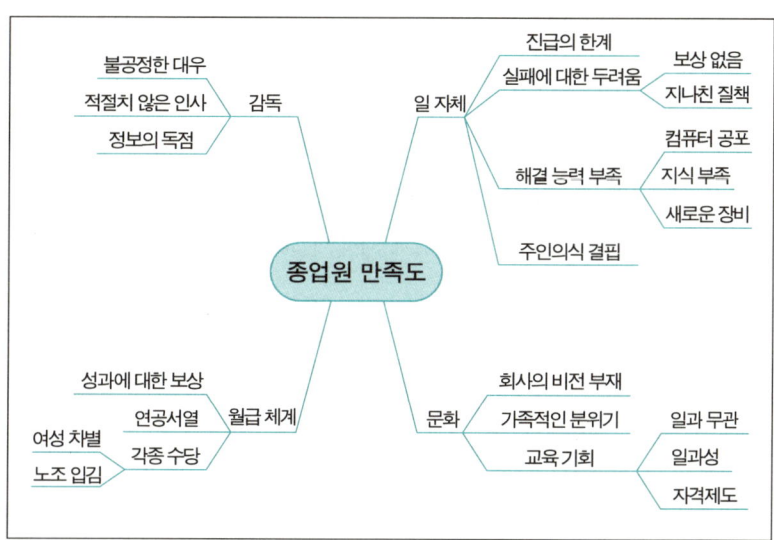

(6) 여섯 색깔 모자 Six Thinking Hats

여섯 색깔 모자 기법은 브레인스토밍과 같이 여러 사람이 모여서 논의할 때, 체계적으로 회의를 진행하는 기법이라 할 수 있다. 우리가 사고하는 데 어려움을 겪는 주된 원인은 다양한 사고를 한꺼번에 같이 하려는 데 있다. 여섯 색깔 모자에서 모자를 쓰면 그 모자가 의미하는 특정의 사고만 하게 함으로써 사고를 단순하게 만들고, 필요에 따라 모자를 바꾸어 쓰면 언제든지 우리가 하려는 사고의 유형을 불러낼 수 있게 해준다. 이 기법의 진행 방법을 설명하기로 하자. 우선 다음과 같이 서로 성격이 다른 여섯 색깔의 모자를 준비한다.

- 하얀 모자(Information)는 주어진 정보나 데이터에 대해서만 생각하고, 논쟁이나 의견 등은 생각하지 않는다. 예를 들어 어떤 정보가 필요하고 입수 가능한지만 살펴본다.

- 빨간 모자(Feelings)는 논리나 설명 없이 주제에 대해 느낌이나 직관을 말한다. 이때 비난 받을 것에 대한 두려움 없이 자유롭게 이야기할 수 있어야 한다.

- 검은 모자(Weakness)는 비판적이고 부정적인 면을 말한다. 이렇게 하면 집단적 사고에 빠지는 것을 막을 수 있지만 창의성이 위축되지 않도록 신중히 사용해야 한다.

- 파란 모자(Thinking about Thinking)는 일의 진행 상황을 통제하는 입장에서 사물을 보고 의견을 말한다. 이 모자의 의견에 참고하여 어떤 사항을 평가하고 그것이 알맞은지를 결정할 수 있게 된다.

- 초록 모자(New Ideas)는 자유롭게 아이디어를 발표한다. 이 모자의 의견에 의해 문제 해결 범위가 늘어질 수 있다.

- 노란 모자(Strengths)는 긍정적이고 낙관적으로 어떤 사항의 효과와

가치를 설명한다.

진행하는 방법을 설명하면, 예를 들어 진행자가 하얀 모자 시간이라고 선언하면 구성원들은 하얀 모자를 착용하고 위에서 설명한 하얀 모자 입장의 의견만 발표한다. 그 다음 초록 모자 시간에는 구성원들은 창의적 아이디어만을 이야기한다. 그리고 검은색 모자 시간에는 비판적인 이야기를 한다.

이와 같이 정해진 순서나 진행자의 지시에 따라, 지정된 모자의 입장 그리고 역할에 따라 사실, 창의, 비판 등의 다양한 사고를 체계적으로 발표하고 진행함으로써 효율적인 회의가 될 수 있고, 창의적 아이디어가 다양하게 빌굴되며 사안들에 대해 객관적 평가가 가능하게 된다.

4) 기업에서의 창의력 증진

문제 해결 과정에서 창의력이 중요하다는 말에는 모두 동의하지만 실제로는 조정coordination, 통제control 등과 같은 경영 활동 과정에서 구성원들의 창의력이 훼손되는 경우가 많다. 기업에서의 창의력은 예술에서의 창의력과 차이가 있다.

예술에서는 독창성이 중요하지만 기업에서는 창의적인 아이디어가 현실적인 해결책으로 구현 가능하여야 하며, 제품 성능 향상이나 새로운 프로세스 개발 등과 같이 업무 수행 방식이나 고객 만족에 영향을 주어야 비로소 가치를 갖는다. 기업에서 구성원들의 창의력을 증진하기 위해서는 다음과 같이 창의적 환경을 조성하고, 동기부여를 해야 할 뿐만 아니라 구성원의 열정을 끌어내기 위한 노력도 중요하다.

● 구성원들로 하여금 도전 의식을 갖게 한다.

　구성원들을 적재적소에 배치하고 적정한 업무량을 할당함으로써 구성원의 능력이 충분히 발휘될 수 있는 여건을 조성한 후에, 높은 목표를 제시하여 창의적 긴장감을 조성하면 도전하고자 하는 의욕이 생긴다.

● 분명한 목표를 제시하고 이를 위한 수행 방법에는 자율성을 부여한다.

　기업의 목표를 분명히 이해시킨 후에 이를 달성하기 위한 수단과 관련하여 자율성을 부여하고 권한을 위임하면, 구성원들 스스로 주인 의식을 갖게 되어 목표 달성을 위해 노력하게 되고 이러한 과정에서 창의성이 발휘된다. 예를 들어 근무시간 내내 열심히 일해야 한다는 단순한 의무감보다는 맡고 있는 일의 결과에 대한 책임감을 스스로 느끼게 하는 것이 더 중요하다.

● 시간과 예산을 적절히 배정한다.

　지나치게 적은 자원이 할당되는 경우뿐만 아니라 필요 이상의 자원이 제공되어도 창의력 증진에 도움이 되지 않는 경우가 있다. 예를 들어 시간 여유가 지나치게 많은 경우보다는 시간적 압박을 느낄 때 더욱 몰입하게 되어 창의력이 높아질 수 있다. 물론 지키기 어려운 일정이 주어지는 경우에는 정신적 에너지 소모가 일어나기 쉽고, 그 결과 일이 형식적으로 진행될 수도 있다.

● 이질적인 사람들로 팀을 구성한다.

전문 분야, 경험, 업무 스타일 등이 서로 다른 사람들로 팀을 구성하면, 그들의 아이디어가 서로 결합됨으로써 유용한 아이디어가 새롭게 만들어지기도 한다. 이때 반대 의견도 인정하고 격려함으로써 더 나은 결론에 도달하게 하는 창의적 환경이 조성되어 있어야 한다. 뿐만 아니라 불협화음이 생기지 않기 위해서는 팀원들이 명확한 공동의 목표를 갖고 있어야 하고 팀워크가 살아 있어야 한다.

● 올바른 평가 문화와 조직의 지원이 필요하다.

창의적 노력에 대해서는 칭찬도 필요하지만 잘못된 칭찬은 피해야 하며 실패의 가치도 인정해 주어야 한다. 지나치게 엄격한 평가가 이루어지는 조직 문화를 갖고 있는 기업에서는 과정보다는 성과와 결과에 따른 보상에 집중하게 되므로 구성원의 창의력이 위축되기 쉽다. 또한 구성원들이 자신의 창의적 노력이 제대로 평가받지 못하고 있고, 그 결과 보상이 제대로 이루어지고 있지 않다고 느낀다면 창의력은 위축되기 마련이다.

결국 기업이 필요로 하는 창의적 아이디어는 창의적인 사람들이 창의적 환경 속에서 창의적 사고 과정을 거칠 때 가능해진다고 할 수 있다.

4 논리적 사고
Logical Thinking

논리란 말이나 글에서 사고나 추리를 이치에 맞게 이끌어 가는 과정을 의미한다. 그리고 **논리적 사고**는 예를 들어 "A=B이고, B=C이면 A=C이다"라는 논리나 혹은 "전체 T가 누락과 중복 없이 A와 B로 구성되어 있는 경우, 만약 A가 아니라고 하면 그것은 B이다"와 같은 논리에 기초를 두고 있는 사고를 의미한다. 따라서 논리적 사고는 문제 해결 과정에서 사고를 명료하게 해주며, 논증을 전개할 때 발생할 수 있는 오류를 벗어나게 해준다. 그 뿐만 아니라 논리적 사고는 분석 능력의 바탕이 되고, 증거에 의거한 책임 있는 결정을 가능하게 해주며, 의사소통을 오해 없이 원활하게 하는 역할도 한다.

1) 정의, 분류, 조직화: 명료한 사고

문제 해결 과정에서 우리의 사고를 논리적으로 명료하게 하기 위해서는 우선 핵심 용어를 명확히 정의해야 하며, 유사한 자료끼리 분류하고, 복잡한 자료들은 조직화할 필요가 있다. 우리의 사고를 명료하게 하는 데 중요한 요소인 정의, **분류**, 조직화와 이를 활용한 **로직트리**에 대하여 하나씩 알아보기로 하자.

(1) 정의Definition

정의는 낱말이나 용어의 의미를 정확하게 규정하는 것을 말한다. 용어나 단어에 대한 명확한 정의를 통하여, 우리는 문제 해결 과정에서 발생할 수 있는 애매함과 모호함을 피할 수 있게 된다. 만약 문제 해결 과정에서 나타나는 핵심 용어의 의미를 사람들이 서로 다르게 이해하고 있다면, 먼저 용어를 명확하게 정의힘으로써 애매힘과 모호함에서 벗어나야 한다.

용어를 명확하게 정의하기 위해서는 표현이 불명료하거나 은유적이어서는 안 되며, 같은 말을 반복하는 순환적이어서도 안 된다. 물론 정의가 순환적이거나 범위가 너무 넓어서도 안 되고 너무 좁아서도 안 된다. 예를 들어 자동차를 '자력 추진의 수송 수단'이라 정의하면 자동차가 아닌 오토바이까지 포함하게 되고, 만약 '바퀴가 넷인 자력 추진의 수송 수단'이라고 정의하면 삼륜차는 제외되게 된다. 이와 같이 정의의 범위는 너무 넓어서도 안 되고 너무 좁아서도 안 된다.

또한 정의는 대상의 중요한 특징을 진술하고 있어야 한다. 중요한 특징이라는 것은 대상이 갖고 있는 고유 속성을 의미한다. 예를 들어 세 변을 갖는다는 것은 삼각형의 중요한 특징이며, 서로 만나지 않는다는 것은 평행선의 중요한 특징이다. 물론 이러한 중요한 특징은 한 가지뿐만 아니라 여러 가지가 될 수도 있다. 이렇게 해서 핵심 용어가 명확히 정의되면 문제 해결 과정에서 용어로부터 오는 혼란을 피할 수 있게 된다.

(2) 분류Classification

분류는 이미 알려진 규칙이나 원리를 이용하여 특정 상황이나 사물들에 대하여 어떤 공통 특징을 갖는 개체들끼리 모아서 집단으로 나누는 것을 말한다. 분류의 목적은 우리 주변의 상황에 대하여 효과적으로 대처하는 데 있다. 예를 들어 버섯을 먹을 수 있는 것과 먹을 수 없는 것으로 분류하지 않고, 모두 같은 것으로 간주한다면 혼란이 발생하게 된다. 따라서 분류는 유사한 특징을 지닌 것들을 묶음으로써 다양함에 대한 이해와 함께 집단의 성격을 규정하는 데 도움이 된다.

분류에는 **구별**과 **등급 매김**이 있다. 구별은 좋고 나쁨을 평가하는 요소가 전혀 포함되지 않는 분류 방법인데 반하여, 등급 매김은 가치 평가 즉 순위 개념이 내포되는 분류 방법이다. 예를 들어 사람을 남자와 여자로 분류하면 구별이지만, 사람을 빈민층, 중산층, 부유층으로 분류한다면 등급 매김에 해당한다. 중요한 것은 분류를 할 때 집단들의 합은 전체가 되고 집단 간에 '누락과 중복이 없는(mutually exclusive, collectively exhaustive: MECE)' 구조가 되어야 하며, 이러한 분류가 목적에 유용한지도 확인해 보아야 한다. 하지만 분류 대상을 하나도 빠뜨리지 않기 위해서 나머지를 모두 '기타'로 분류할 때는 '기타'라는 항목이 너무 커지지 않도록 유의할 필요가 있다.

분석 대상을 항목으로 분류하는 것은 구조를 이해하는 효과적인 방법이며, 분석의 기본은 사물이나 현상을 부분으로 나눈 후 상호 관계를 생각하는 것이다. 이때 이를 위한 기본적인 사고방식이 앞에서 설명한 MECE이다.

(3) 조직화 Organization

조직화는 복잡한 자료들을 어떤 기준에 따라 명료하고 질서 있게 정리하는 것을 의미한다. 만약 어느 모임의 회원 명단이 있는 경우, 이를 남자와 여자로 나눈다면 이는 분류이지만, 회원을 나이순으로 정리한다든지 혹은 이름을 가나다순으로 정리한다면 이는 조직화라고 볼 수 있다. 다시 말해서 조직화된 목록이나 설명에서는 어떤 항목이 그 위치에 있어야 할 분명한 이유를 갖고 있어야 하며, 자료를 효과적으로 조직화하기 위해서는 나이순 혹은 가나다순과 같은 조직화 기준을 분명히 할 필요가 있다.

그리고 조직화 기준은 자료를 통해서 얻고자 하는 목적을 달성하는 데 도움이 되어야 하며, 또한 조직화 기준이 여러 개인 경우에는 이들 기준들이 어떤 관계인지를 분명히 밝혀야 한다. 예를 들어 회원 명단을 정리할 때 우선 나이를 기준으로 정리하고 같은 나이인 경우는 이름을 가나다순으로 정리하면 조직화 기준이 2개인 경우이다. 이러한 조직화 기준들은 너무 단순하면 복잡한 자료를 이해하는데 별로 도움이 되지 못하고 지나치게 복잡하면 낭비가 되기 쉽기 때문에 너무 많지도 혹은 너무 적지도 않아야 한다. 자료에 대한 적절한 조직화를 통하여 자료의 구조를 만들면 이해가 쉬워질 뿐만 아니라 검색의 용이성, 다시 말해서 필요할 때 쉽게 그 항목을 찾을 수 있게 된다.

(4) 로직트리Logic Tree

수집된 정보를 누락과 중복 없이(mutually exclusive, collectively exhaustive : MECE) 정리하는 데 좋은 방법으로 로직트리가 있다. 로직트리는 상위 항목과 그에 해당하는 하위 항목을 체계적으로 요약한 도표이다. 로직트리에서 동일 계층의 항목은 항상 동일한 종류의 것이어야 하고, 동일한 계층의 항목은 논리적으로 순서가 부여되어야 한다. 흔히 사용되는 로직트리의 분류 기준의 예를 들어 보면 다음과 같다.

- 3C(customer, competitor, company)
- QCD(quality, cost, delivery)
- 과거, 현재, 미래 혹은 단기, 중기, 장기
- 국내시장, 해외시장 또는 기존 사업, 신규 사업

예를 들어 어떤 프로세스에서 정체의 문제가 발생하였고, 정체에

대한 원인들을 파악하여 만든 로직트리의 예를 들면 <그림 2.2>
와 같다. 이는 사고를 시각화하는 데 많은 도움이 된다.

<그림 2.2> 정체에 대한 로직트리

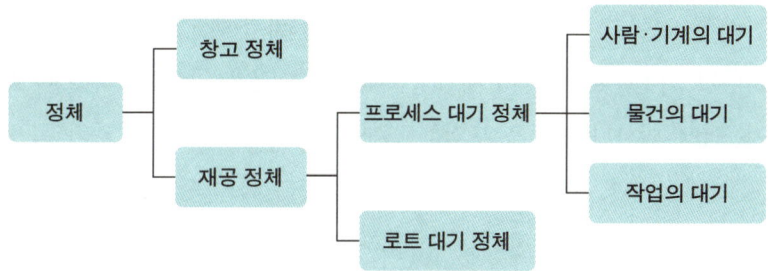

2) 논리적 사고에 기초한 원인 파악: 증거에 입각한 사고

문제 해결 과정에서 핵심적인 사항 중에 하나가 원인을 파악하는
것이다. "아니 땐 굴뚝에서 연기 나랴"라는 속담과 같이 원인 없는
결과는 없다. 지금부터 논리적 사고에 기초하여 원인을 파악하는 방
법에 대하여 알아보자.

(1) 인과 논증

논증은 주장하는 명제(결론)와 그 근거로 제시하는 명제(전제)들
로 구성되어 있으며, 특히 인과 논증causal argument은 전제와 결론에
서 인과관계를 주장하는 논증이다. 여기서 인과관계란 원인과 결

과 관계를 말한다. 그런데 원인이라는 말은 다음과 같이 여러 가지 의미로 사용된다.

- 연쇄적 인과관계에서 나타나는 특정 단계의 원인

예를 들어, 사업에 실패한 어떤 사람이 바다에서 배를 타고 낚시하다가 악천후로 인하여 배가 전복되고 그 결과 익사하였다고 해보자. 담당 의사가 시신을 부검한 결과 사망 원인이 수면제 과다 복용으로 밝혀졌다. 이때 의사와는 달리, 경찰은 사망 원인을 살인 사건이 아닌 악천후에 의한 익사 사고라는 관점에서 볼 것이다. 하지만 가족은 수면제를 과다 복용한 원인으로 사업 실패와 같은 사안에 관심을 가질 것이다. 이와 같이 복잡한 인과관계의 연쇄 중에서 특정한 목적 또는 관심에 따라 어느 한 측면이 원인으로 간주되기도 한다.

- 필요조건으로서의 원인

그 사건 없이 결코 어떤 결과가 나타날 수 없는 경우를 말한다. 예를 들어 산소의 존재는 연소의 필요조건이다.

- 충분조건으로서의 원인

어떤 사건이 주어지면, 결과를 보장할 수 있는 경우를 말한다. 예를 들어 목을 자르거나 익사시키는 것은 죽음의 충분조건이다.

- 확률론적인 원인

어떤 사건이 결과를 발생시킬 가능성이 높은 경우를 말한다. 예를 들어 "과도한 흡연은 폐암 발생의 원인이다"라는 주장이 이에 해당한다.

우리는 원인이라는 단어를 무심히 사용하지만 자세히 따져 보면 이와 같이 다양한 의미를 갖고 있다. 따라서 원인이라는 말의 의미를 제대로 이해해야 인과 논증이 명확해진다. 지금부터 여러 가지 인과 논증에 대해 알아보자.

● 일치법Method of Agreement

어떤 결과가 발생한 여러 경우에 대하여, 공통적으로 선행하는 요인을 찾아 결과에 대한 원인으로 간주하는 방법이다. 예를 들어, 어느 식당에서 식중독 사건이 발생했다고 해보자. 식중독의 원인이 무엇인지를 파악하고자 식중독에 걸린 사람들이 먹은 음식을 조사한 결과 <표 2.4>를 얻었다. <표 2.4>를 보면 식중독에 걸린 사람들이 공통으로 먹은 음식은 생선회이므로, 단정 지을 수는 없지만 생선회를 식중독 원인으로 일단 잠정적으로 결론지을 수는 있다.

<표 2.4> 식중독에 걸린 사람들이 먹은 음식물

사람	발병 여부	불고기	냉채	나물	생선회	육회	만두
가	식중독 발병	○	○	×	○	×	○
나	식중독 발병	○	○	○	○	×	×
다	식중독 발병	×	×	○	○	○	○
라	식중독 발병	○	○	×	○	×	○

(○는 먹은 음식, ×는 안 먹은 음식)

● 차이법Method of Difference

어떤 결과가 발생했을 때, 선행한 요인과 그 결과가 발생하지 않았을 때 결여된 요인을 찾아 그 결과의 원인으로 파악하는 방법이다. 예를 들어 식중독에 걸린 사람과 걸리지 않은 사람이 먹은 음식을 조사한 결과 <표 2.5>와 같았다고 해보자. <표 2.5>를 살펴보면 냉채, 나물, 만두는 '마'가 먹었는데 식중독에 걸리지 않았으므로 식중독의 원인에서 제외된다. 그리고 불고기와 생선회는 '마'는 먹지 않았는데 '라'만 먹었으므로 식중독의 원인으로 파악될 수 있다.

<표 2.5> 식중독에 걸린 사람과 걸리지 않은 사람이 먹은 음식물

사람	발병 여부	불고기	냉채	나물	생선회	육회	만두
라	식중독 발병	○	○	×	○	×	○
마	이상 없음	×	○	○	×	×	○

(○는 먹은 음식, ×는 안 먹은 음식)

● 일치와 차이 결합법Joint Method of Agreement and Difference

일치법과 차이법을 결합하여 원인을 파악하는 방법이다. 예를 들어 식중독에 걸린 네 명의 사람과 걸리지 않은 한 사람이 먹은 음식을 정리한 결과, <표 2.6>과 같았다고 해보자. <표 2.6>에서 식중독에 걸린 사람들이 공통적으로 먹은 음식이 생선회이고, 식중독에 걸리지 않은 한 사람은 그것을 먹지 않았으므로 생선회를 원인으로 볼 수 있다.

<표 2.6> 사람별 먹은 음식물과 식중독 발병 여부

사람	발병 여부	불고기	냉채	나물	생선회	육회	만두
가	식중독 발병	○	○	×	○	×	○
나	식중독 발병	○	○	○	○	×	×
다	식중독 발병	×	×	○	○	○	○
라	식중독 발병	○	○	×	○	×	○
마	이상 없음	×	○	○	×	×	○

(○는 먹은 음식, ×는 안 먹은 음식)

● 공변법Method of Concomitant Variation

두 현상 사이의 변동을 바탕으로 원인을 확인하는 방법이다. 예를 들어 이혼율이 증가할수록 청소년 범죄율이 따라서 증가하고, 이혼율이 줄수록 청소년 범죄율이 함께 줄어드는 현상이 관찰되었다고 하자. 이로부터 이혼율과 청소년 범죄율 사이에는 잠정적으로 인과관계가 있다고 결론 내릴 수 있다. 이때 "이혼은 가정불화를 야기하고, 가정불화는 청소년 범죄로 이어질 수 있다"는 배경 지식이 있다면 결론의 신빙성은 좀 더 올라간다.

● 잉여법Method of Residue

이미 알려져 있는 인과관계를 제외하고, 남은 것으로부터 원인을 확인하는 방법이다. 예를 들어 통계학 성적에서 30점을 감점 당했다고 하자. 그리고 성적 점수는 중간고사, 기말고사, 출석, 과제물로 이루어져 있으며, 출석에서는 감점이 없었고, 중간고사와 기말고사에서 각각 13점 감점된 것을 알고 있다고 하자. 이러한 경우 과제물에서 4점 감점되었다고 일단 결론 내릴 수 있다.

• Is & Is Not 기법

앞에서 설명한 '일치와 차이 결합법'에 바탕을 두고 있으면서, 실제 현장에서 문제의 원인을 파악할 때 많이 사용되는 기법이다. 이 기법은 다음과 같은 질문을 통해 얻어지는 정보를 바탕으로 원인을 유추한다.

- 무엇이 문제이고, 무엇이 문제가 아닌가?
- 문제가 발생한 곳은 어디이고, 어디서 문제가 발생하지 않는가?
- 언제 문제가 발생했고, 언제 모든 것이 순조로웠는가?
- 문제의 정도는 어느 정도인가?

이 방법은 무엇이 문제이고 무엇이 아닌지를 구별할, '어떤 것'이 항상 존재한다는 전제에서 출발한다. 만약 과거에는 문제가 없었는데 지금 그렇지 않다면, 무엇인가가 변한 것이다. 이러한 차이를 조사하여 이를 잘 설명할 수 있는 원인을 유추하자는 것이다. 구체적으로는 다음과 같은 순서에 따라 <표 2.7>를 작성하여 원인을 파악하게 된다. 이때 '있다'와 '없다'의 구별이 명료해야 한다는 점을 유념해야 한다.

① 순서 1: 문제를 구체적으로 표현한다.

② 순서 2: 문제를 대상(what), 장소(where), 시기(when), 정도(extent)의
4가지 관점에서 '있다(Is)'와 '없다(Is Not)'를 정리한다.

③ 순서 3: 4가지 관점에서 '있다'와 '없다' 사이의 특이한 점 또는
차이를 파악한다.

④ 순서 4: 특이한 점에 어떤 변화가 있었는지를 조사한다.

⑤ 순서 5: 특이한 점의 변화된 내용에서 원인을 파악하고 검증한다.

<표 2.7> Is & Is Not 기법 표

순서 1	순서 2			순서 3	순서 4	순서 5
문제 서술	관점	Is	Is Not	특이점 및 차이점	특이점의 변화	원인 파악과 검증
• 문제 발생 상황 • 문제 해결 목적 • '주어+술어'의 형태로 표현	무엇이 (what)					
	어디서 (where)					
	언제 (When)					
	어느 정도 (extent)					

그러나 지금까지 설명한 방법으로 유추한 인과관계는 존재 가능성
이 있다는 의미이지 단정적으로 인과관계가 존재한다는 뜻은 아니다.

하지만 논의와 관련해서 배경 지식과 여러 가지 전제를 받아들일 수 있는 경우, 위의 방법들은 인과관계를 규명하는 데 유용하게 활용될 수 있다. 그리고 이러한 인과 논증을 할 때 인과적 오류를 범하지 않도록 노력해야 한다. 인과적 오류란 인과관계가 성립하지 않는 것을 인과관계로 잘못 결론짓는 오류를 말하며, 다음과 같은 오류의 종류가 있게 된다.

● 우연과 인과관계를 혼동하는 오류

사건 A가 발생하고 사건 B가 발생했다고 해서, 반드시 사건 A가 사건 B의 원인이 되는 것은 아니다. 예를 들어 아침에 장례 행렬을 본 날 항상 좋은 일이 있었다고 하자. 이때 장례 행렬을 본 것이 좋은 일이 발생하는 것의 원인이라고 보기는 어렵다. 이와 같이 어떤 두 사건이 순차적으로 일어날 때 이것이 인과관계인지 아니면 우연인지를 판단하기 위해서는 지속적인 관찰이 필요하다. 그리고 지속적인 관찰 결과 규칙적으로 발생하는 것이 아니라면, 인과관계는 없는 것으로 보아야 할 것이다. 단 한 번이라도 아침에 장례 행렬을 보았는데 좋은 일이 발생하지 않은 경우가 생긴다면, 이는 인과관계가 아니라는 반증이다.

● 공통 원인을 무시하는 오류

두 사건 사이에 규칙적인 발생 관계가 있다 하더라도 반드시 인과관계가 있다고 할 수 없는 경우가 있다. 예를 들어 항상 번개가 번쩍인 다음 천둥소리가 들린다고 해서 번개가 천둥의 원인은 아니다. 둘 다 구름이 충돌할 때 생기는 방전 현상이라는 공통 원인의 결과로 나타난 것이다. 다만 빛과 소리의 속도의 차이로 우리가 인지하는 데 선후가 생겼을 뿐이다.

- 원인과 결과를 혼동하는 오류

복잡한 시스템에서는 인과관계가 복잡할 뿐만 아니라, 시간이 흐른 후에 나타나는 '지체'까지 있어서 어떤 것이 시간적으로 선행하는지를 판단하기 어려운 경우가 있다. 이럴 때 우리는 원인과 결과가 혼동될 수 있다는 사실을 유념해야 한다.

(2) 가설 검증

문제 해결을 위해 원인 파악을 하고자 할 때 잠재적 원인을 분류하고 조직화한 후, 가설을 수립하고 검증함으로써 원인을 입증하는 방법론을 사용하게 된다. 이러한 가설 검증 과정에 대하여 알아보기로 하자.

① 순서 1: 합이 전체가 되는 질문들을 사용하여 문제의 원인을 찾는다.

문제의 원인을 찾을 때도, 합이 전체가 되고 누락과 중복이 없는 (MECE) 논리 구조에서 시작해야 한다. 예를 들어 "문제가 발생하는 것은 남성 사원인가 혹은 여성 사원인가?"라는 질문을 생각해 보자. 사람은 여성과 남성으로 구성되어 있고 합해서 전체가 되기 때문에, 만약 문제가 발생하는 것이 남성이라는 답이 나오면 남성 사원을 대상으로 문제가 발생하는 원인만 조사하면 된다. 반면에 "문제가 발생하는 것이 여성 사원인가 혹은 젊은 사원인가?"라는 질문은 사원들을 분류하는 데 누락과 중복이 있기 때문에, 답을 찾았다 하더라도 원인이 다른 곳에 있을 수도 있으므로 해결책을 잘못 도출할 가능성이 높아지게 된다.

② 순서 2: 문제의 원인을 찾은 후에는 이에 대한 가설을 세운다.

누락과 중복 없이 합이 전체가 되는 질문을 반복하는 과정을 통해서, 문제와 관련 없는 것들을 제거해 가면 잠재 원인의 범위를 줄여 갈 수 있다. 여기서 잠재 원인이란 원인이라고 추측되지만 아직 확인되지 않은 원인을 말한다. 그리고 파악된 잠재 원인이 참 원인인지에 대한 가설을 설정한다. 가설이란 아직 입증되지 않은 주장이나 추측을 말한다.

③ 순서 3: 데이터를 수집하여 가설을 검증한다.

설정된 가설을 검증하기 위한 증거와 데이터를 수집하여 잠재 원인이 참 원인인지를 검증한다. 참 원인이란 입증된 원인을 말하며, 문제의 진짜 원인을 파악한다는 것이야말로 문제 해결의 토대가 된다.

3) 논리적 사고의 전개

문제 해결 과정에서 책임 있는 결정을 내리기 위해서는 논리적 사고를 바탕으로 결론을 명확하게 도출하여야 한다. 그리고 논리적 사고는 문제 해결의 핵심 요소 중 하나인 의사소통에도 매우 중요한 역할을 한다. 의사소통이라 함은 의사를 전달한다는 의미도 있지만, 다른 사람의 견해를 비판적으로 수용한다는 의미도 있으므로 논리적 의사소통 없이는 서로를 바르게 이해하기가 어렵다. 특히 사고를 논리적으로 전개하기 위해서는, 우리의 사고가 어디를 기점으로 해서 어디를 지나서 어떤 결론에 도달하는가를 명확히 해야 하며, 이를 위해서는 다음과 같은 순서로 전개하는 것이 바람직하다.

① 출발 지점이 되는 사실을 공유한다.

우선 사실과 개인적 의견이 혼동되는 것을 피하여야 하며, 주장이 어디에 근거하고 있는지를 분명히 해야 한다. 특히 명확한 출발을 위해서는 사전에 숨어 있는 가정, 편견, 기본 전제 등에 대하여 충분히 검토를 한 후 시작한다.

• 숨어 있는 가정

예를 들어 "우리 것은 좋은 것이다"라는 주장은 당연하게 받아들여지기 쉽지만, 반드시 옳은 것은 아니다. 이러한 숨은 가정은 문화나 사회적 통념에 기인하기도 하고, 과학적 방법론을 충분히 이해하지 못했거나 잘못 이해하는 데서 비롯되기도 한다. 따라서 문제를 제대로 이해하기 위해서는 우리가 어떤 가정을 하고 있으며, 이 가정이 어떤 배경을 갖고 있는지 알려고 노력해야 한다. 뿐만 아니라 증거에 의해 정당화될 수 없는 것은 어떤 것도 미리 가정하지 않는 태도가 중요하다.

- 편견

    편견이란 객관적인 상황보다는 개인의 선호 및 성향에 따라 형성된 의식구조를 의미한다. 이러한 편견에 의한 주장이나 의견은 객관적인 증거 앞에서도 바꾸기를 극히 꺼리게 된다. 일단 편견에 빠지면 모순을 일으키는 사실들을 보면서도 이를 무시하는 경우가 많다. 편견은 흔히 무지에서 생기므로, 편견을 없애기 위해서는 편견의 대상과 좀 더 친숙해질 필요가 있다. 왜냐하면 친숙해지면 고정관념의 허위성을 깨닫기가 쉽기 때문이다. 그리고 편견의 대상을 새로운 맥락에서 바라보거나, 혹은 대립되는 정반대의 편견에 의해 편견을 중화시키는 것도 편견을 제거하는 데 도움이 된다.

- 기본 전제

    구성원들 간의 갈등의 대부분은 개인들의 기본 전제가 다르기 때문에 발생한다. 예를 들어 종교의 차이, 진보와 보수, 동양과 서양, 세대의 차이 등으로 인한 갈등은 신념 또는 가치와 관련된 기본 전제의 차이에 기인하는 경우가 많다. 이런 경우에는 개인의 기본 전제가 상충되고 있다는 사실을 깨닫는 것이 무엇보다 중요하며, 이를 바탕으로 쉽지는 않지만 공동의 가치를 찾고자 노력할 필요가 있다.

② 논증의 근거를 명확히 한다.

    논증이란 일반적으로 자신이 주장하고자 하는 내용이 어떤 이유

를 근거로 해서 뒷받침될 수 있음을 보여주려는 것이다. 이때 결론
이 정당성을 갖기 위해서는 근거가 명확해야 한다. 예를 들어 인과
관계, 적절한 사례, 상식이나 통념 등은 근거가 될 수 있지만 개연성
이 낮거나 관련성이 적은 것, 혹은 개인적 의견이나 입증되지 않은
가설 등은 근거가 되기 어렵다.

   만약 추론하는 과정에서 발생할 수 있는 다양한 오류를 범하게
되면(이러한 오류에 대해서는 3장을 참조하기 바람), 추론된 결론은 믿을 수
없게 된다. 또한 다음과 같이 권위, 유사성, 가설 등에 근거한 결론
은 어느 정도 믿을 만한지 확인하여야 한다. 왜냐하면 결론을 추론
하는 데 사용한 근거에 대하여 실제 타당성보다 더 신뢰하게 되면,
논증 결과의 진위 여부에 내한 판단을 그르칠 수 있기 때문이다.

● 권위에 근거하는 논증
   우리는 많은 사실을 다른 사람의 권위에 근거하여 받아들인다. 예
를 들어 세종대왕이 한글을 창제했다는 것을 알고 있는데, 이는 공
공 기관인 학교에서 그렇다고 배웠기 때문이다. 이와 같이 전문가의
권위를 받아들인다는 것은 넓은 의미에서 보면 지식을 얻는 한 가지
방법이다. 따라서 전문가의 권위를 무조건 무시해서는 곤란하지만
전문가라고 해서 항상 옳은 것은 아니므로, 경우에 따라서 권위에
근거한 논증을 비판적으로 음미해 볼 필요가 있다.

● 유사성에 근거한 논증
   유용하지만 때로는 위험한 논증이 유사성에 근거한 논증이다. 예

를 들어 어떤 자동차가 추울 때 시동이 잘 걸리지 않는 경우, 차종과 제작 연도가 같은 다른 자동차 역시 시동이 잘 걸리지 않을 것이라고 결론짓는 것이 이에 해당된다. 수많은 추측이나 평가가 이러한 유사성에 근거하여 이루어지며, 이들 가운데 상당 부분은 실제로 옳다고 판명되기도 한다. 하지만 유사성이 있다는 것은 결론이 옳을 가능성이 있다는 것이지 단정적으로 옳다는 의미는 아니다.

● 가설에 근거한 논증

어떤 가설이 알려진 사실들을 잘 설명할 때 가설에 대해 더 이상 검증을 실시하지 않고 받아들이는 경우가 있다. 가설은 입증되기 전까지는 사실이 아닐 수 있으므로 검증을 거쳐야 할 가설을 만약 검증 없이 받아들인다면 위험할 수 있다. 이러한 위험을 줄이기 위해서는 알려진 사실들을 설명할 수 있는 다른 가설이 있는지를 검토해 보아야 하고, 제시된 가설에 대해서는 확증할 수 있거나 또는 반증의 증거를 가능하면 좀 더 찾아보아야 한다.

③ 도착 지점인 결론을 분명히 한다.

결론이 분명하지 않은 것만큼 사람을 실망하게 하는 것도 드물 것이다. 만약 지루한 과정을 거친 후에 결론이 명확하지 않다면 모두를 피곤하게 할 수 있다. 결론은 분명해야 한다. 따라서 애매한 주장은 피하고 가능하면 숫자를 활용하여 객관적으로 결론을 도출할 필요가 있으며, 도출된 결론이 성립하는 제한된 조건을 분명히 해야 한다.

5 시스템 사고
Systems Thinking

일반적으로 문제는 여러 측면에서 다른 문제들과 다양하게 얽혀 있는 경우가 대부분이다. 그리고 하나의 문제를 제대로 해결하기 위해서는 그것과 관련된 또 다른 문제들을 고려해야 하며, 다른 문제와의 연관성과 상호 의존성을 보지 못한다면 문제 해결 과정이 실패하기 쉽다. 따라서 단선적이고 단면적인 문제 인식에서 벗어나 전체적인 관계를 파악하기 위해서는 시스템 전체를 이해하는 통찰력이 필요하다.

1) 시스템이란 무엇인가?

시스템이라 함은 **구성 요소**elements와 요소들 사이의 **관계**relation를 말하는 것으로, 개별적인 요소들과는 달리 시스템에는 다음과 같은 특징이 있다.

- 시스템의 요소들은 서로 연관되어 있으므로, 특정 구성 요소의 변화는 곧 다른 구성 요소에 영향을 미친다.
- 시스템은 관련된 요소가 모두 작동될 때 제대로 기능을 발휘한다.
- 시스템에서는 각 개별 요소의 질보다도 '구성 요소 사이의 관계의 질'이 더 중요하다.

특히 시스템의 구성 요소들은 특정의 속성을 지니고 있으며 이러한 속성을 **변수**variable라 부르고, 변수의 값이 변하면 시스템의 **행태** behavior가 변했다고 한다. 또한 시스템의 **구조**structure란 시스템을 구성하고 있는 요소들 사이의 지속적인 관계를 의미한다.

예를 들어 사람의 몸을 하나의 시스템이라 할 때 심장과 간과 같은 장기들은 구성 요소가 되고, 심장이라는 구성 요소는 맥박이라는 속성을 지니며 맥박 수는 **변수**가 된다. 맥박 수가 빨라지거나 늦어질 때 **행태**가 변했다라고 말한다. 그리고 심장과 간 사이의 지속적인 관계를 **구조**라 한다.

2) 시스템 사고

시스템을 이루고 있는 구성 요소들 사이의 상호작용이 복잡하게 전개되는 경우에는 구성 요소 하나의 움직임이 다른 부분에 미치는 파급 효과를 예측하고 제어하는 것이 쉽지 않다. 이런 상황에서 시스템을 구성 요소별로 분해하여 각각에 대해 해결책을 모색하는 방법은 오히려 문제 해결을 어렵게 만들 수도 있다. 극단적인 경우에는 구성 요소들의 문제를 해결하려 하면 할수록 전체 시스템에서는 새로운 문제가 발생하고 점점 악순환에 빠질 수도 있다.

예를 들어 경찰이 마약을 철저히 단속하면 단기적으로 범죄가 줄겠지만, 그 결과 마약 공급이 감소하고 공급 부족으로 마약값은 상승하게 되어, 마약값을 마련하기 위한 범죄가 도리어 증가할 수도 있다. 이처럼 어떤 해결책이 또 다른 문제를 야기할 수 있다. 이럴 때 시스템을 구조의 관점에서 바라보고, 구성 요소들 사이에서 일어나는 상호작용의 연결 구조를 이해하는 것이 시스템 사고의 핵심이라 할 수 있다.

시스템 사고를 하면 아무리 복잡한 문제라도 전체 시스템과 부분 시스템, 상위 시스템과 하위 시스템이 무엇인지 파악할 수 있고, 시스템 간의 상호 관계를 규명해 가다 보면 문제를 해결할 수 있는 통찰력이 깊어지게 된다. 한마디로 시스템 사고systems thinking란 시스템의 구조를 이해하고, 이를 바탕으로 시스템을 효과적으로 변화시킬 수 있는 문제 해결책을 도출하기 위한 사고방식이라 할 수 있다.

시스템 사고는 "시스템은 지속적으로 변하며, 변화는 문제와 기회를 발견할 수 있는 원천이다"라는 인식에서 출발한다. 그리고 문제를 일으키는 요인과 그 중요성도 고정된 것이 아니라 시간의 흐름에 따라 변한다고 생각하는 사고방식이다. 따라서 문제를 '원하는 상태와 현재 상태의 차이'라기보다는 '원하지 않는 방향으로의 변화된 상태'라고 생각하는 사고방식을 의미한다. 예를 들어 어느 학생의 학업 성적이 저조할 때 현재 성적이 나쁜 것도 문제지만, 생활 습관이 악순환을 야기하여 앞으로 개선의 여지가 없는 경우 이를 더 큰 문제라고 인식하는 것과 같은 것이다.

이러한 시스템 사고에는 두 가지 측면이 있다. 하나는 시스템의 구조를 이해하기 위한 측면이고, 다른 하나는 문제를 해결하여 시스템을 개선하기 위한 측면이다. 시스템의 구조를 이해하기 위해서는, 문제 요인들의 순환적 인과관계circular causality와 **피드백 루프**feedback loop를 파악하는 것이 중요하다. 인과관계라 함은 문제의 핵심을 이루고 있는 변수들 사이에 존재하는 관련성을 의미하고, 피드백 루프라 함은 변수들 간에 변화가 서로 영향을 미치는 관계를 말한다.

시스템 사고에서 문제 해결이란 시스템을 바람직한 방향으로 변화 시키는 것이다. 그리고 시스템에서의 변화는 흔히 물결이나 소리에서 파동이 전파될 때 서로 다른 파동끼리는 상호 간섭을 일으키며, 어떤 물체가 갖는 고유 진동수와 같을 때는 공명하면서 에너지를 증폭시키기도 하고 분산시키는 것처럼 파동wave의 궤적을 남긴다. 이러한 원리는 문제 해결 과정에서도 마찬가지로, 시스템을 원하는 방향으로 변화시키기 위해서는 단순한 변화가 아닌 지속적인 변화의 흐름을 이해하여야 하며, 이를 위해서는 시스템 속의 요인들 간의 인과관계뿐만 아니라 피드백 구조도 파악하는 것이 중요하다.

3) 시스템의 구조

지금부터 시스템의 구조를 이해하기 위하여 인과관계와 피드백에 대하여 알아보기로 하자. 시스템의 변화를 이해하기 위해서는 우선 시스템의 구성 요소 사이의 인과관계를 이해할 필요가 있다. 이러한 인과관계는 다음과 같은 특성을 갖는다.

- X가 Y의 직접 원인이 되기 위해서는 X는 Y보다 먼저 발생해야 하고, $Y = f(X)$ 같은 어떤 함수관계가 있어야 하며 X와 Y 모두에 영향을 미치는 다른 변수가 없어야 한다.

- 인과관계에는 원인과 결과가 같은 방향으로 변하는 양positive의 인과관계와 반대 방향으로 변화하는 음negative의 인과관계가 있다.

예를 들어 음식물 섭취가 많아지면 체중이 증가하는 것처럼 두 변수가 같은 방향으로 변화하면 양의 인과관계라고 한다. 반면에 운동을 많이 하면 체중이 감소하는 것처럼 반대 방향으로 변화하므로 음의 인과관계라고 한다.

- 원인과 결과의 부호는 시스템의 성격에 따라 변할 수 있다.

일반적으로 가격이 높아지면 수요가 감소하므로 가격은 수요에 음의 영향을 주지만, 투기시장에서는 가격이 오르면 더 오를 것이라는 기대 심리 때문에 양의 영향을 줄 수도 있다.

● 원인과 결과 사이의 관계가 직선이면 선형적linear 인과관계라 하고, 직선이 아니면 비선형적nonlinear 인과관계라 한다.

　예를 들어 운동량이 증가함에 따라 체중이 비례하여 지속적으로 감소되는 것이 아니라, 체중이 운동량과 비례하여 조금씩 변하다가 어떤 점을 지나고부터는 운동량이 체중에 영향을 주지 않는다면 이는 비선형적 인과관계라고 볼 수 있다.

● 원인 변수의 영역에 따라 인과관계가 변하기도 한다.

　운동량과 체중과의 관계에서 보는 바와 같이 원인 변수가 어떤 값에 도달하기 전까지는 결과 변수가 반응하지만, 일정한 값을 넘어서면 결과 변수가 잘 변하지 않는 경우가 있다. 또한 원인 변수의 영역에 따라 원인과 결과의 부호가 바뀌기도 한다. 예를 들어 작업장의 온도가 너무 낮아도 생산성이 떨어지고 너무 높아도 생산성이 떨어진다. 결국 작업장의 온도와 생산성의 관계는 거꾸로 된 U-커브 형태가 될 수도 있다.

　이러한 인과관계를 파악하는 데 중요한 기법이 인과지도causal map를 작성하는 것이다. 인과지도는 여러 개의 인과관계를 서로 연결함으로써 시스템 전체를 한눈에 볼 수 있게 해주는 생각의 지도를 말한다(<그림 2.3> 참조). 인과지도를 그릴 때 특히 인과관계는 화살표로 표현한다. 예를 들어 <그림 2.3>에서 원인에서 출발하여 결과에 도달하는 과정은 화살표로 표시하고 양의 인과관계에는 화살표의 끝에 '+' 기호, 음의 인과관계에는 '−' 기호로 표시한다.

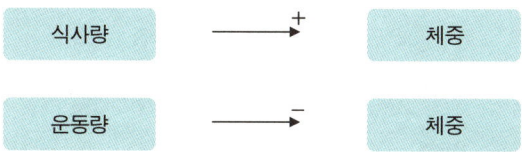

<그림 2.3> 인과관계의 인과지도

| 식사량 | → + | 체중 |
| 운동량 | → − | 체중 |

시스템 사고의 핵심은 피드백 루프에 대한 이해이므로 인과지도에도 피드백 관계가 포함되어야 전체 변화의 흐름을 이해할 수 있게 된다. 만약 시스템에서의 여러 인과관계가 피드백을 형성하지 못한 경우에는 시스템에 지속적인 변화가 일어나지 않고 일회적인 변화로 끝나게 되며, 결국 피드백이 없으며 반복적인 움직임과 지속적인 변화가 없게 된다.

인과관계에 양과 음이 있듯이 피드백 루프에도 양과 음이 있게 되고, 양의 피드백 루프(+)는 변화를 촉진하는 루프로서 강화 피드백이라 불린다(<그림 2.4> 참조). 예를 들어 <그림 2.4>에서 A 국가가 위협을 느껴 군비를 강화하면 B 국가가 다시 위협을 느껴 군비를 확대하고, 이것이 다시 A 국가가 위협을 느끼는 원인이 된다. 거꾸로 A 국가가 먼저 군비를 줄이면 B 국가가 느끼는 위협이 줄게 되고, 그 결과 B 국가가 다시 군비를 줄이면 A 국가가 느끼는 위협이 줄게 된다. 이와 같이 강화 피드백의 결과는 좋은 쪽으로의 성장을 가속시키거나 혹은 나쁜 쪽으로의 퇴보를 가속화시킨다.

<그림 2.4> 양의 피드백(양의 피드백) 루프 예

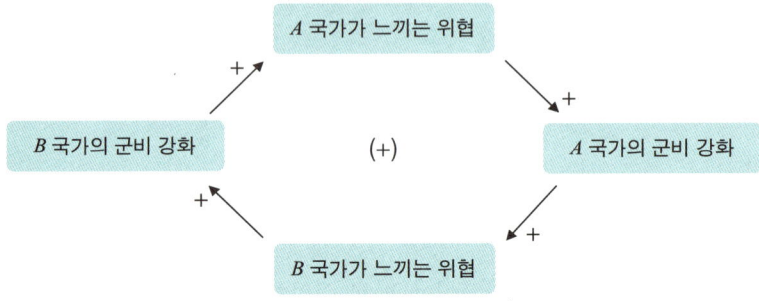

그리고 음의 피드백 루프(-)는 변화를 억제하는 루프로서 조절 피드백이라 불린다. 예를 들어 기업에서 재투자를 통해 현금 보유액을 조절하는 과정을 살펴보자(<그림 2.5> 참조). 기업에서 현금 보유액이 많아져서 적정 보유액을 초과하게 되면, 초과액을 재투자하고 그 결과 현금 보유액이 줄게 된다. 보유액이 줄면 초과액과 재투자가 줄어들어 현금 보유액이 주는 것을 막는다. 이와 같이 음의 피드백 루프는 성장이나 쇠퇴를 거부하고 목표와 안정을 유지하려 한다. 일반적으로 조절 피드백은 대개 아무것도 일어나지 않는 것처럼 보이기 쉽기 때문에 일반적으로 강화 피드백보다 발견하기가 어렵다.

<그림 2.5> 조절 피드백(음의 피드백) 루프 예

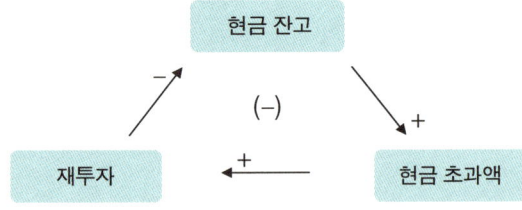

피드백 루프가 양인지 음인지를 알아보는 손쉬운 방법은 피드백 루프에서 마이너스 화살표의 개수를 파악해 보는 방법이다. 만약 마이너스 화살표의 개수가 홀수이면 음의 피드백 루프이고, 짝수이면 양의 피드백 루프이다. 예를 들어 <그림 2.5>에서 마이너스 화살표의 개수가 한 개이므로 음의 피드백 루프가 되며, 괄호 속의 부호는 피드백 루프의 부호를 의미한다.

피드백의 구조를 보다 심도 있게 이해하기 위해서는 피드백의 두 가지 유형인 강화와 조절뿐만 아니라 지체delay에 대해서도 알아볼 필요가 있다. 시스템 내의 각 요소들은 동시에 작동하는 것이 아니라, 시간적 경과를 거쳐 원인이 결과를 초래할 수도 있는데 이러한 현상을 지체라고 한다. 이러한 지체는 우리가 취한 행동의 결과를 다른 것보다 늦게 나타나게 하기도 하는데, 이러한 경우 결과 근처에서만 원인을 찾는 것은 위험할 수 있다.

또한 문제 해결을 위한 단기적 처방은 새로운 문제를 야기할 수 있으므로 의사 결정의 중장기적 영향을 고려해야 할 때도 있다. 예를 들어 <그림 2.6>에서와 같이 단기적으로는 직원의 사기가 올라가면 고객 만족도도 높아지고, 고객이 만족하면 직원의 사기도 올라간다. 하지만 장기적으로 고객 만족도가 높아지면 고객의 수가 늘고, 늘어난 고객을 직원이 감당하기 어려워지면 다시 직원의 피로도가 점원의 사기를 떨어뜨린다. 이와 같이 지체는 목표를 빗나가게 할 수도 있으므로 지체의 영향을 잘 이해하는 것이 중요하게 된다.

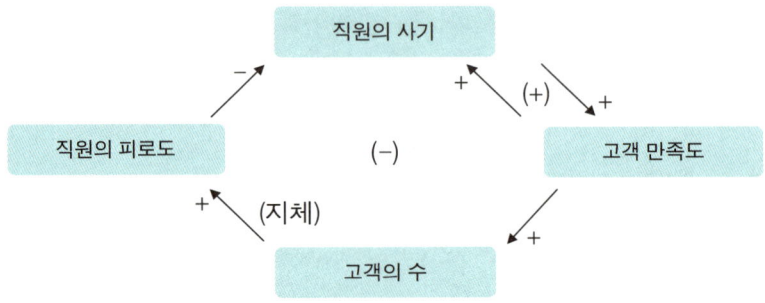

<그림 2.6> 지체가 있는 피드백 루프의 예

4) 시스템의 개선

　시스템의 구조를 이해하게 되면 시스템이 원하는 방향으로 변할 수 있도록 시스템을 개선하여야 한다. 이때 필요한 것이 **지렛대 원리**이다. **지렛대**란 적은 자원을 투입해도 시스템이 커다란 역동성을 갖게 하는 변수 혹은 변수들 사이의 관계를 말한다. 그리고 적절한 개입 지점 및 시점에 이러한 지렛대를 이용하여 적은 노력으로 시스템을 원하는 방향으로 변화시키는 것을 지렛대의 원리라고 한다. 예를 들어 시스템을 변화시키고자 할 때는 작은 변화를 증폭시킬 수 있는 양의 피드백 루프를 활용하고, 변화를 거부하는 음의 피드백 루프는 피하는 것이다.

　특히 지렛대 원리를 활용하기 위해서는 먼저 **병목 지점**bottleneck이 있는지부터 파악해야 한다. 예를 들어 교통 흐름에서 병목 지점이 있어서 교통 혼잡이 발생하고 있다면 병목 지점을 확장하는 것이 가장 효과적인 것처럼, 순차적으로 이루어지는 프로세스에서 생산성을 높이기 위해서는 병목이 발생하고 있는 프로세스를 확인하여 이를 개선하는 것이 효과적인 방법이다.

동일한 양의 피드백 루프라도 계속 성장할 수도 있고 계속 퇴보할 수도 있다. 예를 들어 <그림 2.3>의 양의 피드백 루프에서 A 국가가 위협을 느끼지 못하면 군비를 축소하게 되고, B 국가가 다시 위협이 줄어드는 것을 느껴 군비를 축소하면, 이것이 다시 A 국가가 위협을 적게 느끼게 하는 원인이 된다. 이와 같이 양의 피드백 루프는 선순환과 악순환의 가능성을 동시에 지니고 있으며, **임계점**이 이를 결정하게 된다.

임계점이란 이 값에 도달하기 전후의 변수의 행태가 크게 달라지는 변수의 값을 의미한다. 예를 들어 물은 임계점 100℃에서 액체에서 기체로 변한다. 만약 양의 피드백 루프가 계속 퇴보하고 있다면, 특정 변수가 지나치게 작은 값을 지니고 있는지 확인해 볼 필요가 있다. 이때 인위적으로 변수의 값을 임계점을 넘도록 증가시키면 시스템이 선순환으로 바뀔 수 있다. 예를 들어 신제품이 개발되어 시장에 처음 소개될 때 사용 인구가 임계점을 넘는 것을 기점으로 시장이 급격히 확장되는 경우가 이에 해당한다고 할 수 있다.

시스템의 성과를 높이는 좋은 방법 가운데 하나가 **지체**를 없애는 것이다. 예를 들어 적기에 부품이 제공되지 못하면 생산에 차질이 생기기 쉽고, 필요한 정보가 제때에 제공되지 못하면 의사 결정이 지체되기 쉽다. 특히 음의 피드백 루프에 시간 지체가 생기면, 지연된 피드백에 대응하여 행동을 조정하게 되고 그 결과 과잉 행동이나 요동이 일어나기 쉽다. 이런 경우 지체를 줄여 주면 시스템이 안정되는 것처럼, 시스템의 개선은 행태를 예측하는 데서 오는 것이 아니라 구조를 이해함으로써 가능해진다. 결국 구조가 행태를 결정하고, 행태가 구조를 변화시킨다는 점을 유념할 필요가 있다.

결론적으로 문제 해결 과정에서 시스템 사고를 활용하면, 나무뿐만 아니라 숲을 볼 수 있게 된다. 그 결과 문제가 갖고 있는 복잡성을 이해할 수 있게 되고 전체에 대한 통찰력을 얻을 수 있게 된다. 특히 정책 결정과 같이 데이터를 얻기 어렵고 상황이 복잡한 경우, 시스템 사고는 문제 해결 과정에서 매우 중요한 역할을 한다.

6 통계적 사고
Statistical Thinking

　과거에도 통계적 기법이 문제 해결을 위하여 중요한 역할을 해왔지만 통계 마인드의 부족, 통계 소프트웨어의 부족, 통계 전문 인력의 부족 등으로 통계 기법의 활용이 어려움을 겪어 왔던 것도 사실이다. 그리고 통계는 너무 어렵다는 선입견 때문에 잘 사용하려 하지 않는 경향이 있었고, 데이터를 얻어도 그 데이터가 무엇을 의미하는지를 잘 모르고, 데이터를 보고 어떠한 조치를 취해야 하는지도 모르는 경우가 많았다. 뿐만 아니라 데이터는 통계분석을 통해 지식으로 전환될 때 비로소 의미를 갖게 됨에도 불구하고 제대로 활용되지 못하고 사장되는 경우도 많았다.

　"생각하기를 좋아하는 사람은 사물을 계량화quantification하기를 싫어하고, 계량화하기를 좋아하는 사람은 깊이 생각하기를 싫어한다"는 말이 있지만, 꼭 그러한 것은 아니다. 근래에 와서 정보화가 진척됨에 따라 데이터의 중요성에 대해서는 모두가 인식하게 되었고, 또한 기업은 대량의 데이터를 손쉽게 확보할 수 있게 되었다.

따라서 개인이나 기업이 의사 결정을 하는 과정에서 데이터 분석의 필요성이 크게 증가하게 되었다. 이 절에서는 이러한 통계분석의 기본이 되는 통계적 사고가 무엇인지 설명하고, 문제 해결 과정에서 통계적 기법의 역할에 대하여 알아보기로 한다.

1) 통계적 사고

통계적 사고를 이해하기 위해 우선 데이터data, 정보information, 지식knowledge의 차이에 대해 알아보기로 하자.

'데이터'는 상황이나 사건들에 대하여 각각의 객관적 사실을 나타낼 수 있도록 숫자의 개념으로 표현하여 계량화한 것이다. 반면에 '정보'는 데이터를 어떤 목적에 사용될 수 있도록 의미를 더한 것이며, 어떤 사람이 정보를 갖게 되면 그 사람의 생각이나 견해가 영향을 받게 된다. 예를 들어 새로운 제품의 판매량을 기록했다면 이러한 결과의 집합은 데이터이다. 하지만 잠재적 시장을 이해하기 위하여 판매량을 소득 수준에 따라 나누어 정리했다면 이는 정보가 된다. 결국 데이터에 의미를 더하면 정보가 된다. 예를 들어 다음과 같은 방법을 적용하면 데이터를 정보로 전환할 수 있다.

- 통합된 데이터: 데이터 수집의 목적을 알 수 있다.
- 분류된 데이터: 분석의 단위나 데이터의 기본 요소를 알 수 있다.

- 계산된 데이터: 수학적 또는 통계적으로 해석되어 의미를 알 수 있다.
- 수정된 데이터: 데이터로부터 오류가 수정되어 믿을 수 있다.
- 요약된 데이터: 데이터가 간결한 형태로 정리되어 이해하기 쉽다.

지식은 정보에서 한걸음 더 나아간 것이다. 지식이란 정보를 모으고 체계화하여 어떤 보편성을 갖도록 한 것으로 의사 결정의 기준을 제공해 준다. 지식은 데이터나 정보와 달리 판단을 포함하고 있다. 예를 들어 새로운 제품을 소득이 높은 고객층에서 주로 선호한다는 것이 검증이 되어서, 이들을 주요 마케팅 대상으로 결정했다면 이는 지식을 활용한 것이다.

통계적 사고는 기본적으로 데이터의 지식화learning from data에 바탕을 두고 있으며, 우리가 의사 결정을 할 때 데이터에 근거를 두자는 사고방식을 의미한다. 그리고 데이터의 지식화는 타당하고 신뢰성 있는 데이터를 수집하는 것, 수집된 데이터를 분석하여 제대로 이해하는 것, 분석 결과를 유용하게 활용하는 것, 세 가지로 구성된다. 통계적 사고를 프로세스와 변동이라는 관점에서 살펴보자.

모든 일은 프로세스를 통해 이루어지며 일의 결과에는 변동이 존재한다. 그리고 이러한 변동은 많은 문제를 야기한다. 하지만 프로세스의 결과가 제어 가능하도록 상황을 변화시킬 수 있다면, 프로세스의 결과를 원하는 대로 얻을 수 있으므로 많은 문제가 자연히 해결될 것이다.

또한 예를 들어 비가 내리도록 상황을 제어할 수는 없지만, 비가 내릴지 예측할 수 있다면 우산을 준비할 수 있는 것과 마찬가지로, 제어할 수는 없지만 예측할 수 있다면 적어도 결과에 대비할 수 있을 것이다. 이처럼 프로세스의 변동을 이해하는 것은 문제 해결을 위해 매우 중요하다. 결국 변동과 관련된 통계적 사고는 다음과 같은 기본 원리에 바탕을 둔 사고 체계를 말한다.

- 모든 일은 서로 연관된 프로세스를 통하여 이루어진다.

"일은 프로세스를 통하여 이루어진다"는 말은 결과를 완벽하게 하기 위해서는 과정이 완벽해야 한다는 의미이다. 따라서 결과를 바꾸기 위해서는 과정을 바꾸어야 한다. 또한 '서로 연관된'이라는 문구는 부분 최적화의 위험성을 지적하고 있다. 다시 말해서 한 프로세스만 최적화 하는 '부분 최적화'는 조직의 '전체 최적화'와 일치하지 않을 수 있으므로 유의하여야 한다. 왜냐하면 서로 연관된 프로세스는 서로가 서로에게 영향을 주므로 한 프로세스의 변화는 다른 프로세스에 새로운 변화를 야기할 수 있기 때문이다.

- 모든 프로세스에는 변동variation이 존재한다.

"변동이 존재한다"는 말은 현실 세계를 보는 관점에 대한 내용이다. 프로세스의 결과와 관련된 문제는 물리적 법칙과 같이 결정적인 것이 아니고, 다양하고 무질서한 형태로 나타나는 경우가 많기 때문에, 이를 해결하기 위해서 통계적 방법이 유용하게 활용될 수 있다.

- 변동을 이해하고 줄이는 것이 핵심이다.

"변동을 줄이는 것이 관건이다"라는 말은 행동의 중요성을 의미한다. 프로세스의 변동을 이해하고 줄이기 위해서는, 변동이 객관적인 숫자로 측정한 데이터의 형태로 표현되어야 하고, 데이터를 제대로 이해하기 위해서는 통계 기법이 필요하게 된다. 변동을 줄이기 위한 올바른 조치는 변동에 대한 올바른 이해가 선행될 때 비로소 가능하게 되며, 이를 가능하게 하는 것이 바로 데이터로부터 얻어진 지식이다.

특히 문제 해결을 추진하는 과정에서 유념해야 할 점은 통계적 사고 그 자체 외에도 통계적 사고에 관련된 다음과 같은 마음가짐이다.

- 문제가 발생하기 전에 처음부터 올바르게 하자.

일을 처음부터 제대로 하면 문제도 발생하지 않고 문제 해결 비용도 들어가지 않겠지만 현실적으로 그렇지 않은 경우가 많다. 만약 어떤 문제가 앞으로 발생할 것인가를 사전에 파악하고 예측할 수 있다면 문제 해결 비용을 대폭 줄일 수 있을 것이다. 이러한 경우 데이터 또는 실험에 바탕을 둔 통계 기법은 예측 기능을 갖고 있기 때문에 중요한 역할을 하게 된다.

- 결과보다는 원인을 관리하자.

프로세스의 결과에 영향을 주는 원인을 파악하고 관리할 수 있다면 문제 발생을 예방할 수 있고 비용도 줄일 수 있겠지만, 원인을 관리하기 위해서는 원인과 결과 사이의 관계를 객관적이고도 과학적으로 파악하여야 한다. 이러한 경우에도 통계적 기법이 효율적으로 사용될 수 있다.

● 예감과 경험이 아니라 객관적 근거를 갖고 일하자.

효율적인 개선이 이루어지기 위해서는 경험과 직감에만 의존하는 것이 아니라, 데이터에 기초한 통계 기법을 이용하여 근거를 갖고 의사 결정을 하여야 한다. 데이터 없이 의사 결정을 하면 모호성을 극복할 수 없기 때문에 시행착오를 유발하기 쉽고, 그 결과 많은 문제 해결 비용이 발생하게 된다.

2) 통계 기법의 역할

문제를 해결하기 위해서는 많은 질문이 제기되기 마련이고 제기된 질문에 대해서는 답을 해야 한다. 이때 통계 기법을 이용하여 답하려면 우선 다음과 같은 세 가지의 새로운 질문을 검토해 보아야 한다.

● 대답할 가치가 있는 질문인가?

유용한 답변은 유용한 질문으로부터 비롯되므로 가치 없는 질문에 에너지를 소모할 필요는 없다. 그리고 질문에 답을 구하는 과정에서 통계 기법이 활용되기 위해서는 '현실 문제'가 '통계 문제'로 전환될 수 있어야 한다.

예를 들어 <표 2.8>과 같이 제품이 잘 부서져서 고객이 불만을 느끼고 있다면 이는 현실적인 문제이다. 하지만 이를 "제조 프로세스 온도를 얼마로 해야 제품 강도가 가장 강해지는가?"로 바꾼다면 통계 문제로 전환된 것으로 볼 수 있다. 이때 "무엇을 측정해야 하는가?"를 결정하는 것이 중요하다.

● 만약 가치 있는 질문이라면 유용한 정보가 될 만한 데이터를 구할 수 있는가?

유용한 데이터가 있는지부터 확인해야 한다. 특히 과거로부터 축적된 데이터는 한번쯤 의심해 볼 필요가 있다. 왜냐하면 새로운 발견은 과거의 데이터, 과거의 아이디어, 과거의 모델을 의심하는 데서 비롯되는 경우가 많기 때문이다. 그리고 쓸 만한 데이터가 없다면 조사survey 혹은 실험experiment을 통해 데이터를 얻어야 한다. 이때 데이터는 유용하고 믿을 수 있어야 할 뿐만 아니라 적기에 적은 비용으로 얻을 수 있어야 한다.

● 데이터를 이해하고 분석할 수 있는 적절한 통계 기법이 있는가?

여기서 사용한 '적절한'이란 표현의 핵심은 "주어진 데이터를 분석하는 데 유일하고 완벽한 분석 방법은 없다"는 것이다. 똑같은 데이터에 대해서도 분석 방법이 여러 가지가 있을 수 있고, 분석 결과가 다를 수 있다. 다만 <표 2.8>과 같이 '통계 문제'에 대한 '통계적 해답'을 다시 '현실적 해결책'으로 전환했을 때 '현실 문제'가 해결되면, 사용한 통계 기법이 적절했다고 할 수 있다.

<표 2.8> 현실 문제와 통계 문제의 예

구분	내용
현실 문제	제품이 쉽게 부서져서 고객 불만이 증가하고 있다.
통계 문제	제조 프로세스 온도를 얼마로 해야 제품 강도가 강해지는가?
통계적 해답	실험 결과 제조 온도는 제품 강도에 유의한 영향을 주며, 현재 조건보다 10℃ 높이면 강도가 1.5배 향상되리라 기대된다.
현실적 해결책	새로운 제조 조건은 추가 비용이 없고 재현성이 확인되므로 새로운 작업 표준으로 설정하고, 프로세스 개선 결과를 고객에게 알린다.
해결책의 타당성	고객 반응을 조사한 결과 제품 강도로 인한 고객 불만이 사라졌음을 확인하였다.

통계 기법은 문제 해결을 추진하는 과정에서 고객 요구 조사, 제품 설계 및 개발, 프로세스 능력 평가, 제품 수명 검사, 통계적 프로세스 관리, 측정 시스템 분석, 검사 등 다양한 분야에서 활용될 수 있다. 그리고 문제 해결을 위한 과제를 수행하는 과정에서 통계 기법의 역할을 정리해 보면 다음과 같다.

• 문제를 구체적으로 파악하고 정의하는 데 도움이 된다.

• 새로운 데이터가 필요한 경우, 어떤 데이터를 수집할 것인가를 결정하여 최소의 비용으로 신뢰할 수 있는 데이터를 수집할 수 있도록 해준다.

• 현재 갖고 있거나 앞으로 수집될 데이터에 대한 타당성을 평가해 준다.

• 데이터를 정리 및 요약하면, 이해하기 쉽고 의미 있는 정보를 제공해 준다.

• 통계분석을 통하여 데이터를 유용한 지식으로 전환해 준다.

• 데이터를 바탕으로 불확실성을 극복함으로써 올바른 의사 결정을 위한

토대를 마련해 준다.

통계 기법은 문제 해결을 위한 효과적인 수단으로서 기업에서 많이 활용되고 있지만, 극단적으로는 해결 과정을 그럴듯하게 보이기 위한 포장술로 전락된 경우도 있으므로 이러한 점은 주의할 필요가 있다. 특히 통계 기법은 적재적소에 올바로 사용될 때 비로소 의미가 있으므로 통계적 방법론을 잘못 오용하거나 불필요하게 남용하는 일이 없도록 유념하여야 한다. 마지막으로 통계 기법을 사용할 때 유념하여야 할 일반적인 내용을 정리해 보면 다음과 같다.

- 믿을 수 없는 데이터를 바탕으로 한 통계분석은 의미기 없다.
  (Garbage In, Garbage Out)
- 통계 기법은 가능한 간단한 방법을 사용하는 것이 바람직하다.
  (Keep It Simple Statistically: KISS)
- 목적을 분명히 하고 필요할 때만 사용한다.
- 통계 기법이 요구하는 원칙들을 지켜야 한다.
- 통계적 지식뿐만 아니라 문제와 관련된 프로세스 및 시스템에 대한 전문 지식을 병행하여 통계 기법을 사용해야 한다.

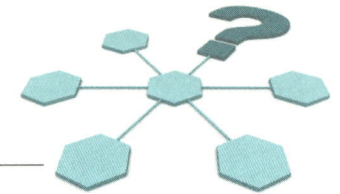

리뷰를 위해 생각해 볼 문제

1. 주요한 결정을 내리고자 할 때, '논리적 분석'과 '직관적인 예감'이 상반되는 경우 무엇이 우선되어야 하는지를 생각해 보자.

2. 다음은 비판적 사고를 할 때 필요한 평가 항목과 평가 기준의 연관성을 나타내기 위한 표이다. 예를 들어 목적은 명확하고, 중요해야 하며, 논리적이어서 정당해야 한다. 따라서 중요성, 명확성, 정당성에 해당한 칸에 'O'를 하였다. 다른 평가 항목에 대해서 연관성 있는 평가 기준에 'O'를 채워 보자.

<표> 평가 항목과 평가 기준의 연관 관계

평가 항목	평가 기준				
	중요성	정확성	충분함 (깊이와 폭 넓음)	명확성	정당성 (논리성과 공정성)
문제					
정보					
개념					
목적	O			O	O
관점					
문제의 맥락					
전제 조건					
해결책					
결과					

3. 원인에는 다음과 같이 여러 가지 의미가 있을 수 있다. 인과관계를 서술하는 아래의 진술들을 살펴보고, 어떤 원인에 해당하는지를 판단해 보자.

(a) **필요조건으로서의 원인**: 그 사건 없이 어떤 결과가 나타날 수 없는 경우

(b) **충분조건으로서의 원인**: 어떤 사건이 주어지면 결과를 보장할 수 있는 경우

(c) **확률론적 원인**: 어떤 사건이 결과를 발생시킬 가능성이 높은 경우

(1) 감기 바이러스에 노출되어 감기에 걸렸다.

(2) 화분에 물을 주고 햇빛 드는 곳에 두었더니 꽃이 활짝 피었다.

(3) 짙은 안개 때문에 시야가 전방 3m 이내로 너무 짧아서 비행기 운항이 모두 취소되었다.

(4) 높은 연봉이 보장되었기 때문에 회사를 옮기기로 하였다.

(5) 담배를 많이 피우는 것은 폐암의 원인이다.

(6) 에이즈 환자에게서 수혈을 받아 에이즈에 걸렸다.

4. 원인을 발견하는 방법에는 여러 가지가 있지만 대표적인 것으로 일치법과 차이법이 있을 수 있다. 다음에서 발견한 인과관계는 어떤 방법에 의한 것인지 구별해 보자.

(a) **일치법**: 어떤 결과가 발생한 여러 경우들에 공통적으로 선행하는 요인을 찾아 그 결과의 원인으로 간주하는 방법

(b) **차이법**: 어떤 결과가 발생했을 때 선행한 요인과 그 결과가 발생하지 않았을 때 결여된 요인을 찾아 그 결과의 원인으로 간주하는 방법

(1) 특정한 바이러스가 어떤 병에 걸린 모든 환자들에게서 검출되었다. 따라서 이 바이러스가 병의 원인이다.

(2) 방울토마토 화분 두 개가 있는데 비료를 준 화분은 열매가 많이 열렸고, 비료를 주지 않은 화분은 열매가 열리지 않았다. 비료가 열매를 열리게 하는 원인이다.

(3) 인터넷에서 지금까지 방문한 사이트에서는 문제가 없었다. 다만 오늘 딱 한 곳의 새로운 사이트를 방문했다. 그런데 바이러스에 감염된 것을 보니 오늘 새로 방문한 사이트에서 감염된 것이 분명하다.

5. 아파트를 한 채 구입하기 위해 매물을 찾고 있다고 가정하자. 이때 고려해야 할 항목을 로직트리 형태로 정리해 보자. 단 가격은 세분화가 어려우므로 이 연습에서는 항목에서 제외하기로 한다.

6. 새로운 직장을 구하려는 데 어려움을 겪고 있다고 가정하자. 취업이 잘 안 되는 이유를 가능한 많이 찾아보고, 이를 로직트리 형태로 정리해 보자.

7. 슈퍼마켓에 반찬 코너를 개설하였다. 개설 초기에 비하여 점점 내출이 줄고 있다고 가정해 보자. 이때 매출 부진에 대한 가능한 이유를 찾아보고, 이를 로직트리 형태로 정리해 보자.

8. 어떤 회사에서 기업 내의 정보가 팀이나 개인별로만 활용될 뿐 전혀 공유되지 않고 있는 경우를 생각해 보자. 이와 같은 경우 이미 조직 내에 있는 정보를 새로 수집하는 경우도 생기고, 팀이나 개인에 따라 정보 수준이 제각각이어서 사무 생산성이 떨어지게 된다. 이때 조직 내의 정보 공유가 활성화되기 위한 방법을 모색해 보고 이를 로직트리 형태로 정리해 보자.

9. 다음 문장에는 어떤 가정이 전제되고 있는지 파악해 보자.

   "댁의 남편은 아직도 술 때문에 귀가가 늦습니까?"

10. 장례식에 빨간 옷을 입고 가서는 안 되는 이유로 다섯 가지를 생각해 보자.

11. 전국에 노래방이 몇 개나 될지 추측해 보자. 그리고 추측의 근거가 무엇인지 생각해 보자.

12. 최근 우리 사회에서 일어난 '패러다임의 전환'의 사례에는 어떠한 것이 있는지 생각해 보자.

13. 종이컵을 물 마시는 도구 이외에 어떠한 용도로 사용할 수 있는지 가급적 많이 생각해 보자.

14. 어린이 운동장에서 낡은 자동차를 놀이 기구로 활용하는 방안을 가능한 많이 제시해 보자.

15. 자연보호와 함께 산림이 울창해지면서 멧돼지의 증가로 농작물의 피해가 증가하고 있다. 이 문제를 해결할 수 있는 방법을 생각해 보자.

16. 달걀을 4층 높이에서 떨어뜨릴 때, 달걀이 깨지지 않도록 하기 위한 아이디어를 도출해 보자. 이때 비용을 최소화하여 주변에서 흔히 구할 수 있는 물건을 활용해야 한다.

17. 최근에 본 TV 광고 중에서 가장 창의적이라고 생각하는 것을 기술하고 그 이유를 설명해 보자.

18. 도서관의 서가를 열람하던 한 학생이 몇 권의 책을 가방에 집어넣고 밖으로 나가는 상황을 목격한 경우, 경비원에게 "이 학생이 책을 훔쳤다"와 같이 말하기 위해서는 어떤 가정이 필요한지 열거해 보자.

19. 프로 농구 경기에 관객이 좀 더 모일 수 있는 방안을 제안해 보자.

20. 처음 보는 영화 비디오를 친구와 중간까지만 보고, 결말을 친구와 함께 상상해 보자. 그리고 영화를 끝까지 본 후 누구의 예측이 정확한지를 확인하고 그 이유를 검토해 보자.

21. 지금 '우산'을 개선하고자 한다. SCAMPER 방법이 제시하는 질문에 따라 아이디어를 도출해 보자.

22. 가까운 미래에 당신이 위험을 감수하고 해야 할 중요한 일을 설정하고, 다음 순서에 따라 실패의 두려움을 극복하는 방안을 생각해 보자.

(1) 위험이 무엇인지 대략적인 윤곽을 파악하고, 위험을 감수하는 것이 왜 중요한지 설명한다.

(2) 만약 위험을 감수하고 성공한다면 최선의 결과는 무엇인가 파악해 본다.

(3) 만약 위험을 감수하고 실패한다면 최악의 결과는 무엇인지 파악해 본다.

(4) 최악의 결과 대처할 수 있는 방안은 무엇인지 모색한다.

23. 댐에 저장된 물의 수위와 물의 방출량 사이에 다음과 같은 관계가 있다. 이를 바탕으로 인과지도를 그려보자.

   (1) 댐의 수위가 높아지면 물을 방출한다.

   (2) 물이 방출되면 댐의 수위가 낮아진다.

24. 식당에 손님이 밀려오는 것은 주인 입장에서는 문제가 아니고 좋은 일이다. 하지만 종업원의 입장에서는 일이 힘들어지므로 문제일 수 있다. 시스템 사고의 관점에서 이 문제를 정리헤 보자.

25. 인구, 사망, 출생이라는 세 요인은 다음과 같은 관계가 있다. 이와 같이 경쟁적인 두 개의 피드백으로 구성된 시스템을 나타내는 인과지도를 그려보자.

   (1) 인구가 늘면 사망자 수도 증가한다.

   (2) 사망자 수가 늘면 인구가 준다.

   (3) 출생자 수가 늘면 인구가 증가한다.

   (4) 인구가 늘면 출생자 수가 증가한다.

26. 주차 서비스 품질, 고객 만족도, 서비스 수요라는 세 요인은 다음과 같은 관계가 있다. 이러한 시스템의 피드백 구조를 나타내는 인과지도를 그려보자.

(1) 주차 서비스 품질이 좋아지면 고객 만족도가 높아진다.

(2) 고객 만족도가 높아지면 서비스 수요가 증가한다.

(3) 서비스 수요가 증가하면 감당하기가 어려워져 주차 서비스 품질이 떨어진다.

27. 어떤 물체의 무게를 측정하면 측정 결과가 일정하지 않고 데이터에 변동variation이 생길 수 있다. 이러한 변동이 생기게 하는 요인에는 어떤 것이 있을 수 있는지 생각해 보자.

3장

문제 해결을 위한
합리적 의사 결정

앞 장에서 우리는 문제 해결이란 근본적으로 '사고 과정의 산물'이라는 관점에서, 여러 가지 사고방식을 문제 해결과 연관하여 살펴보았다. 이러한 사고 과정을 통해 얻어진 결과는 문제 해결 과정에서 의사 결정과 실행으로 이어진다.

'의사 결정decision making'이란 문제를 해결하거나 목적을 달성하기 위하여, 문제를 정의하고 정보를 수집한 후에, 이를 바탕으로 선택 가능한 다수의 방안을 도출하고, 판단 기준에 따라 그 중에서 최선의 방안을 선정하는 총체적 과정을 의미한다.

그리고 문제 해결 과정에서 실행 단계를 제외한 문제 인식 단계, 해결책 모색 단계, 해결책 선택 단계도 관점에 따라서는 의사 결정 과정으로 볼 수 있으므로, 문제 해결 과정은 크게 보면 의사 결정 과정과 실행으로 구성되어 있다고 볼 수 있다. 따라서 문제 해결의 질을 결정하는 중요한 요소는 의사 결정의 질이라고 할 수 있고, 이러한 의사 결정의 질은 합리성이 좌우한다. 이 장에서는 문제 해결의 중요 과제인 합리적 의사 결정 방법에 대해 알아보기로 한다.

1 합리적 의사 결정의 방해 요인

　합리적으로 의사 결정을 할 수 있는 방법을 이해하기 위하여 우리는 합리적으로 결정을 하는 데 어떤 요인들이 방해 요소가 되는지 파악하는 우회적인 방법으로 접근히고저 한다. 먼저 합리적 의사 결정의 방해 요인을 알아보고, 그 다음으로 의사 결정을 하는 과정에서 어떤 오류를 범할 수 있는가를 알아본다. 이러한 방해 요인과 오류를 극복하는 과정이 바로 의사 결정을 합리적으로 수행할 수 있는 방법이라 할 수 있다. 먼저 합리적 의사 결정의 방해 요인을 설명하면 다음과 같다.

• 문제가 불분명하고 명백하지 않다.

　우리는 흔히 문제 해결 과정에서 문제를 명백히 이해하고 있다고 생각하지만 현실적으로는 문제의 증상과 원인, 그리고 원인과 결과 등이 명확하게 파악되기가 어렵고 특히 문제를 인식하는 것조차 쉽지 않은 경우가 많다.

- 목적이 분명하지 않다.

목적이란 의사 결정을 실행으로 옮긴 결과, 얻고자 하는 최종적인 성과를 말한다. 문제에 관련된 이해 관계자가 많은 경우에는 공동의 명확한 목적을 설정하는 것 자체가 어려운 경우도 많다.

- 적절한 평가 기준이 없고, 중요도에 따른 가중값을 결정할 수 없다.

평가 과정에서 개인적 성향과 선호 때문에 사람마다 평가 기준과 가중값에 차이가 생길 수 있다. 그리고 문제들이 복합적으로 연결되어 있고 고려해야 할 측면이 많은 경우에는 객관적으로 가중값과 순위를 부여하기가 더 어려워진다.

- 모든 대안을 찾을 수 없다.

현실적으로 인간은 지식, 경험, 가용 자원 등 많은 제약 요인을 갖고 있기 때문에 대안을 찾는 데 한계가 있게 된다. 따라서 문제 해결에 대한 가능한 모든 대안을 고려할 수 없는 상태에서의 의사 결정은 한계성을 내포하게 된다.

- 필요한 모든 정보를 얻을 수 없다.

시간과 비용의 제약으로 완전한 정보를 얻는다는 것은 현실적으로 불가능한 경우가 많다. 특히 정보의 가치는 시간의 흐름 속에서 변하므로 마냥 정보 수집에만 매달릴 수 없다. 예를 들어 고객 요구 조사에 시간을 보내는 동안 경쟁사에서 이미 관련 신제품을 출시했다면, 고객 요구와 관련된 과거의 정보는 아무리 정확하더라도 쓸모가 별로 없을 것이다.

● 모든 해결책을 정확히 평가할 수 없다.

찾아진 해결책에 대해서도 완전한 정보를 바탕으로 평가 기준과 가중값에 따라 정확히 평가하였다고 생각할 수도 있지만, 현실적으로는 직관이나 예감 또는 개인적 감정이 의사 결정에 영향을 주고 있는 경우가 많다. 그리고 해결책의 결과에 대한 예측이 어려운 경우에는 미래의 불확실성 때문에 해결책의 평가가 쉽지 않다.

역설적으로 합리적이고 올바른 의사 결정을 위해서는 이러한 방해 요인을 최대한으로 극복하도록 노력해야 한다. 만약 의사 결정 과정에서 정확한 정보를 수집하지 못했거나 해결책이 명확히 제시되지 못한 경우, 그리고 비용과 이익이 정확히 고려되지 못했거나, 혹은 심리적 함정을 극복하지 못했다면 합리적으로 의사 결정을 할 수 없게 된다. 따라서 경험의 결핍, 정보의 부족, 상상력과 논리의 부족은 의사 결정 오류의 주요 원인이 된다.

합리적 의사 결정을 위해서는 방해 요인의 극복뿐만 아니라 개인의 성격 역시 의사 결정에 영향을 주므로 이를 파악하여 적극적으로 대처할 필요가 있다. 즉 의사 결정과 관련하여 개인의 특성을 이해하고, 의사 결정을 할 때 오류와 연결되지 않도록 더욱 노력해야 한다. 의사 결정의 가장 큰 적은 자기 자신일 수도 있음을 유념해야 하며, 다음과 같은 개인의 성격과 연관된 부정적 영향을 줄이기 위해서도 많은 노력이 수반되어야 한다.

● 기꺼이 위험을 감수하고자 하는 유형

이러한 유형의 사람은 현실에 안주하는 위험에서 벗어나 새로운 기회를 잡을 가능성은 있지만 어떤 경우에는 오히려 실패할 확률이 높을 수도 있다. 이러한 경우 해결책을 마련하는 과정에서 기꺼이 위험을 감수하려는 자세와 함께 위험 관리와 안전장치 마련에 좀 더 노력할 필요가 있다.

● 세상을 통제할 수 있다고 생각하는 유형

이런 유형의 사람은 자신의 선택이 중요하다고 믿기 때문에 계획을 잘 세우고 정확하게 판단하려고 노력하는 장점이 있지만, 자신의 판단이 옳다고 믿는 경향이 강할 수도 있다. 특히 문제 해결 과정에서는 예측할 수 없는 예외적인 상황도 있을 수 있음을 인정할 필요가 있다.

● 의사 결정을 계속 미루는 유형

신중을 요하는 중요한 결정을 할 때나 혹은 정보가 부족하거나 또는 다른 중요한 일이 있는 경우에는, 결정을 미루는 것이 나쁜 결정을 내릴 가능성을 줄여 줄 수도 있다. 하지만 습관적으로 의사 결정을 미루는 것은 타이밍을 놓치게 하므로 기회를 잃게 만들고 후회와 나쁜 결과를 가져다주기 쉽다.

- **충동적으로 결정하는 유형**

  충동적인 결정은 결정을 빨리 할 수 있다는 장점이 있지만, 중요한 결정인 경우에는 모순되고 비합리적인 결정을 할 가능성이 높다. 따라서 이러한 유형의 사람은 목표를 세우고 이를 달성하기 위한 종합적인 계획을 수립하는 데 노력할 필요가 있다.

- **스스로를 지나치게 확신하는 유형**

  스스로에 대한 확신은 일에 대한 추진력을 가져오지만 자기 생각과 다른 증거는 무시하게 되고, 더 많은 해결책을 찾아보지 않으며 다양한 대안에 대한 분석을 회피하는 경우가 생긴다. 누구라도 모든 분야에 정통할 수는 없으므로 의사 결정 과정에 스스로를 점검할 수 있는 제어 기능을 갖출 필요가 있다. 이것이 누구에게나 스승이 필요한 이유이다.

  특히 해결하고자 하는 문제에 따라 개인의 성격상의 특성이 도움이 되기도 하고 방해가 되기도 하므로, 합리적인 의사 결정을 위해서는 먼저 자신의 성격상의 특성을 스스로 인식할 필요가 있다. 다시 말해서 자신의 성격 특징은 긍정적으로 그대로 받아들이되, 의사 결정 과정에서는 자신의 성격 특성을 고려하여 대처할 필요가 있다. 그리고 합리적 의사 결정을 위해서는 전제 조건의 충족, 성격상의 특성 인식 이외에도 다음과 같은 점을 유념하여야 한다.

- 올바른 의사 결정에 초점을 맞춘다.

- 목적과 목표를 분명히 한 후 해결책을 살펴본다.

- 정보나 경험이 풍부하고 객관적 관점을 갖고 있는 사람에게 조언을 구한다.

- 문제와 관련성이 깊고 신뢰할 수 있는 정보를 수집한다.

- 직관도 중요하지만 데이터를 통해 검증해 본다.

- 의사 결정의 타이밍을 놓치지 않는다.

- 실행할 수 있는 선택의 폭과 필요한 자원을 확인한다.

- 의사 결정 과정에 누구를 포함할 것이며, 어떤 절차를 통해 결정할 것인가를 결정한다.

그리고 올바른 문제 해결과 합리적인 의사 결정을 위해서는 방해 요인의 극복과 개인적인 성격상의 특성 인식도 중요하지만, 무엇보다도 누구나 공통적으로 범하기 쉬운 의사 결정의 오류를 범하지 말아야 한다. 이러한 의사 결정의 오류에는 비논리적 사고에 기인하는 오류, 심리적 요인에 기인하는 오류, 부적합한 자료 때문에 생기는 오류, 우연과 확률을 오해함으로써 생기는 오류 등이 있다.

결국 의사 결정이 합리적으로 수행되기 위해서는 이러한 오류를 범하지 말아야 하며, 이러한 오류를 범하지 않기 위한 최선의 방법은 어떠한 오류가 있는지를 이해하고, 오류를 범하지 않기 위해 스스로 경계하고 노력하는 것이라 할 수 있다. 그리고 이러한 오류는 우리가 의식하고 있는 한 식별이 가능하고, 노력하면 피할 수 있다.

2 비논리적 사고에 기인하는 오류

논리적 사고란 사고나 추리를 이치에 맞게 이끌어 가는 과정이다. 적합하지 않은 내용을 근거로 어떤 주장을 한다면 이는 비논리적인 것이고, 의사소통도 비논리적인 경우에는 서로를 바르게 이해하기 어렵게 된다. 이를 극복하기 위해서는 우선 논증이 잘 이루어져야 한다. 우리는 제대로 된 근거들이 주장을 탄탄하게 받쳐 줄 때 '잘된 논증'이라 하고, 그렇지 못할 때 '잘못된 논증' 혹은 '오류'라고 한다. 지금부터 비논리적 사고에 기인하는 오류에 대하여 알아보기로 한다.

1) 형식적 오류와 비형식적 오류

논증의 잘못은 그것이 형식에서 비롯되었는지 혹은 내용에서 비롯되었는지에 따라 **형식적 오류**formal fallacy와 **비형식적 오류**informal fallacy로 구분할 수 있다. 형식적 오류는 말 그대로 논증의 형식에 잘못이 있는 것이다. 어떤 연역 논증이 잘못된 형식, 즉 타당하지 못한 논증 형식을 갖고 있다면 형식적 오류를 범한 것이다.

<표 3.1>에 부당한 논증 형식과 타당한 논증 형식의 예가 주어져 있다. 부당한 논증 형식일 경우에는 전제가 참이라고 해도 결론은 거짓이 된다. 반면에 타당한 논증 형식일 경우에는 전제가 참이면 결론은 참일 수밖에 없다. 따라서 어떠한 의사 결정의 타당성을 판단하기 위해서는 먼저 논증 형식이 타당한지 혹은 부당한지부터 살펴보아야 한다.

<표 3.1> 논증 형식의 예

부당한 논증 형식	타당한 논증 형식
모든 A는 B이다. 모든 C는 B이다. 그러므로 모든 C는 A이다.	모든 A는 B이다. 모든 C는 A이다. 그러므로 모든 C는 B이다.

'순환 논리의 오류'는 먼저 한 주장에 대한 타당성을 제시하지 않고, 비슷한 말로 되풀이해서 주장하는 오류이며, 형식적 오류에 속한다고 볼 수 있다. 이러한 순환 논리의 오류는 "A는 B이다. 왜냐하면 B는 A이기 때문이다"라는 형식을 갖는다. 예를 들어 "수학자가 가장 지성적인 사람이다. 왜냐하면 가장 지성적인 사람만이 수학 문제를 해결할 수 있기 때문이다"와 같은 주장도 비슷한 말을 되풀이하고 있으므로 이러한 오류를 범한 것이다.

그리고 '잘된 논증'을 확인하기 위해서는 위에서 설명한 논증 형식의 타당성뿐만 아니라 전제가 결론을 제대로 지지하는지와 전제가 실제로 참인지를 따져 볼 필요가 있다. 혹은 왜 주어진 근거가 주장을 뒷받침하기에 부족한지를 확인해 볼 필요가 있다. 이처럼 형식이나 구조의 문제가 아니라 내용 자체에 있는 오류가 원인인 경우를 '비형식적 오류'라고 한다. 비형식적 오류를 언어적 오류, 논거 부재의 오류, 논거 부적합의 오류, 논거 부실의 오류로 나누어 살펴보기로 하자.

2) 언어적 오류

의사소통의 수단인 언어의 애매성이나 모호성에서 발생하는 다음과 같은 언어적 오류도 비형식적 오류에 속한다.

● 애매한 용어 사용의 오류

낱말의 뜻이 명확하지 않은 애매한 말을 사용했을 때 발생하는 오류이다. 예를 들어 "모든 죄인은 감옥에 가야 한다. 그런데 인간은 모두 죄인이다. 따라서 인간은 모두 감옥에 가야 한다"라는 주장에는 '죄인'이라는 낱말이 서로 다른 의미로 사용되고 있다. 말이라는 것은 여러 의미로 사용되므로 문맥에 의존할 수밖에 없다. 이 점을 간과하면 '애매한 용어 사용의 오류'에 빠진다.

● 은밀한 재정의의 오류

단어를 자기 편리한 대로 자기 상황에 맞게 재정의하여 자신의 의도를 관철시키려고 하는 경우 발생하는 오류이다. 예를 들어 "나는 얻은 것의 반을 신께 바친다. 수박은 껍질과 알맹이로 이루어져 있다. 그러므로 나는 수박 껍질을 신께 바친다"라고 한다면, 껍질과 알맹이를 사회적 통념과는 다르게 자기 마음대로 변경하고 재정의하여 사용하는 오류를 범하는 것이 된다.

● 명확하지 않은 문장의 오류

문장의 구조적 결함 때문에 두 가지 이상의 의미로 해석될 수 있음에도 불구하고, 자신의 필요에 따라 의도하는 방향과는 다르게 받아들임으로써 발생하는 오류이다. 예를 들어 "집과 기르던 강아지를 아들과 딸에게 물려준다"는 유언에 따라 집은 아들에게 강아지는 딸에게 준다면, 이는 다른 해석도 가능한 명확하지 않은 문장 때문에 발생하는 오류이다.

3) 논거 부재의 오류

비형식적 오류에 속하는 또 다른 형태로서 겉보기에는 논거가 있는 것처럼 보이지만 사실은 논거 자체가 없는 오류가 논거 부재의 오류이며, 다음과 같이 주로 인간의 감정에 호소하는 경우가 많다.

● 감정에 호소하는 오류

  감정에 호소하는 경우 중의 하나가 논거는 제시하지 않고 단순히 공포나 불안을 조성하여 자신의 주장을 받아들이게 할 때 나타나는 '공포에 호소하는 방법'이다. 예를 들어 "우리의 요구를 받아들이지 않으면 엄청난 사태가 발생할 것이다. 사태의 원인은 우리의 요구를 받아들이지 않은 데 있으므로 사태의 모든 책임은 전부 당신에게 있다"와 같은 경우가 이에 해당된다. 또한 대화를 지속하면 자신에게 불리하게 되는 것이 두려워, 증오나 분노를 내어 대화를 끊어 버릴 때 사용하는 '증오에 호소하는 방법'도 이에 해당한다.

  그리고 "이 스포츠카를 구입하면 젊은 여성들이 데이트하기 위해 줄을 설 것입니다"와 같이 논거는 제시하지 않고 쾌락적인 말이나 유머를 사용하여 자신의 주장을 받아들이게 하는 '쾌락에 호소하는 방법'도 이에 해당한다. 이 외에도 "사장님께서는 행운을 타고나신 분이므로 이번 투자는 크게 성공할 것입니다"와 같이 아첨으로 상대방의 판단을 흐리게 하여 자신의 주장을 얻어 내는 '아첨에 호소하는 방법' 등도 감정에 호소하는 오류라고 볼 수 있다.

● 복합 질문의 오류

  두 개의 질문을 의도적으로 하나로 결합하여 질문하여, 상대방으로 하여금 정확한 판단 및 대답을 하지 못하도록 하는 경우가 이러한 오류에 해당한다. 예를 들어 여인을 죽인 어떤 범인을 심문하는 과정에서 "네가 그 여인의 돈을 빼앗고 죽였지?"라고 질문하는 경우가 이에 해당된다.

● 우물에 독 뿌리기 오류

자기 자신의 주장에 대한 반론의 가능성을 원천적으로 봉쇄하는 오류이다. 예를 들어 "만약 누가 FTA를 반대한다면 그는 국가 발전을 저해하고자 하는 자임에 분명하다"고 한다면 '우물에 독 뿌리기 오류'에 해당한다.

4) 논거 부적합의 오류

비형식적 오류에 속하는 다른 형태로, 논거는 있으나 주장을 뒷받침하기에는 적합하지 못한 오류가 있다. 이를 논거 부적합의 오류라고 하며, 구체적인 유형은 다음과 같다.

● 정황에 호소하는 오류

직책, 직위, 처지 등과 같은 어떤 사람이 처한 정황을 트집 잡아 그 사람이 하는 주장을 비판하는 오류이다. 예를 들어 박 의원은 야당 의원이므로 정부 시책에 대한 그의 비판은 들어보나 마나라고 말하는 것이 이러한 오류에 해당한다.

● 연상의 오류

전제와 결론 사이에 실제적인 연관 관계가 없음에도 불구하고, 사고의 연상 현상 때문에 논증이 설득력이 있는 것으로 착각하는 오류이다. 예를 들어 유명한 연예인이 어떤 제품을 광고할 때, 연예인과

제품 사이에 실제적인 연관 관계는 없지만, 다만 이미지를 통한 연상 현상으로 마치 유명한 연예인이 선전하는 제품은 품질이 좋을 것이라고 판단하는 오류가 이에 해당한다.

● 인신공격의 오류

어떤 집단 또는 개인에 반대하는 편견 때문에 제대로 평가하지 못하는 오류이다. 예를 들어 과거 독일의 나치 정부는 아인슈타인의 업적을 '유태인의 사고'라고 하여 높게 평가하지 않았던 일이 있었다. 이처럼 근거가 부실하기 때문에 비판하는 것이 아니라, 단순히 그 발생 원천이 싫다고 해서 어떤 것을 부정한다면 이는 이러한 오류에 해당한다고 할 수 있다.

● 반대를 위한 반대의 오류

상대방이 어떤 입장을 주장한다는 이유만으로 그 입장을 무조건 반대하는 오류이다. 예를 들어 여당과 야당 사이에서 정치적 이슈에 대한 논쟁이 벌어질 때 이러한 오류들이 종종 발생한다.

● 피장파장의 오류

자신의 주장이나 행동에 잘못이 있지만 다른 사람도 같은 잘못을 저지르기 때문에 괜찮다고 주장하는 오류이다. 예를 들어 담배를 끊으라는 조언을 듣고, 많은 사람이 피우기 때문에 괜찮을 것이라고 판단하는 경우가 이에 해당한다.

- 동정에 호소하는 오류

  어떤 사람의 사정과 형편이 곤란하다는 이유로 그의 주장이 적합하지 않은데도 불구하고 받아들일 때 발생하는 오류이다. 예를 들어 "교수님, 제가 이번에 학점을 B 이상 못 받으면 장학금을 못 받습니다. 집안 형편이 어려워서 장학금을 못 받으면 휴학해야 합니다. 성적을 올려 주세요"라고 한다면, 이는 성적 정정 사유와 관련이 없는 사항인 '집안 형편'에 근거하여 상대방의 동정에 호소하면서 자기의 입장을 피력하는 경우로서, 이러한 오류를 범하는 경우에 해당한다.

- 사적 관계에 호소하는 오류

  상대방의 주장이 타당하지 않지만 혈연, 학연, 지연, 종교 등과 같은 사적인 관계로 인하여 상대방의 주장을 받아들일 때 발생하는 오류이다. "피는 물보다 진하다" 또는 "팔은 안으로 굽는다"와 같은 속담은 이러한 오류의 발생 가능성을 보여주는 예라 할 수 있다.

- 부당한 권위에 호소하는 오류

  논지와는 직접적인 관련이 없는 권위자의 견해를 근거로 제시하면서 자기주장을 관철시키려는 오류이다. 예를 들어 어떤 작물을 판매하고자 할 때, '동의보감'을 인용하면서 모든 성인병에 효과가 있는 것처럼 광고한다면 부당한 권위에 호소하는 오류를 범하는 경우가 된다.

- 허수아비 공격의 오류

  주장하지 않은 것을 마치 주장한 것처럼 한다면, 이는 허수아비를 만드는 것과 같다. 이처럼 상대방이 하지도 않은 주장을 교묘하게 한 것처럼 만들고 공격하는 오류이다. 예를 들어 "어떤 사람들은 삶에서 가장 중요한 것이 논리가 아니라고 주장한다. 이는 명백히 비합리적인 것이 합리적인 것보다 더 중요하다고 주장하는 것이므로 이건 말도 안 된다"라고 주장하였다면, 이는 '논리가 삶에서 가장 중요한 것은 아니라는 주장'을 마치 '비합리성을 주장'하는 것처럼 자기 편리대로 설정하여 논리를 전개하는 오류를 범하는 것이다.

● 대중의 편견에 호소하는 오류

예를 들어 낯설고 아무도 시도해 보지 않았다는 이유로, 혹은 진부하다는 이유로, 혹은 대중적인 인기가 없다는 이유로 어떤 주장의 위상을 떨어뜨리는 오류이다. 이런 오류를 범하면 전제로부터 결론이 유도되지 않으며, 흔히 수사적 표현이나 감정에의 호소로 위장되어 있는 경우가 많다.

● 무지에 호소하는 오류

어떤 주장이 반증되지 못했기 때문에 옳다고 하든지, 혹은 증명되지 못했기 때문에 거짓이라 주장할 때 오류가 발생할 수 있다. 예를 들어 "아무도 신이 존재하지 않는다는 것을 증명한 적이 없으므로 신이 존재한다"고 주장한다든지, 혹은 아무도 "신이 존재한다는 것을 증명한 적이 없으므로 신이 존재하지 않는다"고 주장하는 오류가 이에 해당된다.

5) 논거 부실의 오류

비형식적 오류에 속하는 마지막 형태로 논거가 주장을 뒷받침하지만 논거로서 충분하지 못한 경우가 있다. 이를 논거 부실의 오류라고 부르며 구체적으로는 다음과 같은 유형이 있다.

● 확대 해석에 따른 오류

일부가 부당하다고 해서 그 전체가 잘못되었다고 생각하는 오류도 이에 해당한다. 어떤 견해, 이론, 계획에서 일부가 부당하다고 해서 그 전체가 잘못되었다고 생각해서는 안 된다. 옥에 티가 있어도 옥은 옥이다. 일부가 부당한 경우 먼저 전체를 이해하고 전체적 맥락과 핵심이 옳은지를 파악한 후에 잘못된 부분을 수정하는 것이 바람직하다.

● 합성의 오류

부분이 참이라고 해서 전체에서도 참이라고 판단하는 오류이다. 하지만 부분이 서로 영향을 주고 있다면 부분의 합이 전체가 되지 않을 수 있다. 예를 들어 일류 성악가들로 합창단을 구성하면 최고의 합창단이 될 것이라고 생각하는 것은 잘못이다. 부분과 부분 사이에는 상호작용이 있을 수 있기 때문에 서로 긍정적 효과를 낼 수도 있고 혹은 부정적 효과를 낼 수도 있다. 그리고 부분을 이해했다고 해서 전체를 이해할 수 있는 것도 물론 아니다. 예를 들어 개미를 이해했다고 해서 개미 군단을 이해할 수 있는 것은 아니다. 따라서 기업에서 각 부문의 최적화가 조직 전체의 최적화로 항상 연결되는 것은 아니다.

● 분해의 오류

합성의 오류와는 반대로 전체에 대해 참이라고 해서 구성 요소도 참이라고 판단하는 오류이다. 예를 들어 "물은 불을 끈다. 물은 산소와 수소로 이루어져 있다. 따라서 산소와 수소는 불을 끈다"라고 하거나 혹은 "이 기계는 무겁다. 따라서 부속품들도 무거울 것이다"라고 한다면 이는 분해의 오류를 범한 것이다.

● 잘못된 유추를 하는 오류

과거 경험을 통해 어떤 패턴과 결과를 기억하고 있다가, 새로운 상황이 과거 경험했던 상황과 몇 가지 측면에서 비슷하면 결과도 역시 비슷할 것이라고 추측하는 오류이다. 이러한 오류를 극복하기 위해서는 불확실한 것은 무엇이고 전제 조건은 무엇이며, 과거 상황과 유사한 점과 차이점이 무엇인지를 먼저 명확히 할 필요가 있다.

● 인과관계의 잘못 해석에 따른 오류

선후 관계와 인과관계는 다르다. 예를 들어 검은 고양이가 앞을 가로 질러가고 나서 잠시 후에 교통사고를 당하고는, 교통사고를 당한 것이 고양이 때문이라고 생각한다면 이는 선후 인과의 오류를 범한 것이다. 또 다른 경우로 원인과 결과가 혼동되는 경우가 있다. 예를 들어 "부자들은 다 고급차를 탄다. 그러니 너도 고급차를 타야해. 그래야 부자가 돼"라고 한다면 결과가 원인을 앞설 수 없음에도 불구하고 관계를 잘못 파악한 것이다.

● 무관한 결론의 오류
　직접 눈으로 본 것에 대한 인상 때문에 본 것이 증명되었을 때 이것이 가정된 것을 실제로 증명하는 것인지를 확인하지 않는 오류이다. 예를 들어 어떤 위장약이 시험관에서 산성 성분을 중화시킨다는 것이 확인되었다고 해서, 이 위장약이 사람의 위에서 부작용 없이 위산을 중화시킨다는 것을 의미하는 것은 아니다.

3 심리적 요인에 기인하는 오류

　의사 결정은 누구에게나 중요한 일인 동시에 힘들고 위험한 일이다. 왜냐하면 한번 잘못하면 돌이킬 수 없는 오점과 후회를 남길 수 있기 때문이다. 그럼에도 불구하고 잘못된 의사 결정을 내리는 이유는 대부분 '합리적 의사 결정의 방해 요인'과 같은 의사 결정을 내리는 방식과 관련이 있다(3.1절 참조). 하지만 인간의 두뇌가 결정을 내리는 데 방해가 되는 경우가 있기 때문에 의사 결정에서 발생한 잘못은 심리적 요인에 기인하는 경우도 적지 않다.

　인간은 자신이 보고 싶은 것만 보려 하고, 믿고 싶은 것만 믿으려 하며, 보여 주고 싶은 것만 말하려는 경향이 있다. 특히 우리의 기대와 소망은 우리의 인식 과정에 큰 영향을 미친다. 문제 해결 과정에서 의사 결정의 주체는 인간이다. 그런데 인간은 감정의 영향을 받게 되기 마련이므로 심리적 함정에 빠지기 쉽다. 이러한 함정에 빠지지 않는 최선의 방법은 심리적 함정이 무엇인지를 이해하고 함정을 피하기 위한 노력을 하는 것이다. 심리적 요인에 기인하는 오류들을 살펴보면 다음과 같다.

● 과거 강한 인상을 받은 사건에 지나치게 영향을 받는 오류

미래에 대한 예측은 흔히 과거 경험에 바탕을 두고 있는 경우가 많은데, 과거 강한 인상을 받은 사건에 지나치게 영향을 받아 미래에 대한 견해를 왜곡시키는 오류이다.

예를 들어 노숙자 중 정신병자의 비율을 과대평가하는 경향이 있다. 이는 평범한 노숙자는 기억에 남지 않고, 이상한 행동을 하는 노숙자는 확실히 기억되는 경향이 있기 때문이다. 이러한 오류를 극복하기 위해서는 기억에 지나치게 의존하지 말아야 하며 객관적인 데이터를 바탕으로 검증해 볼 필요가 있다.

● 초기 상황에 고착되는 오류

처음 설정된 값이나 혹은 초기 상황의 이미지에 고착되어서 이를 잘 벗어나지 못하고, 새로운 정보가 제공되어도 쉽게 상황 변화를 인정하지 않으려는 오류이다.

예를 들어 다음 연도의 부서 예산을 편성할 때, 지난해 예산이 출발점이 되어 고착되면 새로운 정보나 사실이 제공되어도 새로운 예산 편성을 하는 데 한계를 갖게 되기 쉽다. 이를 막기 위해서는 고착 자체를 인식할 수 있도록 노력해야 하며, 고착된 내용에 대하여 가정이 무엇인지를 질문하고 이에 대한 의문을 가질 필요가 있다.

• 집단 사고에 기인하는 오류

응집력이 강하고 정체성이 확실한 집단에서는 강력한 정체성이 오히려 부작용을 일으키기도 한다. 이와 같은 집단에서는 전원 합의에 대한 열망이 크기 때문에 대안을 실제적으로 평가하지 못하게 되는 경우가 많다. 집단 사고에 빠지면 문제 해결 팀의 리더가 일부의 반대 증거로부터 고립되기 쉽고, 구성원들은 자신들의 견해를 확신시키는 증거만 받아들여 자신들의 견해와 다른 증거는 거부하고 다양한 대안을 고려하지 않을 뿐만 아니라, 다수 의견과 차이가 있는 개인을 무시하는 경향이 생기기 쉽다.

이러한 집단 사고를 막기 위해서는 다양하고 깊이 있는 아이디어를 환영히는 분위기 조성해야 하고, 집단 사고의 폐해를 피하기 위한 제도적 안전장치를 만들 필요가 있다. 예를 들어 모두가 신뢰할 수 있는 적임자에게 악역을 맡겨 다수가 내린 결론을 비판하는 역할을 부여할 수도 있다.

• 비판 능력이 약화되는 오류

미래에 대한 낙관은 진보를 위해 필요하지만 사실적 기반이 반드시 전제되어야 한다. '하면 된다'는 식의 분위기가 지나치게 조성된 경우, 의사 결정자는 무모한 리스크를 감수하려는 하고, 더 나아가 비현실적인 결정에 쉽게 동의할 수 있다. 이러한 조직 문화에서는 비판적 사고 능력이 약화되기 쉽다. 이를 보완하기 위해서는 객관적 분석을 통한 '절제된 낙관주의'가 장려되어야 한다.

● 자신의 판단을 과신하는 오류

　미래 또는 다른 사람의 행동을 예측하거나 혹은 사건을 통제하는 것과 같이 어려운 문제를 접할 때 자신의 능력을 과신하는 오류가 흔히 발생한다. 예를 들어 기업에서 신제품 개발이 실패로 끝나는 경우가 많은데, 이런 경우 실패 원인은 개발자의 과신에 기인한 경우가 많다.

　이렇게 과신 때문에 발생하는 오류를 피하기 위해서는 사고의 전개 과정에서 가정, 증거, 신념 등을 객관적으로 검토해야 하며, 과거의 유사한 사례나 경우를 참고해 볼 필요가 있다. 그리고 지나친 과신은 무지에서 비롯되는 경우가 많다는 사실을 유념해야 하며, 판단할 때 타인에게 엄격하기에 앞서 자기 자신에게 먼저 엄격해야 한다.

● 불확실성을 평가할 때 지나치게 신중한 오류

　사람들은 일반적으로 관심이 큰 문제 일수록 결정을 내리는 데 있어서 '안전제일 주의'로 하려는 경향이 있다. 이런 경우 위험에 대하여 지나치게 방어적인 태도를 견지하다가 타이밍을 놓치게 되고, 그 결과 기회를 상실하게 된다. 또한 지나친 경계심으로 의사 결정은 미루고 정보 수집에만 집착하는 경우도 마찬가지이다. 지나친 과신도 문제이지만 지나친 신중함도 문제가 된다. 결국 결정은 신중하게 하되 결정되면 과감히 실행할 수 있는 태도가 중요하다.

● 결과를 알고 난 후 그렇게 된 이유를 쉽게 결론 내리는 오류

　결과를 알고 나면 존재했던 불확실성은 잊어버리고 일어난 일에

대한 지식을 토대로 재구성하는 오류이다. 예를 들어 백지에 총을 쏜 후 그 위에 과녁을 그려 놓은 뒤 과녁을 명중했다고 말하는 것과 같다. 사람들이 결과만 보고 "그럴 줄 알았어"와 같이 판단할 때 흔히 발생할 수 있는 오류이다.

● 현재 상태만을 유지하려는 오류

사람들은 일반적으로 개선보다는 현재 상태를 그대로 유지하려는 습성이 있다. 현재 상태를 바꾼다는 것은 곧 행동한다는 뜻인데, 행동을 하면 그에 상응하는 책임을 져야 하고 결과에 따라 비난이나 후회를 감수해야 하므로 현재 상태에 머물고자 하는 경향이 생긴다.

예를 들어 새로운 변화가 필요한 시점에서 '긁어 부스럼 만들지 말자'라는 현상 유지 논리를 펴다가 "상황이 좀 더 무르익을 때까지 기다리자"로 논리를 슬쩍 바꾸는 경우가 이에 해당한다고 할 수 있다.

이것이 기업에서 혁신이 어렵고 변화 관리가 필요한 반증이기도 하다. 이러한 오류를 극복하기 위해서는 목표를 분명히 하고, 현재 상태를 바꾸는 데 필요한 노력이나 비용을 과장하지 않으며, 현상 유지와 개선안 간의 올바른 비교 평가가 이루어져야 한다.

● 과거의 실수나 잘못에 집착하는 오류

과거의 방식이 이미 쓸모없는 것임에도 불구하고 과거의 방법을 정당화하려는 것은 또 다른 선입견의 결과이다. 그리고 대부분의 사람들은 과거에 범한 실수에 대하여 인정하기를 부담스럽게 여기기 때문에 과거의 잘못에 집착하는 경향이 있다.

예를 들어 자금을 투자한 기업에 문제가 생겨서 회생 가능성이 없는 경우에도 과거에 투자한 돈이 아까워서 계속 더 많은 돈을 투자하는 경우가 이러한 오류에 해당한다. 함정에 빠졌을 때 최선의 방법은 일단 더 이상 깊숙이 빠지게 하지 않는 것이다. 만약 이것을 하지 않은 셈치고 오늘 새롭게 시작한다면 다시 할 것인가를 따져 보아서, 만약 그 대답이 부정적이라면 바로 그만 둘 수 있어야 한다. 이러한 오류를 극복하기 위해서는 과거 의사 결정 과정에 관여하지 않았던 사람들의 조언을 구해 볼 필요가 있으며 실수를 인정할 수 있는 용기가 필요하다.

● 인식 방법의 차이에 기인하는 오류

예를 들어 "수술을 받으면 1년 이상 살 가능성이 70%인데 수술을 받겠는가?"라는 질문에 수술을 받겠다고 선택한 사람의 비율과 "수술을 받아도 1년 이내에 죽을 가능성이 30%인데 수술을 받겠는가?"라는 같은 질문에 수술을 받겠다고 선택한 사람의 비율은 차이가 있을 수 있다. 이와 같이 같은 상황이라도 인식 방법에 따라 선택이 달라질 수 있으므로 문제 구성을 다양하게 재설정해 보고 검토해 보아야 한다.

● 타인을 지나치게 의식하는 오류

인간은 사회적 동물이기 때문에 의사 결정을 할 때 주위의 영향을 의식하게 된다. 흔히 의사 결정 결과로 인하여 동료를 기쁘게 하고 갈등과 부조화를 피하며 비난받지 않기를 기대한다. 그 결과 다수 의견을 따라가는 경향과 집단 의견을 확신하는 경향이 생기고, 집단에서 소수 의견이 사라지는 경우가 발생할 수 있다.

지금까지 살펴본 '심리적 요인에 기인하는 오류'는 각자 개별적으로 발생하기도 하지만, 어떤 경우에는 여러 종류의 오류가 함께 발생하여 폐해가 증폭되기도 한다. 그리고 비교적 간단한 의사 결정 과정에서도 심리적 함정에 빠질 수 있지만, 특히 복잡하고 중요한 결정일수록 더욱 심리적 함정에 노출되기 쉽다. 왜냐하면 그러한 결정에는 많은 사람들의 다양한 의견과 평가 그리고 많은 데이터가 포함되기 때문이다. 따라서 복잡하고 중요한 결정일수록 심리적 함정에 빠지지 않도록 더욱 경계해야 한다.

4 부적합한 자료 때문에 생기는 오류

데이터 없이 경험과 예감에만 의존해서 의사를 결정하는 경우 오류가 발생하기 쉽다. 따라서 문제 해결 과정에서 데이터의 중요성은 아무리 강조해도 지나치지 않을 것이다. 하지만 수집된 데이터가 쓸모도 없고 필요하지도 않다면, 소위 데이터는 있으나 유용한 정보가 없는 DRIP(data rich, information poor) 상태에 빠지게 되고 문제 해결에 도움이 전혀 안 된다. 결국 문제 해결 과정에서 불확실성과 모호함을 극복하는 방법은 문제와 관련성이 있고 신뢰할 수 있는 데이터를 충분히 확보하는 것이지만, 수집된 정보가 부적절할 경우에는 의사 결정 과정에서 다음과 같은 오류를 범할 가능성이 도리어 커진다.

• 자신이 믿고 싶은 것을 뒷받침해 주는 정보만 중요하게 여기는 오류

자기가 옳다고 생각하는 사안에 대해서 자기주장을 뒷받침하는 증거만 찾으려 하고, 자기의 예측이나 주장과 반대되는 정보는 무시하려고 하는 오류이다. 이는 사람들이 보통 자신의 확신을 강화하려는 경향을 갖고 있기 때문이다.

예를 들어 선거에서 본인이 선택한 후보에 대해서는 단점은 무시하고 장점만 보려는 경향이 있다. 이와 같은 함정을 피하기 위해서는 모든 증거를 같은 수준의 냉철한 관점으로 검토할 수 있도록 노력해야 하며, 정보 수집의 목적이 올바른 의사 결정을 위한 것인지 혹은 자기 생각을 확인하기 위한 것인지에 대하여 스스로에게 솔직해야 한다. 또한 의견이나 검증되지 않은 주장은 가설에 불과하므로 검증 과정이 필요하다는 사실을 유념해야 한다.

● 표본이 모집단을 잘 반영하지 못하는 오류

조사 대상을 모두 모아 놓은 것을 모집단이라 하고, 모집단의 일부를 표본이라 한다. 표본을 통해 모집단의 특성을 파악하는 것은 전체 중의 일부인 표본으로부터 얻어진 정보를 이용하여 전체의 특징을 판단한다는 것이다. 따라서 표본은 모집단의 특성을 잘 반영하고 있어야 한다.

예를 들어 특정 지역에서만 대통령 후보의 지지도를 조사한다면, 전국적으로 조사한 것과는 다른 왜곡된 결론을 얻기 십상이다. 이처럼 적절치 못한 조사 방법에 의한 자료는 모집단을 잘 반영한다고 믿기 어렵다.

● 자료의 정의가 불분명한 오류

예를 들어 임신 여성의 흡연율에 대해 조사한다고 할 때, 설문 조사를 통해 임신 기간 동안 흡연 경험이 있다고 말한 여성의 비율을 조사하는 방법과 소변검사를 통해 조사하는 방법 사이에는 차이가 있을 수 있다. 왜냐하면 과거 흡연 경험과 간접흡연이 소변검사에 영향을 줄 수 있기 때문이다. 이처럼 자료의 수집 방식이나 계산 방법에 따라 결과의 수치값이 달라질 수 있으므로 조사 대상 항목에 대한 정의부터 분명히 해야 한다.

● 자료의 신뢰도를 간과하는 오류

수집된 자료의 양과 질에 따라 분석 결과의 신뢰도가 달라질 수 있다는 사실을 간과하면 의사 결정 과정에서 오류가 발생할 수 있다. 예를 들어 특정 후보에 대한 지지율을 조사하기 위하여 100명의 유권자를 조사하여 얻은 결과와 1000명의 유권자를 조사하여 얻은 결과 사이에는 신뢰도에 차이가 있을 것이다.

따라서 어떤 결론을 내리기 위해서는 먼저 수집된 정보가 어느 정도 신뢰성을 확보하고 있는지부터 먼저 살펴볼 필요가 있다. 특히 정보의 신뢰도를 평가할 때 고정관념과 같은 개인의 경험에 지나치게 의지하는 경우에도 오류가 발생하기 쉽다.

● 일반석 사실을 일회적 증거로 반박하는 오류

예를 들어 "흡연은 폐암 발생률을 높게 만든다"라는 일반적 사실을 "어떤 사람은 매일 담배를 2갑씩 피웠는데 100세까지 살았다"라는 일회적 증거로 부정한다면 부적절한 판단을 내리게 된다. 이와 같이 일반적 사실은 이를 바탕으로 어떤 개인의 경우에 대해서는 예측할 수는 없지만, 흡연이 몸에 해롭다는 중요한 정보를 제공할 수 있다는 점에 주목할 필요가 있다.

● 특정 이슈에 따라 결론을 유도하는 오류

예를 들어 언론에 어린이 유괴 사건이 몇 건 보도되거나 혹은 해변에 상어 출몰 기사가 보도 되면, 실제 발생 빈도는 예년과 차이가 없음에도 불구하고 사회적 이슈가 되는 경우가 있다. 이는 사람들이 객관적 사실보다는 상황을 주위의 관심과 주목받을 수 있도록 묘사한 것에 더 관심을 두려고 하는 경향이 있기 때문이다. 결국 결정을 내릴 때 가장 믿을 만하고 중요한 정보는 객관적인 자료이다.

● 제한된 정보를 확대해석하는 오류

특정 상황 혹은 집단에서 얻어진 정보를 무리하게 해석하여 전체 상황 혹은 집단으로 확대해석힐 때 오류가 발생할 수 있다. 예를 들어 여대생의 집단에서 조사한 결과 100명 중 80명이 특정 후보를 지지하였을 때, 무리하게 전체 여성의 80% 정도가 특정 후보를 지지한다고 주장하는 경우가 이러한 오류에 해당된다.

● 변수들 간의 관계를 인과관계로 확대해석하는 오류

예를 들어 여름날 익사자 수와 아이스크림 판매량 관계를 분석하면, 아이스크림 판매량이 증가하면 익사자 수도 증가하는 경향이 있다. 이러한 경우 아이스크림을 먹는 것이 익사의 원인이 되는 것은 아니다. 단지 여름날 '온도'라는 다른 변수가 상승하면 아이스크림 소비량이 증가하고, 그리고 익사자의 수도 증가해서 마치 두 변수 간에 관련이 있는 것으로 나타나는 것뿐이다. 이와 같이 두 변수 간의 정확한 인과관계를 분석하지 않고, 연관 관계를 바로 원인과 결과의 관계로 확대해석하는 경우 오류가 발생하게 된다.

● 무리한 단순화의 오류

예를 들어 각 나라의 국민성을 단순하게 규정한다든지, 혹은 혈액형에 따라 성격을 구분하는 것과 같이 지나친 단순화는 의사 결정에 왜곡을 가져올 수 있다. 따라서 복잡한 현상을 이해하고자 할 때 단순화의 방법이 바람직할 수도 있지만, 경우에 따라서 지나친 단순화는 오히려 오류를 야기하는 원인이 되기도 한다.

문제 해결 과정에서 데이터가 제 역할을 하기 위해서는, 지금까지 살펴본 바와 같은 오류를 범하지 말아야 할 뿐만 아니라 무엇보다 데이터가 믿을 수 있어야 한다. 마찬가지로 문제 해결을 위해 정보를 활용하고자 할 때는 반드시 정보의 신뢰성을 확인해야 한다.

예를 들어 최근에는 인터넷을 통한 정보 검색이 보편화되고 있다. 인터넷상의 정보는 누구나 올릴 수 있고, 누구나 검색해서 사용할 수 있으므로 믿기 어려운 정보도 많이 있다. 따라서 인터넷상의 정보를 활용하고자 할 때는 정보 작성자, 작성 목적, 작성 시기, 편향 여부 등을 살펴보고 정보의 신뢰성부터 먼저 판단해야 한다.

5 우연과 확률을 오해함으로써 생기는 오류

　우리는 불확실성으로 가득 찬 세상에 살고 있다. 그 결과 이해하기 어려운 일들이 발생한다. 예를 들어 미래에 대한 예측은 맞지 않는 경우가 많으며, 사소한 '우연'이 엉뚱한 결과를 만들기도 한다. 흔히 사람들은 우연과 불확실성이 관여된 경우, 사고 과정에 오류가 발생하여 잘못된 판단을 하거나 불확실한 결정을 내리곤 한다. 이럴 때 우연을 인식하는 방법, 즉 확률에 대한 이해를 갖고 있다면 합리적으로 생각하고 행동하는 데 도움이 된다. 그리고 우연과 불확실성이 관여되는 경우 객관적인 확률과 주관적인 판단을 혼동하거나, 확률적 상황을 이해하지 못하면 다음과 같은 오류가 발생할 수 있다.

● 세부 사항이 많으면 사실에 가까울 것이라 생각하는 오류

　예를 들어 어떤 병에 걸렸을 때 흔한 증상으로 숨이 차고, 드문 증상으로는 경련이 일어날 수 있다고 하자. 이때 많은 의사들은 이 병에 걸린 환자들에게, 숨이 차고 동시에 경련이 일어날 가능성이 경련만 일어날 가능성보다 높다고 생각한다. 왜냐하면 사람들은 세

부 사항이 많을수록 그것이 사실에 더 가까울 것이라 생각하고, 따라서 확률이 더 높다고 여기기 때문이다. 하지만 두 개의 사건이 동시에 발생할 확률은 각각의 사건이 단독으로 발생할 확률보다 높을 수 없기 때문에 어떤 두 개의 증세가 동시에 나타날 가능성이 오히려 높다고 생각한다면 이는 명백한 오류이다.

● 객관적 확률보다는 주관적 감정에 의존하는 오류

예를 들어 앞면과 뒷면이 나올 확률이 동일한 동전을 10번 던지는 게임에서 9번 연속하여 앞면이 나왔다고 해보자. 이때 마지막 10번째에서도 앞면이 나올 객관적 확률은 0.5임에도 불구하고, 앞에서 계속 앞면이 나왔으므로 이제 뒷면이 나올 때가 되었다고 주관적으로 판단하는 경우도 오류가 발생한 것이다.

특히 이러한 현상은 개인의 심리적 요인과도 연관되어 있다. 예를 들어 전날 밤의 꿈이 길몽이기 때문에 객관적 확률을 무시하고 복권에 당첨될 가능성이 높다고 생각하여 복권을 구입하는 경우도 이에 해당하고, 어떤 야구 선수가 면도를 한 날은 타율이 떨어지는 징크스가 있다고 믿는 것도 이러한 오류에 해당한다.

● 평균으로의 회귀 현상을 잘못 이해하는 오류

예를 들어 아버지의 키가 아주 크면 아들의 키가 아버지보다는 작아져서 남자의 평균 키에 가까워지고, 아버지의 키가 아주 작다면 아들의 키가 아버지보다는 커져서 평균 키에 가까워지는 현상이 있다. 이와 같이 본래 속성의 평균으로 수렴하는 현상을 '평균으로의 회귀'라고 한다. 이와 같은 회귀 현상은 자연 세계뿐만 아니라 기업의 프로세스에서도 종종 발생하게 된다.

또 다른 예를 들어 보면, 어떤 프로세스에서 실적이 좋게 나와서 포상을 받은 경우 그 다음에는 실적이 떨어지고, 평소보다 실적이 나쁘게 나와서 문책을 받는 경우 그 다음에는 실적이 오르는 경향이 있다고 하자. 이때 프로세스의 실적값이 장기적으로 평균값으로 수렴하는 회귀 현상을 무시하고, 단순히 포상과 문책의 효과로만 판단하는 경우에도 오류가 발생할 수 있다.

● 우연과 필연을 혼동하는 오류

우리는 어떤 일이 발생하면 원인을 찾고 싶어 한다. 이러한 원인을 찾고자 하는 열망이 너무 강해지면 연관성이 없는 곳에서 연관성을 보려 하고, 아무 이유 없이 우연의 일치로 발생한 일에 대해서도 원인을 발견하려 한다.

예를 들어 어떤 농구 선수가 3점 슛을 연속해서 성공시켰다고 하자. 이때 우연히 연속적으로 나타날 수 있는 사건을 보고, 실제 능력보다 더 높게 선수의 능력을 평가하기도 한다. 이와 같이 우연히 발생한 현상을 마치 필연적인 현상으로 혼동하는 경우에도 오류는 발생하게 된다.

● 우연도 통제할 수 있다고 생각하는 오류

우리는 종종 우연도 통제할 수 있다고 생각할 때가 있다, 예를 들어 사람들은 주사위 게임을 할 때 적은 숫자가 나오기를 바라면 주사위를 살살 던지고, 큰 숫자가 나오기를 바라면 세게 던지는 경향이 있다고 한다.

어떤 현상이 어떤 요인에 의해 영향을 받는다면 이미 우연이 아니다. 따라서 의식적이든 무의식적이든 우연한 현상도 통제할 수 있다고 생각하고 있다면, 이때의 의사 결정은 오류를 야기하기 쉽다.

결론적으로 합리적이고 올바른 의사 결정을 위해서는 지금까지 살펴본 다양한 오류를 범하지 말아야 하며, 오류를 범하지 않기 위한 최선의 방법은 오류가 발생할 수 있는 상황들을 이해하고, 오류를 범하지 않도록 스스로 경계하고 노력하는 것이다.

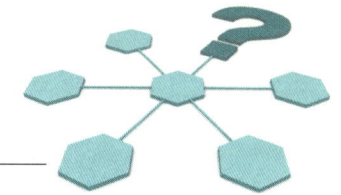

 **리뷰를 위해 생각해 볼 문제**

1. 집단 사고의 피해를 막는 방법에는 어떠한 것이 있을 수 있는지 토론해 보자.

2. 다음 논증은 어떠한 오류를 범하고 있는지 파악해 보자.

(1) 사장님, 월급을 올려 주셔야 합니다. 아이가 아파서 병원비를 감당하기 어렵고 살림도 엉망입니다.

(2) 낙태를 찬성하는 사람은 태아 살인범이다. 그러므로 나는 낙태를 찬성할 수 없다.

(3) 인간의 몸을 구성하는 원자는 눈에 보이지 않는다. 따라서 인간의 몸은 보이지 않는다.

(4) 영혼은 불멸이다. 왜냐하면 영혼은 영원히 사는 것이니까.

(5) 경   찰: 과속입니다. 면허증 주십시오.
　　운전자: 저는 앞차의 속도를 따라 왔을 뿐인데요. 앞차가 문제지 저는 문제가 없지 않습니까?

(6) 그 작가의 소설은 아주 감동적이었어. 그의 다음 작품도 아마 그럴 거야. 출간되는 대로 꼭 구해서 읽어야지.

(7) 그 국회의원은 분명히 거짓말을 하고 있다. 왜냐하면 여론조사 결과 국민의 85%가 그런 의견을 갖고 있다고 한다.

(8) 사람들 대부분은 사후 세계가 있다고 믿는다. 그러므로 사후 세계는 있다.

(9) 어제 김 교수님을 만났는데 아주 친절했다. 따라서 대학 교수들은 아주 친절하다.

(10) 그 야구팀은 이번 시즌 최고의 경기를 펼쳤다. 따라서 그 팀 소속 선수 모두 이번 시즌 최고의 경기를 펼쳤다.

(11) 광고를 보니 내가 좋아하는 연예인이 약효가 좋다고 말했다. 따라서 그 약의 효과가 좋을 것 같다.

(12) 당신, 도둑질한 시계를 고물상에 팔았지?

(13) 친구 좋다는 게 뭐냐? 이번 한 번만 어떻게 안 되겠니?

(14) 국방 예산을 삭감하자는 것은 말이 안 된다. 왜냐하면 이는 적화통일을 방관하자는 것이기 때문이다.

(15) 그 사람은 통이 큰 사람이다.

3. 직관과 경험에 바탕을 둔 의사 결정과 데이터 분석에 바탕을 둔 의사 결정이 서로 상충될 때, 어떻게 하는 것이 좋을지에 대하여 토론해 보자.

4. 다음 주장을 여러분의 배경 지식이나 경험에 비추어 받아들일 수 있는지를 판단하고, 그 이유를 간단하게 제시해 보자.

(1) 기수련을 하면 공중 부양을 할 수 있다.

(2) 영험한 무당은 죽은 사람과 대화할 수 있다.

(3) 짠 음식은 고혈압 환자에게 해롭다.

(4) 지구 온난화가 진행 중이다.

(5) 육류 소비가 많아질수록 지구 환경이 나빠진다.

(6) 화성에 생명체가 있다.

(7) 종교를 갖고 있는 사람이 그렇지 않은 사람보다 훨씬 이타적
이다.

(8) 맹인들은 청각이 보통 사람보다 훨씬 발달해 있다.

(9) 앞으로 20년 안에 남북한의 통일이 이루어질 것이다.

(10) 명상과 호흡으로 스트레스를 통제할 수 있다.

(11) 경기가 좋아지면 여자들의 스커트 길이가 짧아지고, 반면에
경기가 나빠지면 여자들의 스커트 길이가 길어진다.

5. 다음과 같은 통계 진술들이 과연 얼마나 옳은지 생각해 보자.

(1) 공무원의 90%는 청렴하다. 이처럼 청렴한 사람들을 일부 부
패한 자들과 동일하게 취급해서는 안 된다.

(2) 새로 개발된 담배에는 타르가 5mg 덜 들어 있다.

(3) 어느 리서치 회사의 조사 결과 2011년 스마트폰의 사용자의 수

가 19,187,214명이었다.

(4) 미국에서 연간 자동차 사고로 인한 사상자 수가 4만 명 정도
인데 반하여, 월남전에서 미군의 연간 사상자는 4만 명 이하였
다. 따라서 자동차 사고가 전쟁보다 더 위험하다.

(5) 성 관련 사이트에서 성에 대한 온라인 설문 조사를 실시한 결
과 총 1,324명의 응답자 중에서 남자가 1,086명이고 여자가
238명 이었다. 분석 결과 21세 이하의 응답자 중에서 여자의
18%와 남자의 10%가 성 경험이 있다고 응답하였다. 따라서
여성이 남성보다 더 성적으로 개방되어 있음을 알 수 있다.

(6) 전체 120마리의 쥐를 임의로 20마리씩 6개의 그룹으로 나누
고 약물 반응 실험을 실시하였다. 그 결과 양성 반응을 보인
쥐의 퍼센티지가 각각 53%, 58%, 63%, 47%, 48%, 61%이었
다. 따라서 6개의 그룹은 약물 반응에 대하여 뚜렷한 차이가
있다.

(7) 강원도 어느 산간 마을은 70세 이상의 고령 인구가 마을 전체
주민 중에서 차지하는 비율이 78%로 매우 높았다. 따라서 이
마을은 장수 마을이라고 할 수 있다.

(8) 어느 대학에서 남학생 117명과 여학생 83명을 대상으로 하루에 잠자는 시간과 혼자 공부하는 평균 시간을 조사한 결과 다음 표를 얻었다.

조사 항목	여학생	남학생
잠자는 시간	7.9812	8.1253
공부하는 시간	1.1328	1.0973

(단위: 시간)

이 조사를 통해 여학생이 남학생에 비해 잠을 덜 자면서 공부를 더 열심히 한다는 것을 알 수 있다.

(9) 한국인의 독서량을 조사한 결과 '한 달에 한 권 이상' 읽는 사람의 비율이 작년에 비해 2.79% 줄어들었다. 이 조사를 통해 사람들이 인터넷의 영향으로 점점 책을 안 읽는다는 것을 알 수 있다.

(10) 지난해에는 7월까지 온실에 농약을 7차례나 살포하였지만 음악 방송을 실시한 올해에는 농약을 한 차례만 살포했는데도 장미꽃의 품질이 뛰어났다. 따라서 온실에 음악을 틀어 주는 것이 병충해 예방에 탁월한 효과가 있음을 알 수 있다.

(11) 흡연자로서 무릎이 손상된 18세에서 39세의 환자 22명을 조사한 결과 이들 모두 무릎 관절의 다양한 조직에서 니코틴과 니코틴의 2차 산물인 코티닌이 검출되었다. 이러한 결과를 보면 흡연이 관절까지 손상시킨다는 것을 알 수 있다.

(12) '현재 흡연을 계속하고 있는 그룹'과 '흡연을 하다가 지금은 끊은 그룹'의 건강 상태를 비교한 결과 현재 계속 흡연하고 있는 그룹이 더 건강한 것으로 나타났다. 이 결과에 따라 담배는 안 피우는 것이 물론 좋지만, 일단 핀다면 계속 피우는 것이 더 좋다는 것을 알 수 있다.

(13) 일본 당뇨병 협회에서 30세에서 50세 직장인 수천 명의 혈당치를 조사한 결과, 연도별 변화율이 일본의 경기 변화와 놀랄 만큼 일치했다. 즉 혈액 100ml당 혈당치는 지난 70년부터 90년 사이에는 연령대에 따라 16mg에서 18mg까지 늘었으나, 90년에서 93년 사이에는 3mg 떨어진 것으로 나타났다. 이는 불황으로 직장인의 호주머니가 썰렁해져 자연히 먹고 마시는 씀씀이도 줄었기 때문이다.

4장

문제 해결 절차

지금까지 문제란 무엇이며, 문제 해결에 필요한 사고방식과 사고 과정은 어떻게 진행되는지 그리고 합리적인 의사 결정을 하기 위해서는 어떠한 점에 유의하여야 하는지를 살펴보았다. 문제 해결이라 함은 넓은 의미에서는 사고 과정 및 의사 결정 과정이라 할 수 있지만, 보다 구체적이고 좁은 의미에서는 해결책을 마련하는 행위라고 할 수 있다.

　　문제 해결을 위한 기능과 문제 해결 기법은 알지만, 문제 해결 절차를 잘 모른다는 것은 마치 슛 동작과 패스 동작 같은 개별 동작만을 연습한 후 축구 경기에 임하는 것과 같다. 개별 동작도 중요하지만 전체 흐름을 이해하고 개별 동작들을 연결할 필요가 있다. 따라서 이 장에서는 해결책을 개발하고 실행하는 문제 해결 절차에 대해 설명하고자 한다.

1 문제 해결 절차의 개요

　문제를 해결하기 위해서는, 우선 열정과 지식을 갖춘 문제 해결에 적합한 사람을 찾고 필요하면 팀을 구성한다. 팀은 공통된 이해를 가지고 일을 하는 사람들의 모임이다. 팀이 구성되면 팀원은 문제 해결에 필요한 절차와 도구를 확인하고, 특히 희귀 자원 확보에 초점을 맞추어 필요한 자원을 확보해야 한다. 그리고 필요한 정보를 수집하고 다양한 해결책을 고안한 후 최적의 해결책을 선정한다. 그리고 선정된 해결책을 실행하게 되면 문제 해결 과정을 마치게 된다. 따라서 인력, 해결 절차와 도구, 자원, 의사소통, 정보 등은 문제 해결의 중요한 구성 요소이다.

　문제가 발생하는 상황이나 유형은 다양하기 때문에 문제 해결 과정을 완전히 정형화하기는 어렵다. 하지만 문제 해결 과정을 하나의 흐름으로 생각한다면 어느 정도의 체계화는 가능하다. 이러한 체계화가 이루어지면 문제 해결 과정이 단계적인 절차에 의해 진행되므로 주요 부분을 놓치거나 누락시키는 일이 없게 되고, 단계별로 진행 상황을 검토하고 통제할 수 있으므로 시행착오나 오류를 줄일 수 있게 된다. 그리고 문제를 해결하는 프로젝트 진행에 대한 혼란을 피할 수 있고 팀원들 간에 의사소통이 원활해질 수 있다.

따라서 프로젝트 진행, 즉 문제 해결 절차를 이해할 필요가 있다. 다만 문제의 특성이나 상황에 따라 일부 절차가 생략될 수도 있고, 순서가 바뀔 수도 있으므로 절차에 너무 얽매일 필요는 없다. 문제 해결 절차 또한 여러 형태가 있을 수 있지만, 이 장에서는 널리 활용되는 다음과 같은 4단계의 문제 해결 절차를 설명하고자 한다(<표 4.1> 참조).

<표 4.1> 일반적인 문제 해결 절차

단계 1: 문제 인식 단계	• 문제의 발견 • 문제의 정의
단계 2: 해결책 모색 단계	• 문제의 분석 • 해결책의 도출
단계 3: 해결책 선택 단계	• 해결책의 비교 평가 • 해결책의 선정
단계 4: 실행 단계	• 실행 계획 수립 및 실행 • 실행 결과 평가 및 조치

<표 4.1>과 같은 문제 해결 절차는 문제의 성격 그리고 프로젝트 팀의 상황에 따라 순서가 다소 바뀔 수도 있고, 특정 단계가 한 번이 아니라 여러 번 반복될 수도 있다. 예를 들어 해결책을 모색하는 단계에서 문제 해결을 위해 자신이 취한 관점이 너무 편협했다는

것을 알게 되거나, 문제 상황이 좀 더 복잡하다는 것을 뒤늦게 알게 되었다면, 처음의 문제 인식 단계로 돌아가야 할 것이다. 또한 해결책을 실행하는 단계에서 예기치 못했던 돌발 변수가 생겨 실행이 불가능해지면 처음으로 돌아가야 하는 경우도 생길 수 있다. ·

따라서 문제 해결 절차가 순차적으로 이루어지기보다는 순환적으로 이루어진다고 보는 것이 타당할 것이다. 다만 이미 수행한 단계를 다시 반복하려면 많은 비용이 발생하므로, 이를 피하기 위해서 다음 단계로 넘어 가기 전에 이번 단계를 마쳐도 되는지에 대한 철저한 평가와 검토가 필요하게 된다. 결국 문제 해결 절차란 문제에 대한 답변을 찾는 데 그치는 것이 아니라, 학습하는 과정이고 또한 지식을 창출하는 과정이라는 점을 유념할 필요가 있다.

2 문제 인식 단계

　문제가 없는 조직은 없으며, '문제가 없다'고 생각하는 사람 혹은 조직 그 자체가 가장 큰 문제일 수 있다. 문제가 없다는 말은 목표가 없다는 말이며, 현실에 안주하고 있고, 미래에 어떤 어려움이 있는지 전혀 예측하지 못하고 있다는 뜻이다. "먼 앞날을 걱정하지 않으면 가까운 장래에 근심이 생긴다"는 격언과 같이 항상 상황 변화에 대비할 필요가 있다. 미래를 걱정하지 않는 것이 대범한 것은 아니다. 결국 문제 해결 과정에서 무엇보다 중요한 것은 먼저 올바른 문제를 찾는 것이다.

　해결해야 할 문제가 무엇인지 올바르게 결정하는 것이 문제 해결 과정 자체보다 더 중요할 수 있다. 그리고 더 나아가 틀리게 파악된 문제에 대하여 정확한 해결책을 마련하는 것보다, 제대로 파악한 문제에 대하여 조금 부족한 해결책을 마련하는 것이 더 바람직할 수도 있다. 따라서 문제 해결 절차의 첫 번째 단계인 문제 인식 단계는 매우 중요하며 다음과 같이 문제를 발견하는 과정과 문제를 정의하는 두 개의 과정으로 세분될 수 있다.

1) 문제의 발견

일반적으로 문제 해결은 두 가지 상황에서 시작된다. 하나는 문제가 사전에 결정되어 있는 경우이고, 다른 하나는 무엇을 해야 하는지가 결정되어 있지 않아서 문제를 직접 찾아야 하는 경우이다. 문제를 찾아야 하는 경우 지나친 낙관론이나 안이한 상황 인식에 빠져서 문제 자체를 인식하지 못할 수도 있고, 문제 인식의 시기를 놓침으로써 치르지 않아도 될 많은 비용을 초래하기도 한다.

뿐만 아니라 문제를 인식하고도 중요성이나 시급성을 잘못 판단하여 문제의 우선순위가 바뀌는 경우도 있고, 문제에 대한 불필요한 대응이나 과민 반응을 함으로써 새로운 문제를 야기하기도 한다. 결국 문제 해결은 중요하고 시급한 문제를 적기에 인식하고 발견하는 것에서부터 출발한다.

앞의 1장에서 설명한 '발생형 문제'는 이미 문제 자체를 알고 있는 경우가 많고, '설정형 문제'에 비하여 상대적으로 파악하기가 쉽다. 발생형 문제는 프로세스를 관리하는 과정에서 주로 발견되며 낭비 제거, 원가 절감, 스피드 확보, 생산성과 품질 확보, 고객 불만족 해결 등과 같이 비정상적인 상태를 정상적인 상태로 되돌리기 위한 노력의 형태로 나타난다. 특히 발생형 문제는 'Is & Is Not 기법'

등을 활용하여 다음과 같이 정상적 상태와 비정상적 상태의 '차이 gap'를 인식함으로써 파악할 수 있으며, 많은 경우 저절로 드러나기도 한다.

- 차이가 발생하는 것은 무엇이며, 발생하지 않는 것은 무엇인가?
- 차이가 발생하는 곳은 어디이며, 발생하지 않는 곳은 어디인가?
- 차이가 발생하는 때는 언제이며, 발생하지 않는 때는 언제인가?
- 차이의 크기는 어느 정도인가?

이러한 '차이'는 관리 소홀로 인하여 발생하는 경우가 흔하다. 예를 들어 프로세스와 관련하여 모든 것이 바람직한 상태로 명확히 표준화되어 있음에도 불구하고, 관리 소홀로 인하여 고객의 요구를 충족하지 못하는 경우가 있을 수 있다. 이러한 경우에는 원하는 성과를 얻기 위해서 어떻게 해야 하는지를 이미 알고 있는 경우에 해당한다. 따라서 시스템에서 정상 상태와 차이가 생기는 부분을 확인한 후 발생 원인을 해결함으로써 시스템을 원래 정상 상태로 복귀시키면 문제가 해결될 수 있다.

'잠재형 문제'는 아직 발생하지 않은 문제를 사전에 예상하고 이를 방지하고자 노력하는 과정에서 발견된다. 그리고 미래에 대한 시나리오를 작성하고 시나리오에 따라 대비책을 사전에 준비하는 과정에서도 발견된다. 뿐만 아니라 어떤 일을 계획할 때 미래에 나타날 수 있는 잠재적 위험에 대비하는 과정에서 파악되기도 한다.

'설정형 문제'는 기본적으로 기업 혹은 조직에서 미션mission과 비전vision을 이루기 위해서는 어떻게 해야 하는지를 모색하는 과정에서 드러날 수 있다. 미션이란 사회, 조직, 고객 등에 공헌하는 것을 말하며, 비전은 앞으로의 바람직한 모습과 희망하는 모습을 말한다. 기업이 발전하고 다른 경쟁 기업과 차별화되기 위해서는 반드시 비전을 가져야 한다.

그리고 "실천 없는 비전은 단지 꿈일 뿐이고, 비전 없는 실천은 단순한 시간 낭비일 뿐이다"라는 말이 있듯이 비전은 계획을 통해서 구체적으로 실행되어야 한다. 미션은 잘 변하지 않지만 비전은 시간의 흐름 속에서 변할 수 있다. 결국 설정형 문제는 비전을 위한 구체석인 목표를 날성하기 위해서 무엇을 해야 하는지를 탐색하는 과정에서 파악되는 수가 많다.

설정형 문제는 비전의 달성뿐만 아니라, 외부 변화에 적응하고 미래의 기회를 포착하기 위해서는 무엇에 집중해야 하는지를 모색하는 과정에서도 발견될 수 있다. 따라서 설정형 문제를 파악하기 위해서는 자신을 둘러싸고 있는 환경과 주변에서 일어나고 있는 현상 속에서 자신의 입장을 이해하려는 노력과 함께 성과물의 가치를 향상시킬 수 있는 기회가 무엇인지 파악하려는 노력이 필요하다.

이를 위해서는 특히 미래의 변화에 대한 예측이 중요하다. 예를 들어 "무엇이 언제 어떤 규모로 달라지는가?"와 같은 미래의 변화에 대한 가설을 설정하고, 이러한 가설의 타당성을 검증하는 것이 중요하다. 만약 미래의 변화가 어느 정도 예측되면 예측된 변화에 따라 시나리오와 목표를 설정하는 과정이 설정형 문제를 인식하는 과정이기도 하다. 설정형 문제를 파악하는 방법에 대하여 구체적으로 좀 더 알아보기로 하자.

(1) 문제와 관련된 외부 환경의 이해

설정형 문제를 발견하기 위해서는 우선 우리를 둘러싸고 있는 환경에 대한 이해가 선행되어야 한다. 이때 거시적 관점에서 시작하여 점점 미시적인 것으로 이동하면서 살펴볼 필요가 있으며, 이렇게 해야 숲과 나무를 모두 볼 수 있다. 예를 들어 국제적인 글로벌 관점에서 시작하여 국내 경제의 관점, 시장의 관점, 회사의 관점으로 이동하면서 살펴보면 주변 환경을 잘 이해할 수 있게 된다. 이와 같이 전체를 본 후 세부적인 내용으로 이동하는 것이 중요하다.

그리고 기회를 발견하기 위해서는 산업구조와 시장의 변화, 고객 가치의 변화, 경쟁 구조의 변화뿐만 아니라, 인구구조의 변화, 새로운 지식과 기술의 출현, 미래를 변화시킬 수 있는 예기치 못한 사건 등에 대해서도 파악해 볼 필요가 있다. 특히 인구구조의 변화는 미래를 예견하는 데 중요한 역할을 한다.

우선 외부 환경 요소 중에서 '시장'에 대한 이해가 핵심 요소라 할 수 있으므로 시장에 대해 조사할 필요가 있다. 만약 다음과 같은 질문을 통하여 시장을 이해하게 되면 앞으로 우리의 사업이 어떻게 될 것인지를 어느 정도 예측할 수 있게 되고, 미래에 대비하는 과정에서 많은 기회를 발견할 수 있게 된다.

- 시장은 얼마나 커질 것이며 그러한 변화를 야기할 요소는 무엇인가?
- 앞으로 유행과 고객의 기호는 어떻게 변할 것인가?
- 경쟁 구도의 변화는 시장구조에 어떠한 영향을 미치는가?
- 앞으로 기술 발전의 추세와 그것이 시장에 주는 영향은 무엇인가?

특히 시장을 이해하기 위해서는 먼저 시장의 전체 모습과 큰 흐름을 파악해야 한다. 예를 들어 시장이 성장하고 있는지, 쇠퇴하고 있는지, 혹은 정체되어 있는지를 파악해야 한다. 시장의 큰 흐름이 파악되면 시장을 구성하고 있는 분류 항목을 찾아내어 이에 따라 세분화한 후 시장의 세부적인 모습을 살펴보고, 분류 항목의 중요도를 고려하여 자료를 수집한다.

자료를 통해 시장의 세부 사항까지 파악되면 세부 사항끼리 어떠한 관계가 있는지를 분석해 보고, 어떠한 변화와 특징이 있는지 그리고 어떠한 현상이 발생하고 있는지를 종합하여 핵심을 파악하고 이를 정리할 필요가 있다. 이와 같이 시장을 이해하려고 노력하는 과정에서 많은 기회와 문제가 파악될 수 있다.

다음으로 외부 환경 요소 중에서 '고객'에 대한 이해가 중요하다. 고객을 이해하기 위해서는 다음과 같은 질문을 바탕으로 고객의 요구를 파악해야 한다. 고객의 요구가 파악되면 이를 충족시키고자 노력하는 과정에서 우리가 하고 있는 사업의 본질이 무엇인지를 알 수 있게 되고, 이러한 과정에서 많은 문제와 기회를 발견할 수 있게 된다. 즉 고객에게 보다 큰 가치와 만족을 제공하기 위해 노력하는 과정이 바로 기회 발견의 주요 원천이라 할 수 있다.

- 누가 고객인가?
- 실질적 고객과 잠재 고객은 누구인가?
- 고객은 어디에 있는가?
- 고객에게 어떻게 접근할 수 있는가?
- 고객은 무엇을 구입하는가?
- 고객의 구매 방법은 무엇인가?
- 고객이 중요하게 여기는 가치는 무엇인가?

외부 환경 요소 중 세 번째로 '경쟁 기업'에 대한 분석도 필요하다. 시간이 흐를수록 기업들 사이의 경쟁이 점점 치열해지고 있다. 이제는 제품과 서비스를 보다 좋고 빠르고 싸게 제공하는 것만으로는 부족하고, 보다 새롭고 다르게 제공하여야 한다. 이와 같은 치열한 경쟁 환경 속에서 올바른 문제를 파악하기 위해서는 우선 경쟁 상대는 누구이며 우리 기업에 어떠한 영향을 미치는지를 파악해야 한다. 그리고 경쟁 상대가 누구인지를 파악한 후에는 기업들의 수익, 매출, 기술 수준 등을 조사하여 업계의 전체적인 구조를 살펴볼 필요가 있다.

이를 통하여 우리 회사의 현재 수준과 위치를 알 수 있게 된다. 그리고 우량 기업 또는 경쟁 기업의 대응 방법을 조사한 후 이러한 내용을 종합하여 핵심을 파악하여 정리해야 한다. 경쟁 상대에 대한 철저한 이해 또한 기회 발견의 주요 원천이다. 이때 경쟁사를 이기기 위해 역량을 집중하는 것도 중요하지만, 경쟁사들이 모방할 수 없는 우리 회사만의 가치를 창출하기 위해 노력하는 것이 더욱 중요하다.

(2) 내부 역량의 이해

조직은 외부 환경 변화로 인한 요구와 내부 역량이 일치되고 부합될 때 최고의 성과를 낼 수 있기 때문에, 기업을 둘러싸고 있는 환경과 주변에서 일어나고 있는 현상을 분석하여 이해하고 나면 외부와 내부를 결합해 볼 필요가 있다. 이때 <표 4.2>와 같은 SWOT 분석이 유용하게 사용된다.

SWOT 분석은 기업 외부의 **기회**opportunity와 **위협**threat, 기업 내부의 **장점**strength과 **단점**weakness을 정리하여 문제를 발견하는 분석 방법으로 작성할 때는 다음과 같은 사항을 유념할 필요가 있다.

- SWOT의 각 요소에 해당하는 것에는 어떤 것이 있는지를 생각하고 기입한다.
- 기입한 사항들이 정말로 SWOT의 각 요소에 부합되는지를 확인한다.
- SWOT에 기입된 내용을 각각 대비시켜 문제를 발견한다.

이렇게 SWOT 분석을 통하여 파악된 항목 중에서 기업 외부의 기회와 기업 내부의 장점이 결합되는 항목들은 '최대한 활용'하고, 외부의 기회에 대하여 기업 내부에서는 단점으로 결합되는 항목들은 '대책을 모색'하는 과정에서 해결하여야 할 문제가 파악될 수 있다. 그리고 외부의 위협에 대하여 회사 내부의 장점 및 단점을 파악하여 '회피 혹은 준비'를 해야 하는 항목을 파악하는 과정에서도 문제가 파악된다.

<표 4.2> SWOT 분석표

기업 외부	기회(O)	대책 모색	최대한 활용
	위협(T)	회피 혹은 준비	회피 혹은 준비
분류 기준		단점(W)	장점(S)
		기업 내부	

(3) 문제와 관련된 정보의 수집

문제들이 발견되면 시급히 해결하여야 할 문제를 정의하기 전에 먼저 문제들에 대하여 필요한 추가 정보를 수집해야 하는 경우가 많다. 두말할 나위 없이 믿을 수 있는 정보를 효율적으로 수집할 수 있는 능력은 문제 해결에 있어서 핵심 능력 중 하나이다. 이를 확대 적용하면, 신뢰할 수 있는 정보를 필요한 사람에게 제때에 제공할 수 있는 능력이야말로 정보화 사회에 있어서 경쟁력을 위해 기업이 갖추어야 할 중요한 능력이라고 할 수 있다. 문제와 관련하여 조사를 할 때는 "올바른 질문을 올바른 방법으로 해야 하고, 또한 답변을 제대로 이해해야 한다"는 조사의 기본 원칙을 지켜야 한다. 그리고 효율적으로 정보를 수집하기 위해서는 다음과 같은 사항들을 함께 고려할 필요가 있다.

- 조사하는 목적은 무엇이고, 누구에게 보고해야 하며, 결과물은 어떤 형태이고, 시간은 얼마나 있는지를 파악하여 조사 목적과 배경을 명확히 해야 한다.
- 문제의 성격과 수집한 정보 사이에 커다란 괴리가 있다면, 문제의 본질을 구체적으로 파악하기 어렵다. 문제와 관련해서 중요한 정보나 필요한 정보가 무엇인지를 명확히 알아야 한다. 알아야 할 것을 명확히 구분만 할 수 있어도 효율적인 정보 수집이 가능해진다.
- 정보의 원천information source에 따라 정보의 질과 정보의 생산성이 결정된다. 따라서 정보의 출처가 신뢰할 수 있는 것인지를 파악할 필요가 있다.
- 정보의 가치는 시간의 흐름 속에서 변한다. 예를 들어 선거 전에 특정 후보의 당락을 정확히 알 수 있다면, 이는 중요한 정보이지만 선거가 끝난 후에 아는 것은 가치가 떨어진다. 따라서 정보의 질과 양도 중요하지만 정보 수집의 타이밍도 중요하다.
- 전체를 이해한 후 세부적인 관점에서 정보를 수집하는 것이 바람직하다. 이렇게 해야 정보를 체계적으로 정리할 수 있게 된다.

정보가 수집되면 수집된 정보가 믿을 만한지를 검증해야 한다. 혹시 편견이 포함되어 있는 것은 아닌지, 또는 가정과 주장이 사실인지를 확인해야 한다. 그리고 사실과 개인 의견을 구별하고, 나아가 중요한 정보와 중요하지 않은 정보도 다시 구분할 필요가 있다.

일단 정보 수집이 잘되었다고 해도, 개별적으로 분석하면 의미를 잘 알 수 없는 경우가 있다. 이러한 경우에는 수집된 정보를 일관된 맥락과 일관된 흐름에서 분석해야 하며, 이렇게 해야 정보가 담고 있는 의미를 이해할 수 있게 된다. 그리고 분석을 통하여 여러 가지를 알았다고 하더라도, 그것을 통합하지 않으면 핵심을 알 수 없는 경우도 있다. 이러한 경우에는 발견한 것들을 분류하고 정리하여 공통 항목을 하나로 묶어서 핵심을 파악할 수 있어야 한다. 결국 중요한 것은 자료를 모으는 것이 아니라 그것을 제대로 이해하고 활용하는 것이다.

(4) 기업에서 문제 발견을 위해 유념할 사항

어떤 문제를 해결해야 사업의 목적과 고객에게 바람직한 영향을 미치는지를 파악하는 일은 기업의 입장에서 무엇보다 중요하다. 결국 적기에 올바른 문제를 인식한다는 것은 기업의 지속 성장을 위한 중요한 첫 걸음이다. 기업에서 문제 발견을 위해서 특히 유념해야 할 사항 몇 가지를 정리해 보면 다음과 같다.

● 문제를 드러내는 것에 대한 심리적 부담을 극복하도록 도와주어야 한다.
문제를 찾기 위해서는 문제를 감추지 않고 드러내는 용기가 필요하다. 기업에서 실패나 실수는 공개될수록 재발되는 경우가 줄어들고 감출수록 반복되기 쉽다. 하지만 현실적으로 책임 소재를 따져야 하거나 잘못이 노출되는 것을 꺼리는 경우가 많으므로 이러한 심리적 두려움을 극복하는 것도 문제 발견의 출발점이 된다. 예를 들어 실패를 긍정적인 학습 기회로 인정하고, 용서할 수 있는 실패와 용서할 수 없는 실패를 구별하는 것도 문제를 드러내는 데 도움이 된다.

● 잘 드러나지 않는 문제를 발견하기 위해서는 뚜렷한 문제의식이 있어야 한다.

문제의식이란 문제가 발생하기 전에 문제 발생 가능성을 깨닫는 능력을 말한다. 문제의식을 갖는다는 것은 분명한 목표를 갖고 상황을 파악하고자 노력한다는 뜻이므로, 뚜렷한 문제의식을 갖는 데는 명확한 목표가 기본이 된다. 따라서 구성원에게 뚜렷한 목표를 설정해 줄 필요가 있다.

● 문제 해결과 관련된 인프라를 구축할 필요가 있다.

조직과 그 구성원들이 적극적으로 문제를 인식하고자 하는 노력이 지속적으로 이루어지기 위해서는 성과 측정 시스템, 프로젝트 관리 시스템, 보상 체계 등과 같이 이를 체계적으로 지원하는 회사 내 인프라를 구축할 필요가 있다. 인프라가 잘 갖추어질 때 사람이 바뀌어도 기업 차원의 문제 해결 노력이 체계적으로 지속될 수 있게 된다. 그리고 인프라와 함께 적극적으로 문제 해결을 장려하는 경영자의 마인드와 기업 문화가 정착되어 있다면 더욱 바람직하다.

- 기업의 목표가 문제 발견을 주도하게 한다.

　성과 측정 시스템을 통해 성과를 평가하고 목표를 설정하면, 문제가 드러나게 되고 수행해야 할 과제가 파악될 수 있다. 만약 파악된 문제가 해결되어 목표가 달성되면 다시 목표를 재설정하여 문제를 도출하게 한다. 이와 같이 목표로 하여금 문제 발견을 이끌게 하는 것이 바람직하다. 또한 목표와 더불어 벤치마킹과 같이 다른 조직과의 비교를 통해서도 문제를 인식하게 할 필요가 있다.

- 실제적인 문제를 찾기 위해서는 보이지 않는 것도 보려고 노력해야 한다.

　무엇인가 잘못되고 있다고 느끼는 경우 실제적인 문제를 발견하기 위해서는 현장부터 확인해야 한다. 문제를 이해하기 위한 방법으로 남들과 이야기하는 것도 중요하지만 전적으로 남에게 의존하는 것은 피상적으로 흐를 수 있으므로 경우에 따라서 스스로 현장부터 조사해 볼 필요가 있다. 현장을 조사할 때 무엇보다 중요한 것이 '관찰력'이다. 관찰력이란 뭔가를 찾아내고 발견하기 위하여 '본다는 것'과 '보이지 않는 그 무엇'을 통찰하는 사고력을 동시에 결합시키는 능력을 말한다. 관찰을 통해서 보이지 않는 것까지 보아야 하므로 '보는 것'과 '관찰하는 것'은 전혀 다른 것이다.

- 가능하면 문제와 기회를 조기에 발견해야 한다.

　이른바 '1 : 10 : 100의 원리'라는 것이 있다. 예를 들어 제품을 설계할 때 문제를 인식하여 해결했다면 비용이 조금 발생할 것이, 생산 단계에서 이 문제를 해결하려면 비용이 10배 발생하고, 만약 이 문제를 고객의 손에 들어간 후에 해결하려면 비용이 다시 10배, 즉 처음 비용의 100배가 더 발생하게 된다. 이처럼 문제를 조기에 해결하지 못하면 점차 비용이 많이 든다. 따라서 가능하면 문제를 조기에 발견하도록 노력해야 한다.

● 문제를 감추고 있는 요인을 파악하여 제거한다.

  호수 수면이 내려가서 밑바닥이 드러나기 전까지는 호수 밑의 형태를 알기 어렵다. 마찬가지로 기업에서도 검사를 통한 불량 대체, 재작업, 과도한 자원 할당, 재고 등과 같이 문제를 감추고 있는 요인을 제거하지 않는다면 문제를 발견하기 어렵다. 그리고 프로세스의 연결 부분과 같이 책임 소재가 불분명한 영역에서는 서로 미루는 책임 전가가 발생하기 쉽다는 점도 염두에 두어야 한다.

● 문제 파악을 위한 의사소통 통로를 확보해야 한다.

  고객이나 종업원과 같이 불만을 느낄 수 있는 사람들로부터 적시에 정보를 얻기 위해서는 의사소통 통로부터 확보해야 한다. 특히 문제와 익숙한 사람들과의 면담은 문제 파악에 도움이 된다. 면담 결과를 정리할 때는 면담한 개인들의 편견이 있을 수 있으므로 확인된 사실, 의견이 포함된 사실, 입증되지 않은 개인 의견 등으로 분류할 필요가 있다.

2) 문제의 정의

앞에서 설명한 바와 같이 문제 발견 과정에서 해결해야 할 문제가 파악되면, 그 다음 단계로 발견된 문제를 정확하게 규정하는 작업을 수행하게 된다. 이 과정에서는 문제의 본질을 명확히 하고 문제의 영향과 심각한 정도를 파악하며 목표에 대한 우선순위를 결정하는 작업, 즉 문제를 정의하는 일을 수행한다.

문제를 발견한다는 것이 이슈를 인식하는 것을 의미한다면, 문제를 정의한다는 것은 이슈를 제대로 이해한다는 것을 의미한다. 따라서 문제를 정의할 때 문제의 영역을 잘못 설정하지 않도록 유의해야 한다. 예를 들어 함께 다루어야 할 이슈들을 따로 다루거나, 혹은 프로세스 수준의 문제를 개인의 직무 수준에서 다루는 잘못을 범하지 말아야 한다.

그리고 문제와 연관이 적은 지엽적인 목표, 원인, 제약 등에 매달리지 말아야 하며, 수단과 목적을 혼동해서도 안 되고, 아직 검증되지 않은 가정, 제약, 가설, 원인 등을 사실로 받아들여서도 곤란하다. 결국 문제에 대한 올바른 이해를 위해서는 투명성, 시각화, 구체성에 초점을 둘 필요가 있다.

문제를 바르게 정의하는 것이야말로 문제를 바르게 해결하기 위한 전제 조건이 된다. 문제를 정의하는 절차는 먼저 문제의 특성과 현황을 파악한 후, 문제를 선정하고, 그 다음으로 **문제 기술서**problem statements를 작성하는 3개의 과정으로 구성되며, 수행하는 내용을 설명하면 다음과 같다.

(1) 문제의 특성과 현황 파악

　외견상 동일해 보이는 상황이더라도 관련된 사람이 다를 수 있고, 추구해야 할 목적이 다를 수 있으며, 문제 해결에 필요한 기법이 다를 수 있다. 기존에 사용했던 방식과 해법을 조금 수정하거나 그대로 모방하는 식으로 문제를 해결하는 것은 위험할 수 있으므로 문제가 갖는 특성을 명확히 파악할 필요가 있다. 결국 문제를 바르게 정의하기 위해서는 문제에 대한 깊은 이해가 바탕이 되어야 하며, 문제의 특성과 현황을 파악하기 위해서는 다음 항목들을 체계적으로 조사하는 것이 바람직하다.

● 문제와 관련된 프로세스

　모든 일은 프로세스를 통해 이루어지므로 문제의 특성을 파악하고자 할 때는 관련 프로세스부터 조사하여야 한다. 이를 위해서는 프로세스의 결과output와 이를 이용하는 고객, 과정과 절차, 프로세스에 제공되어야 하는 것input과 이를 제공하는 사람에 대하여 파악하여야 한다. 그리고 결과에 영향을 주는 요인들이 제어 가능한 요인인지, 아니면 제어 불가능 요인인지 확인하고, 가능하면 이들의 관계까지 파악할 수 있다면 더욱 바람직하다.

● 문제 발생 상황

　문제와 관련된 외부 환경 변화에 대하여 알아보고, 문제의 시급성을 파악하기 위해서는 환경 변화의 폭과 속도에 대해서도 검토해 볼 필요가 있다. 외부 변화에 대응하는 내부 역량과 기업 문화에 대해서도 파악해야 하며, 문제 발생 상황뿐만 아니라 문제 발생의 전후 상하 맥락도 이해할 필요가 있다.

● 문제가 해결된 상태와 현재 상황과의 차이

　문제가 해결 되었을 때 예상되는 상태와 현재 상태와의 차이gap를 파악해야 한다. 이러한 차이를 줄이는 노력이 바로 문제 해결 과정이라 할 수 있다. 이러한 차이를 인식하는 것은 목표와 기대 수준을 설정하는 바탕이 되며, 이를 위해서는 타당성이 확보되어야 한다.

　일반적으로 높은 목표를 설정하는 것이 바람직하지만 현실적 타당성이 결여되어서는 곤란하다. 적절한 목표는 문제 해결 과정에서 이루어야 할 성과를 분명히 해주며 추후 평가의 기준이 되기도 한다. 이때 목표와 관련하여 적절한 평가 지표가 설정되어 있는지 여부와, 지표와 관련하여 믿을 수 있는 정보가 제공되는지를 확인해야 한다.

● 문제의 가정과 제약 조건

　문제의 특성 중 가정assumption과 제약 조건constraints은 문제 해결 과정에서 결정적인 영향을 준다. 그런데 이들 가정과 제약 조건들은 실제로는 존재하지 않는 것일 수도 있고 잘못된 것일 수도 있다. 따라서 이들에 대하여 사실 여부를 확인하고, 사실인 경우 이를 완화할 수 있는지를 검토해 볼 필요가 있다.

● 문제 관련 이해 당사자

문제나 해법이 사람과 관련되지 않은 경우는 드물다. 사람은 문제의 원인이기도 하고, 문제로 인한 피해 당사자이기도 하며, 문제 해결을 통해 변화를 추구하고 실행하는 주체이기도 하다. 따라서 문제와 관련된 사람들이 갖는 특성과 역할이 무엇인지를 명확히 파악해야 한다.

예를 들어 문제와 관련해서 경영진, 상사, 부하, 타 부서, 주주, 노조 등과 같은 내부 이해 당사자stakeholder와 고객, 경쟁사, 협력사, 정부 등과 같은 외부 이해 당사자가 있을 수 있다. 이와 같이 많은 이해 당사자들이 문제와 관련되어 있는 경우에는 이들의 다양한 요구와 입장을 파악할 필요가 있다. 이들 이해 당사자들은 서로 다른 관점과 이해를 가지고 있기 때문에 같은 문제를 서로 다르게 이해하고 받아들이는 경우가 많다.

또한 이들의 역할과 책임을 분명히 하지 않으면 문제 해결 과정에서 저항에 부딪히기 쉽고, 역할과 책임 소재가 불분명한 경우에는 추진 과정에서 혼란에 빠질 가능성이 있다. 뿐만 아니라 문제 해결 과정에서 의사소통이 원활히 이루어지기 위해서는 이해 당사자들에게 어떤 정보가 필요하고 그 정보를 어떻게 전달할 것인지에 대해서도 파악해야 한다.

● 쟁점의 프레임

프레임frame이란 문제나 상황 또는 기회를 보는 마음의 틀을 의미한다. "망치의 눈에는 모든 것이 못으로 보인다"는 말이 있듯이, 쟁점을 인식하고 의사 결정 과정에서 프레임을 어떻게 설정하느냐 하는 것은 매우 중요하다. 따라서 모든 프레임에서 편견과 잘못된 가정이 있는지 점검해 보아야 한다.

- 문제의 세분화

　문제가 복잡한 경우에는 세분화하여 문제를 나누어 분류해 보면, 문제의 구조를 쉽게 이해할 수 있게 되고 관련 정보도 쉽게 구할 수 있다. 또한 세부 문제별로 중요도를 파악하는 데도 문제를 세분화하는 과정이 필요하다. 그리고 문제를 세분화하게 되면 각각의 세부 문제에 대한 해결 방안을 도출하는 데도 유용하게 되고, 팀원들의 역할과 책임을 명확히 하는 데도 도움이 된다.

　세분화 기준은 시간의 흐름에 따른 세분화, 국내와 해외로 나눈 지역에 따른 세분화, 충성 고객과 잠재 이탈 고객으로 나눈 고객 세분화 등 다양한 분류 기준이 있을 수 있다. 이때 세분화 대상들이 누락되거나 중복됨이 없이 나누어질 수 있어야 하므로, 분류 기준은 앞에서 설명한 로직트리 형태로 문제를 세분화하는 것이 바람직하다. 또한 한 가지 뿐만 아니라 여러 분류 기준을 혼용하는 것이 문제를 재구성하고 진단하는 데 도움이 되는 경우도 있다.

　이와 같이 문제의 특성과 현황이 파악되면, 문제에 관련된 사람들과 내용을 공유할 필요가 있다. 이때 이들이 각자 가지고 있는 정보의 양과 질에 차이가 있을 수 있고 입장 또한 다를 수 있으므로 정보를 항목별로 체계적으로 정리하여 공유해야 한다. 이와 같이 문제와 관련된 사람들과 정리된 내용을 공유하면 문제의 특성과 현황에 대하여 중요한 사항이 누락되는 것을 막을 수 있게 된다.

(2) 문제의 선정

문제의 특성을 파악한 후에는 어떤 문제를 해결할지 결정하여야 한다. 해결해야 할 문제가 하나이면 문제의 특성에 따라 해결할 필요가 있는지 없는지를 결정하면 되지만, 해결해야 할 문제가 여러 개라면 적절한 기준에 따라 어떤 문제부터 먼저 해결할 것인지에 대하여 우선순위를 정하여야 한다. 왜냐하면 기업에는 인력, 시간, 자금 등 문제 해결을 위하여 사용할 수 있는 자원에 한계가 있으므로 모든 문제를 한꺼번에 모두 해결할 수는 없기 때문이다. 따라서 문제를 선정할 때도 '선택과 집중'이 필요하며 다음과 같은 점을 고려할 필요가 있다.

● 우선 주어진 문제가 해결 가능한가를 판단해야 한다.

예를 들어 국제 유가 상승 또는 정부 시책의 변화 등과 같은 어쩔 수 없는 외부 환경 변화로 인한 문제에 대해서는 이를 해결할 수 있는 방법과 수단을 가지고 있는 경우가 현실적으로 드물다. 이러한 문제는 상대적으로 해결의 폭이 좁고, 만약 무리해서 해결하고자 하면 커다란 어려움이 따르게 된다.

● 설정형 문제는 실행 과정에서 저항에 부딪힐 가능성이 높다.

특히 이러한 현상은 기업의 풍토가 변화를 싫어하고 관료적인 경우 발생하기 쉽다. 원활한 실행을 위해서는 구성원의 저항에 대한 철저한 대비가 필요하게 되므로, 문제 해결 과정에서 실행을 위한 구성원들에 대한 변화 관리가 병행되어야 한다. 결국 커다란 변화를 야기하는 문제를 선정할 때는 실행 가능성을 반드시 염두에 두어야 한다.

● 당장의 압박에서 벗어나기 위해 단기적인 문제만 선택해서는 곤란하다.
눈앞의 시급한 문제에만 매달려 있다면 정말 중요한 문제가 미루어질 수 있다. 따라서 무엇이 정말 중요하며, 어떤 문제부터 해결해야 하는가를 타당성 있게 결정해야 한다. 이를 위해서는 <표 4.3>과 같은 간단한 분류 방법이 유용하게 활용될 수 있다.

● 해결하기 쉽고 무난한 문제만을 선정하는 것은 바람직하지 않다.
기업 전반에 걸쳐 변화와 혁신을 가져올 수 있는 문제에 집중하는 것이 중요하며, 또한 다수가 공감할 수 있고 해결이 절실히 요구되는 문제여야 한다. 그리고 단순히 문제가 아닌 기회에 초점을 맞추는 것이 중요하며, 고객 가치 창출에 기여할 수 있는 문제여야 한다. 그리고 개선 효과가 크고 개선 효과가 측정 가능한 문제를 선정하는 것이 바람직하다.

<표 4.3> 완급과 경중에 따른 분류

중요하다	예를 들어 문제 예방, 자기 발전, 인간 관계 개선 등과 같은 문제이므로 실행 계획을 잘 세워 추후 시행한다.	위기 상황이거나 급박한 문제이므로 본인이 즉시 처리한다.
중요하지 않다	사소한 일이거나 시간 낭비 요소이므로 보류 또는 폐지한다.	시급하지만 중요하지 않으므로 타인에게 위임하여 처리한다.
분류 기준	시급하지 않다	시급하다

문제가 최종적으로 확정되면 해결할 만한 가치가 있는 문제를 제대로 선정하였는지를 다시 한 번 확인하고, 혹시 적절한 해결책이 이미 도출되어 있는 문제가 아닌지도 확인해 볼 필요가 있다. 그리고 문제 해결에 필요한 시간과 자원이 확보되었는지를 검토하고, 아니라면 대책을 마련한다. 이렇게 해결하여야 할 문제가 명확히 결정되면 그 과정을 요약하여 문제 기술서를 작성한다.

(3) 문제 기술서 작성

문제 해결 과정에는 여러 사람들이 관여하게 되므로 문제의 특성과 현황을 파악하고, 문제를 신정한 후에는 관련사들 간에 원활한 의사소통이 중요하게 된다. 이를 위해서는 먼저 문제를 정확히 정의하고 **문제 기술서**problem statements를 작성하는 것이 필요하다. 잘 진술된 문제는 이미 반은 해결된 것이다. 또한 문제를 제대로 정의해야 문제 해결 과정에서 관계없는 데이터와 의미 있는 데이터를 구분할 수 있게 된다.

문제를 정의할 때 가장 중요한 것은 문제 해결의 **목적**과 **목표**를 가능한 명확히 설정하는 것이다. 목적과 목표는 의미상에서 약간의 차이가 있다. 예를 들어 마라톤 경기에서 우승이 **목적**인 경우에는 구간별 경사도, 날씨, 상대 선수, 과거 기록 등을 고려하여 우승을 위한 구간별 목표를 설정하겠지만, 만약 완주가 목적인 경우는 목표 설정이 전혀 달라질 것이다. 이와 같이 **목표**는 목적을 달성하기 위한 구체적인 조건을 의미하므로, "무엇을 언제까지 얼마큼 하겠다"는 내용을 포함하고 있어야 한다.

목적을 분명히 하기 위해서는 문제의 필요성과 배경, 문제 해결 의지, 조직의 방침과의 일치성 등을 확인할 필요가 있다. 이렇게 해서 목적이 분명해지면 그에 따라 목표를 설정하게 된다. 이때 목표가 분명하지 않으면 구체적인 행동을 취할 수 없게 된다. 그리고 목표는 측정 가능한 성과 지표를 통하여 표현되어야 구체화될 수 있고 추후 관리가 가능해진다.

그리고 목표가 여러 개인 경우에는 우선순위를 정하거나 가중값을 주어야 나중에 성과를 평가할 수 있게 된다. 또한 문제와 관련된 사람들이 많은 경우에는 사전에 목표에 대한 합의를 이룰 필요가 있으며, 어느 정도 합의가 이루어져야 프로젝트 팀이 목표 달성에 대한 열정을 갖게 된다. 이때 야심찬 목표는 좋지만 허황되고 불가능한 목표는 곤란하다는 점을 유념해야 한다.

문제를 정의하는 작업은 문제 기술서를 통해 확정되며, 가능하면 구체적이고 명료하게 작성하는 것이 바람직하다. 그러나 문제의 원인에 대한 확인되지 않은 의심스러운 사항을 기술하거나 책임을 추궁하는 문구를 삽입해서는 안 된다. 좋은 문제 기술서는 다음 항목을 중심으로 정리함으로써 만들어질 수 있다.

- 프로젝트 제목
- 문제 해결의 필요성과 배경(목적)
- 문제 해결의 목표와 성과 지표

- 프로젝트 진행 일정
- 프로젝트 팀원과 역할
- 활용 가능한 자원(인력, 예산, 시간)과 제약 조건

    이제까지 우리는 문제 해결 과정에서 첫 단추라 할 수 있는 문제 인식 단계의 수행 내용을 살펴보았다. 결론적으로 이 단계는 문제와 기회를 찾고, 문제에 대한 추가 정보를 수집하여 분석함으로써 문제의 본질을 파악한 후, 목표를 설정하고, 이를 바탕으로 문제를 정의하고 기술하는 단계이다. 이 과정에서 우리가 명심해야 할 사항들을 다시 한 번 간단히 제시하면 다음과 같다.

- 다양한 관점과 열린 마음으로 상황을 바라보아야 한다.
- 올바른 질문을 통해 올바른 답변이 도출되었는지 확인한다.
- 문제의 본질을 파악할 때는 사실에 근거하여 객관적으로 분석해야 한다.
- 문제를 전체와 부분이라는 균형 잡힌 관점에서 바라보아야 한다.
- 지엽적인 것에 집착하지 말고 본질을 보아야 한다.
- 현재의 문제가 과거 해결책의 산물이 아닌지 파악해 본다.
- 문제의 목표는 조직 목표와 정렬을 이루는 것이 바람직하다.
- 문제 해결의 목표는 일관성을 유지해야 한다.
- 문제 해결을 위해서는 필요한 정보를 적절한 시기에 수집해야 한다.
- 일의 경중에 따라 문제 해결 시점을 적절히 결정하였는지 파악해 본다.

3 해결책 모색 단계

　문제 인식 단계가 기업이 지속 발전하기 위해서 필요한 지식이 무엇인가를 찾는 단계라고 한다면, 해결책 모색 단계는 필요한 지식을 어떻게 하면 구할 수 있는가에 대하여 답을 구하는 단계라고 할 수 있다. 그리고 해결책의 선택 단계는 구한 지식을 평가하는 단계이다. 이러한 관점에서 보면 문제 해결이라는 전체 과정은 필요한 지식을 창출하고, 이를 실행을 통하여 구체화하는 일이라고도 볼 수 있다.

　해결책 모색 단계는 문제를 분석하는 과정과 해결책을 도출하는 과정으로 세분될 수 있다. 첫 번째 과정인 **문제 분석** 과정에서는 해결책의 도출 과정에 영향을 줄 수 있는 요인을 파악하기 위하여, 문제의 원인을 철저히 조사하고 문제 관련 변수들의 성격을 규명하는 작업을 수행하며, 해결책에 대한 평가 기준과 제약 조건을 마련한다.

　그리고 두 번째 과정인 **해결책의 도출** 과정에서는 분석 과정에서 파악된 문제의 성격에 따라 이상성의 증가, 시스템 요소의 부조화

해결, 통제력과 예측력 향상, 단순화 등과 같이 문제 해결 방향에 따라서 다양한 아이디어와 해결책을 도출한다. 이러한 분석 과정과 도출 과정에서 일반적으로 수행하는 내용을 정리하면 다음과 같다.

1) 문제의 분석 과정

문제의 해결책을 도출하기 전에 먼저 해결책의 도출 과정에 영향을 줄 수 있는 요인을 철저히 분석해 볼 필요가 있다. 분석해야 할 요인으로는 문제의 원인, 문제 관련 변수의 성격 및 해결책에 대한 평가 기준, 그리고 제약 조건 등을 들 수 있다.

(1) 문제 원인 파악

문제 해결의 성공 여부를 결정하는 가장 중요한 요소는 문제를 발생시킨 원인을 정확하게 파악하는 것이다. 병을 치료하는 방법을 찾기 위해서는 병의 원인부터 알아야 하는 것과 같은 이치이다.

엄밀한 의미에서는 원인cause과 여건condition은 차이가 있다. 예를 들어 어떤 질병에 걸렸을 때 바이러스 감염이 발생 원인이라면, 부실한 영양 상태나 허약한 면역 체계는 발생 여건이라 할 수 있다. 그리고 화재가 발생했을 때 누전으로 인한 스파크는 원인이지만 공기 중의 산소와 주변 인화 물질은 여건에 해당된다. 하지만 둘 다 넓은 의미에서 원인으로 보기도 한다.

원인 파악을 위해서는 먼저 **증상**symptom부터 살펴보아야 한다. 증상에는 오직 한 요인에서만 생기는 특징적인 증상도 있을 수 있지만, 대부분의 증상은 여러 원인이 복합적으로 영향을 미치는 경우가 더 많다. 따라서 원인과 증상을 연결하기 위해서는 증상에 대한 분류뿐만 아니라 좀 더 세밀한 검토가 필요하다.

예를 들면 증상이 나타나는 추세나 주기적인 패턴 등을 살펴보고, 혹은 문제 발생 전후 달라진 변화를 확인해 보거나, 혹은 평상시 상황과 다른 특이한 점이 무엇인지를 검토해 봄으로써 증상과 원인을 연결할 수도 있다. 또한 과거 경험이나 지식을 활용한 원인에 대한 목록 등도 원인 파악에 도움이 된다. 특히 원인에 대한 목록을 작성할 때는 <표 4.4>와 같이 원인들을 체계적으로 분류하는 것이 바람직하다.

<표 4.4> 원인 분류의 예

대분류	중분류	소분류
투입물	사람	지식 부족, 기술 부족, 부주의, 피로, 스트레스
	자재	규격과 일치하지 않는 자재, 잘못된 배합, 불순물 포함
	장비	불완전한 정비, 과열, 노후 장비
프로세스	작업 방법	적절치 못한 절차, 표준화되지 않은 절차
	작업 흐름	병목, 무리한 일정, 갑작스런 요구 변경
	측정 시스템	정밀성 결여, 측정자 교육 부족, 측정기 마모
	정보	부족한 정보의 양, 믿을 수 없는 정보
산출물	제품	부품, 기능
	부산물	쓰레기, 오염 물질

문제의 원인을 파악하는 과정도 확산 과정과 수렴 과정을 거치는 경우가 많다. 확산 과정이란 문제가 발생한 원인 혹은 문제 해결 목표를 달성하는 데 방해가 되는 요인을 모두 파악하는 노력이다. 이때는 질보다는 양이 중요하며, 확산 과정을 통해 파악된 원인들을 **잠재 원인**이라고 한다.

잠재라는 말의 의미는 원인이라고 예상은 되지만 아직 검증되지 않았다는 뜻이다. 반면에 잠재 원인이 검증 과정을 통해서 진짜 원인이라는 것이 확인되면, 이를 **참 원인**이라 한다. 그리고 원인을 파악하다 보면 결과에 직접 영향을 주는 1차 원인이 있을 수 있고, 다시 1차 원인에 영향을 주는 2차 원인이 있을 수 있다. 이러한 경우 궁극적으로 결과에 영향을 주는 마지막 원인을 **근본 원인**이라 한다.

만약 원인 파악이 충분히 이루어지지 못했거나 또는 근본 원인이 파악되지 못한 상태에서 해결책을 모색한다면, 제대로 문제를 해결하기 어렵고 문제를 해결한다 해도 문제가 다시 발생할 수 있다. 반복해서 발생하는 문제를 **만성적 문제**라 하며 이는 근본 원인이 누락된 데 기인하는 수가 많다.

수렴 과정은 수많은 잠재 원인 중에서, 참 원인을 검증하는 과정 또는 소수의 **핵심 원인**vital-few을 선별하는 과정을 말한다. 잠재 원인 가운데 핵심 원인을 선별해야 하는 이유는 우리가 갖고 있는 시간, 인력, 자금 등과 같은 자원에 한계가 있으므로 모든 원인을 한꺼번에 해결하기는 어렵기 때문이다. 따라서 잠재 원인을 핵심 원인과 나머지 **다수의 사소한 원인**trivial-many으로 구분한 후, 핵심 원인에 노력을 집중하면 문제 해결의 효율이 높아진다.

만약 참 원인이 아님에도 불구하고 이를 해결하고자 노력한다면 이것 역시 낭비이다. 이러한 낭비를 막기 위해서는 먼저 참 원인인지부터 검증할 필요가 있다. 검증되기 전까지는 가설에 불과하므로 우선 잠재 원인을 가설의 형태로 표현한 후, 다음과 같은 점에 유념하여 가설을 검증하게 된다.

- 원인과 관련하여 가능하면 다양한 관점에서 가설을 설정한다.
- 가설이 설정되면, 이를 검증하기 위해 필요한 데이터 수집 방향을 결정한다.
- 충분한 정보가 수집될 때까지는 가설에 대하여 성급한 결정을 내리지 않는다.
- 가설을 반증하는 증거 역시 뒷받침하는 증거 못지않게 중요하며, 부정적인 증거라고 해서 함부로 무시하지 않는다.

이러한 가설 검증과 논리적 사고에 바탕을 둔 인과 논증은 잠재 원인 중에서 참 원인을 선별하는 중요한 수단이다. 결론적으로 해결책을 모색하는 과정에서 한정된 자원이 불필요한 곳에 투입되는 것을 막기 위해서는 핵심 원인들을 명확히 선별하는 것이 중요하다. 그리고 단순한 짐작만으로 원인에 대한 결론을 내리는 것은 매우 위험할 수 있으므로 데이터를 통해 진정한 원인인지를 확인하는 것도 역시 중요하다.

(2) 문제의 구조 파악

문제 관련 프로세스와 프로세스의 결과에 영향을 주는 원인이 파악되면, 문제를 구성하는 변수들과 그 변수들의 성격을 규명해 볼 필요가 있다. 문제를 구성하는 변수는 다음과 같이 의사 결정 변수, 제어 불가능 변수, 결과 변수, 매개 변수로 나누어 볼 수 있으며, 이를 통해 문제의 구조가 쉽게 이해될 수 있다.

● **의사 결정 변수**Decision Variable

의사 결정 변수는 조정 및 제어가 가능한 변수로서 성과 또는 결과에 영향을 주는 변수이다. 이러한 변수를 독립적으로 움직인다는 측면에서 **독립변수**independent variable라고 하기도 한다. 예를 들어 어떤 상점이 매출액을 높이기 위하여 광고료를 얼마로 책정하는 것이 적절한가를 결정하는 문제를 생각해 보자. 이때 광고료는 액수를 조절할 수 있고 매출에 영향을 주는 변수이므로 의사 결정 변수라고 볼 수 있다.

● **제어 불가능한 변수**Uncontrollable Variable

성과 또는 결과에 영향을 주지만 제어할 수 없는 변수들이다. 파악하기 어렵고 결정을 어렵게 만든다는 측면에서 **잡음**noise이라고도 한다. 예를 들어 유동 인구는 어떤 상점의 매출액에 영향을 주지만 제어할 수 없는 변수이다.

● **결과 변수**Result Variable

결과 변수는 성과와 목표를 나타내는 변수이다. 의사 결정 변수와 제어 불가능 변수의 영향을 받는다고 해서 **종속변수**dependent variable 라고 불리기도 한다. 예를 들어 상점의 매출액은 성과를 나타내는 변수이므로 결과 변수, 즉 종속변수이다.

● **매개변수**Intermediate Variable

매개변수는 의사 결정 변수나 제어 불가능 변수가 어떤 인과관계와 경로를 통하여 결과 변수에 영향을 주는가를 설명해 준다. 예를 들어 광고를 보고 새로 찾아오는 신규 고객의 수는 광고료가 어떤 경로를 통하여 매출액에 영향을 주는가를 알려주므로 매개변수로 볼 수 있다.

이러한 변수들은 문제를 모델링하여 분석하는 데 바탕이 되며, 변수의 성격에 따라서 문제 해결을 위한 접근 방법이 달라질 수 있다. 예를 들어 <그림 4.1>에서와 같이 원자재가 투입되어 제품이 생산되는 프로세스를 생각해 보자. 이 프로세스에서 고객은 제품의 강도를 중요하게 여기며, 현재 제품 강도라는 측면에서 불량률이 10% 라고 할 때, 고객이 중요하게 여기는 사항이 제품의 강도라는 말은 결과 변수 Y를 파악하고 있다는 뜻이 된다.

이와 같이 결과 변수만 알고 있는 경우에는 불량을 줄이기 위해서 검사inspection를 철저히 하여, 고객의 손에 불량품이 전달되지 않도록 하거나 또는 변동을 줄이기 위해 표준화와 관리를 강화하려할 것이다.

반면에 제품의 강도(Y)가 제조 온도(X)에 영향을 받는다는 사실을 알고 있다면, 독립변수(의사 결정 변수)가 무엇인지를 알고 있는 것이다. 이러한 경우에는 두 변수 사이의 관계식 $Y = f(X)$를 찾아내어, 프로세스를 제어 가능하게 만들어서 문제를 해결하는 것이 바람직하다.

그리고 만약 제어하기는 어렵지만 작업장의 온도에 따라 제품 강도가 달라진다는 사실을 알고 있다면, 잡음인 작업장 온도에 영향을 받지 않는 프로세스의 조건을 찾음으로써 문제를 해결할 수 있다. 한편으로 작업자의 빈번한 실수로 인해 문제가 발생하고 있다면, 실수 방지책을 마련하여 문제를 해결하고자 할 수도 있다.

이와 같이 변수의 성격에 따라 문제 해결을 위한 접근 방법이 달라진다. 따라서 문제의 구조를 파악하기 위해서는, 제어 가능한 변수와 제어 불가능한 변수, 이들이 초래하는 결과, 그리고 이들의 상호 관계라는 4가지 요소로 나누어 볼 필요가 있다.

<그림 4.1> 문제를 구성하는 변수의 예

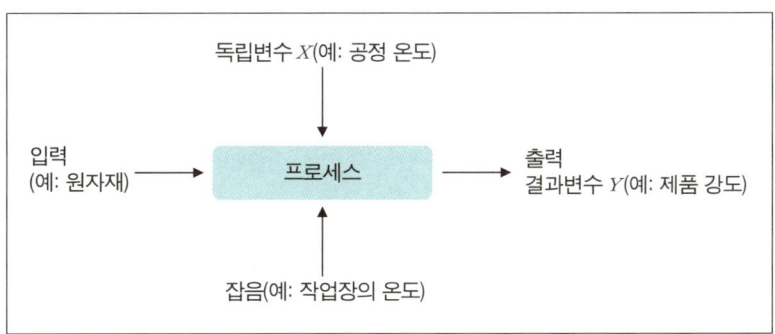

(3) 문제의 재구성

문제의 분석을 통해 문제를 좀 더 깊게 이해하게 되면, 필요한 경우 문제를 재구성함으로써 창의적인 해결책을 개발하는 계기를 마련한다. 예를 들어 새로 증축된 어느 고층 호텔에서 엘리베이터가 너무 느리다는 손님들의 불평이 많았다고 해보자. 이때 문제를 "엘리베이터 속도가 너무 느리다"로 규정하지 않고, "고객이 엘리베이터를 기다리고 타는 동안 지루함을 느낀다"로 규정하면, 각 층의 엘리베이터 앞과 엘리베이터 안에 다양한 안내문과 거울을 설치함으로써 이 문제를 전혀 다른 각도에서 해결할 수 있을 것이다.

이처럼 문제의 재구성은 문제에 대한 이해를 높여 줄 뿐만 아니라, 해결책을 모색하는 방향에도 결정적인 영향을 줄 수 있다. 문제를 재구성할 필요가 있는 예를 몇 가지 더 예시하면 다음과 같다.

- 문제가 원가 절감과 관련된 경우에는 자체 생산 원가를 줄이는 방법을 찾기보다 싸게 부품을 구입하는 쪽으로 선택의 폭을 넓힐 수도 있다.
- 문제가 조직의 변화 관리와 관련된 경우에는 구성원의 저항을 최소화하는 방법을 찾기보다 스스로 변화를 만들고 즐길 수 있도록 유도하는 방법을 찾는 것이 효과적일 수 있다.
- 문제의 영역과 입장을 바꾸어 보는 노력도 필요하다. 특히 품질 문제는 단순히 관리의 문제가 아니라 경영의 문제라는 시각의 변화가 일어날 때 창의적인 해결책이 도출될 수 있다.

특히 문제를 재구성할 때는 장기와 단기, 생산자와 소비자, 내부와 외부, 결과와 과정 등 다양한 입장에서 문제를 살펴보아야 한다. '새로운 것을 보는 것'만 중요한 것이 아니라 '기존의 것을 다른 눈으로 보는 것' 역시 중요하다. 이와 같이 문제를 재구성해 보는 과정에서 문제 해결의 실마리가 많이 발견될 수 있다.

(4) 평가 기준의 설정

문제를 분석하는 작업과 병행해서 해결책을 평가하기 위한 평가 기준도 미리 설정해 둘 필요가 있다. 평가 기준이 사전에 정해져 있으면 기준에 벗어난 해결책은 개발할 이유가 없어지므로 시간과 비용을 줄일 수 있고, 해결 방향을 설정하는 데 나침반의 역할을 한다. 뿐만 아니라 평가 기준은 나중에 해결책을 객관적으로 평가할 수 있는 바탕이 되므로 미리 설정하는 것이 바람직하다.

평가 기준은 앞에서 문제를 정의하는 과정에서 설정한 문제 해결의 목표를 조금 더 세분화하거나, 실행 단계를 고려하여 몇 가지 기준을 추가하여 설정할 수도 있다. 예를 들어 실행에 필요한 자원, 감수해야 할 위험 등은 문제 해결의 목표는 아닐지라도 평가 기준은 될 수 있다. 평가 기준을 설정하기 위해서는 다음 사항들이 고려되어야 한다.

- 평가 기준은 문제 해결의 목표 달성 여부를 평가하는 것이 핵심이다.
- 평가 기준은 객관적이고, 정의가 명확하며, 측정 가능하여야 한다. 다만

객관화하기가 어렵거나 측정하기 어려운 경우에는 대체 기준을 설정한다.

- 평가 기준은 기업의 방침과 목표에 연계될 수 있는 것이 바람직하다. 특히 기업의 핵심 성과 지표(key performance indicators: KPI)가 잘 정리되어 있는 경우, 평가 기준은 KPI와 연계되어 있어야 한다.
- 평가 기준이 여러 개인 경우에는 상대적 중요도를 반영하여 가중값을 미리 정해 둘 필요가 있다.
- 평가 기준은 금전적으로 표현되는 재무적 효과와 연계될 때 설득력이 있다.

(5) 제약 조건 파악

해결책에 대한 평가 기준이 설정되면 해결책을 도출하는 과정에 영향을 줄 수 있는 제약 조건의 종류와 범위를 정리해 둘 필요가 있다. 특히 아무리 좋은 해결책이라도 예산 범위를 벗어나거나 법규에 어긋나는 경우에는 실행하기 어렵기 때문에, 사후에 이런 일이 발생하지 않도록 제약 조건은 해결책 도출 이전에 파악하는 것이 바람직하다. 제약 조건의 예를 몇 가지 들어보면 다음과 같다.

- 외부 환경: 해외 원자재 가격, 법규, 정부 규제, 금리, 고객, 경쟁사 등
- 내부 유형 자원: 예산, 인력, 공간, 일정, 생산 능력, 판매망 등
- 내부 무형 자원: 경영 방침, 핵심 가치, 기업 이미지, 기업 문화 등

2) 해결책의 도출

　문제의 원인과 원인들 사이의 구조가 파악된 후에는 구체적인 문제 해결책을 모색하게 된다. 해결책을 도출하는 방법으로는 해결책을 찾는 방식과 해결책은 개발하는 두 가지 방식이 있을 수 있다. '해결책을 찾는 방식'은 다른 기업에서 이미 효과가 입증된 해결책을 벤치마킹하여 선택하거나, 과거 유사한 사례에 적용되었던 해결책을 기업 내부에서 다시 찾아보는 방법이다. 외부에서 찾는 방법의 한 가지 예로 문제를 외부에 공개함으로써 외부 이해 관계자로 하여금 해결책을 제시하게 하는 방법도 있을 수 있다.

　'해결책을 개발하는 방식'에는 이미 알려진 해결책을 분제 상황에 맞도록 수정하는 방법을 적용하거나, 혹은 문제의 상황과 특성에 맞게 독특한 해결책을 새롭게 개발하고 설계하는 방법이 있을 수 있다. 지금부터 해결책을 새롭게 도출하는 방법에 대하여 좀 더 구체적으로 알아보기로 하자.

(1) 문제 해결 방향 설정

　구체적인 문제 해결책을 도출하기 전에 먼저 문제 해결 방향부터 검토할 필요가 있다. 문제 해결 방향의 핵심은 프로세스에 대한 지식과 정보를 일하는 방식에 적용하여 이 둘을 결합시키는 것이다. 그리고 문제 해결을 통하여 성과는 극대화되고, 위험은 최소화되며, 현재 상태에서 바람직한 상태로 이동하고 변화할 수 있는 데 초점이 맞추어져야 한다. 문제의 성격과 상황에 따라 문제 해결 방향은 달라질 수 있으며 문제 해결 방향의 몇 가지 예를 들어보면 다음과 같다.

● 이상성Ideality을 향상시키는 방향

프로세스에서 이상적인 상태란 유용한 기능은 많고 해로운 기능은 적으며 비용이 적게 드는 상태를 말한다. 예를 들어 자동차는 이동할 수 있다는 유용한 기능과 공해와 사고를 일으킨다는 해로운 기능이 있으며, 연료의 소모와 관리라는 비용 측면이 있다. 따라서 좋은 자동차는 안전하고 빠르게 이동할 수 있으며, 공해가 적고 연비가 좋은 차라고 할 수 있다. 이를 식으로 표현하면 다음과 같다.

$$\text{이상성Ideality} = \frac{\text{(유용한 기능 또는 장점의 합)}}{\text{(해로운 기능의 합+비용)}}$$

따라서 이상성을 향상시키기 위해서는 유용한 기능이나 장점을 증가시키는 방향, 그리고 해로운 기능이나 단점을 최소화하는 방향이나 비용을 최소화하는 방향이 문제 해결 방향이 될 수 있다. 결국 현재 상태(문제 진술)로부터 희망하는 이상적인 상태(문제 해결)를 규정하고, 이상적인 상태로 가기 위해선 "무엇을 할 것인가?" 하는 방향(경로)을 설정한 후, "어떻게 그것을 할 것인가?" 하는 특정한 해결책을 도출하자는 것이다.

● 시스템 요소의 부조화를 해결하는 방향

모든 시스템은 성장과 변화에 대한 적응을 위한 힘과, 통합과 안정을 추구하는 힘 사이의 균형을 필요로 한다. 어느 한쪽으로 치우치면 혼돈과 경직성을 불러온다. 또한 시스템의 요소들은 인과관계, 종속 관계와 같은 연관성을 갖기 때문에 이는 제약 요인, 모순, 갈등을 만들기도 한다. 이런 경우에는 병목의 해결, 모순과 갈등의 해결, 제약 조건의 완화, 적절한 트레이드오프trade-off, 관리 기능 강화 등을 통하여 시스템의 부조화를 극복하는 방향으로 문제 해결의 방향을 설정하는 것이 바람직하다.

● 통제력과 예측력을 증가시키는 방향

일은 프로세스를 통해 이루어지며, 결과 변수 Y는 의사 결정 변수 X의 영향을 받는다. 만약 Y를 예측할 수 있고 통제할 수 있다면 많은 문제가 해결될 것이다. 예를 들어 주가의 변동을 통제할 수는 없지만 미리 예측할 수 있다면 이에 대하여 적절히 대응할 수 있을 것이다. 다른 예로써 Y가 제품의 수명이라 하고 X를 제조 온도라할 때, 제품의 수명을 최대화하고 싶은 경우를 가정해 보자. 이때 Y와 X의 관계식을 알고 있다면, X를 조절함으로써 원하는 Y값을 얻을 수 있게 되므로 문제 해결이 가능해진다.

이와 같이 통제력과 예측력이 증가하면 많은 문제가 해결될 수 있다. 그런데 통제하고 예측하는 것이 어려운 근본적인 이유는 이러한 변수들이 변동variation을 갖고 있다는 점이다. 따라서 변동의 이해를 통하여 통제력과 예측력을 증가시키는 것은 문제 해결의 중요한 방향이 되며, 이러한 경우 변수들 간에 관계식을 분석하는 통계적 기법이 활용될 수 있다.

● 단순화하는 방향

시간이 흐름에 따라 어떤 시스템이나 현상은 복잡해지는 경향이 있다. 복잡해지면 의사소통이 어려워지고 스피드가 떨어지며 관리가 어려워지는 등 문제가 발생하게 된다. 이러한 복잡성을 극복하기 위한 한 가지 간단한 방법은 가치 창출에 기여하지 않는 활동은 그 자체를 제거하는 것이다.

그리고 시스템이나 현상을 단순화하기 위해서 데이터에 바탕을 둔 모델링, 시스템 구성 요소의 모듈화, 프로세스의 재설계, 정보 기술을 활용한 사람 업무 축소 등과 같이 시스템을 단순화하는 방향이 복잡성으로 야기되는 문제를 해결하는 적절한 방향이다. 또한 신제품을 개발할 때도 단순화는 중요한 개발 방향이 될 수 있다. 예를 들어 어떤 제품의 기존 기능을 유지하면서 사용 방법만 단순화해도 고객이 느끼는 가치는 향상될 수 있다.

(2) 해결책의 도출

문제 해결의 방향이 설정되면 구체적으로 해결책을 도출하게 된다. 이때 몇 가지 전략이 있을 수 있다. 예를 들어 가장 간단한 전략은 일단 해결책을 도출하고 즉시 결과를 평가하는 것이다. 이러한 방법을 흔히 '시행착오trial and error' 방법이라고 한다. 그리고 문제가 너무 어려워서 한 번에 해결하기가 어려운 경우가 있다. 이런 경우에는 산의 정상에 오를 때 구간으로 나누어 쉬면서 오르는 것처럼 목표를 몇 단계로 나누어 '축차적으로 해결'하는 전략을 사용할 수 있다.

축차적 해결이 필요한 경우를 살펴보자. 우리는 어떤 문제에 대하여 미래의 이상적 해법을 알고 있지만, 너무 급진적이고 진취적이어서 지금은 당장 현실화할 수 없는 경우가 있을 수 있다. 이때에는 우선 눈앞에 닥친 당면 문제를 해결하고, 미래의 이상적인 모습을 점차 추구해 나갈 수밖에 없다. 이와 같이 이상적인 해법이 사전에 설정되어 있다면, 이상적인 해결책의 방향을 알고 있으므로 현재의 해결책을 외부 변화에 따라 꾸준히 수정하고 진화시키는 데 도움이 된다. 왜냐하면 해결책도 세상의 변화에 따라 함께 변해야 하기 때문이다.

그러나 해결책의 실행이 어려운 경우도 있지만 문제 자체가 너무 복잡한 경우도 있을 수 있다. 예를 들어 복잡한 시스템을 설계하고자 할 때는 시스템을 여러 하위 시스템으로 분해하여 따로따로 설계하는 것이 바람직할 것이다. 이처럼 문제가 너무 복잡한 경우에는 문제를 적정 규모로 세분화하여 각각 해결하는 전략을 사용할 수도 있다.

해결책을 구체적으로 도출하고자 할 때 정해진 방법이 있는 것은 아니지만, 원인의 특성에 따라 해결책 도출에 대한 접근 방법이 달라지기도 한다. 예를 들어 원인이 공정 온도나 촉매의 양과 같이 제어 가능controllable한 요인이라면, 실험을 통해 최적 조건을 구함으로써 문제를 해결하기도 한다. 하지만 원인이 의사소통 부족, 잘못된 전략, 비효율적인 절차 등과 같이 제어하기 어려운 경우에는 이러한 원인을 제거하거나 영향을 완화할 수 있도록 다양한 대안을 도출함으로써 문제를 해결하기도 한다.

특히 사람의 행동 변화와 관련된 문제라면 변화 관리 혹은 동기부여가 문제 해결의 열쇠가 될 수도 있다. 이처럼 다양한 상황에서 해결책을 도출하고자 할 때 핵심은 새로운 시각과 발상의 전환을 통하여 창의적 사고에 바탕을 두고 새로움과 다양함을 추구하는 데 있다.

문제 해결을 위해 우리가 갖고 있는 자원에는 한계가 있을 수 있지만, 생각해 낼 수 있는 아이디어에는 한계가 없다. 아이디어 도출을 위해서는 우선 지금까지 당연하게 받아들이고 있던 기존 관념, 암묵적 가정, 제약 조건 등에 대한 도전부터 시작할 필요가 있다. 왜냐하면 이러한 것들이 창의적 사고에 걸림돌이 될 수 있기 때문이다.

특히 해결책 모색 단계는 사고의 확산 과정에 해당되므로 양적 확대가 충분히 이루어질 때까지 지속해야 한다. 문제 해결을 위해 도출된 아이디어가 완전히 새로운 것인 경우는 정말 드물다. 대부분의 새로운 아이디어는 이전에 있던 것을 새롭게 조합한 경우가 많다. 이전에 있던 것을 새롭게 조합하는 능력은 주로 이들 사이의 관계를 볼 줄 아는 능력에 달려 있으므로, 아이디어를 도출하기 위해서는 문제와 관련된 지식들의 관계를 탐색하는 것이 중요하다. 그리고 하나의 아이디어로 문제를 해결할 수 있는 경우는 많지 않으므로 도출된 여러 가지 아이디어를 종합하여 새로운 아이디어를 만들기도 하고, 쓸모없어 보이는 아이디어를 그냥 버리지 말고 유용한 일부분은 활용하기도 하는 등 다양한 노력도 필요하다.

해결책이 도출되면 해결책을 실행하는 데 필요한 자원을 검토해야 하며, 이는 해결책을 평가하는 중요한 기준으로 활용되기도 한다. 그리고 필요한 자원을 효과적으로 사용하여 해결책을 도출하도록 노력하는 것도 매우 중요하다. 자원을 효과적으로 사용하기 위해서는 필요한 양을 정확히 파악하여 필요한 만큼만 사용하여 절약하는 것이 기본이다. 만약 더 저렴하고 같은 기능을 갖는 것이 있다면 이를 대체하고, 사용 후에는 재사용하거나 재활용한다. 또한 다른 사람과 공유하거나 적정 규모를 유지하며 더 많은 가치를 얻을 수 있는 사람에게 자원의 통제권을 판매할 수도 있다.

그리고 다양한 해결책이 도출되었다면, 해결책을 적용하였을 때 발생할 수 있는 실패를 줄일 수 있는 방법도 함께 모색하여야 한다. 완벽해 보이는 해결책조차도 실패의 위험 요소를 내재하고 있는 경우가 많으며, 예상하지 못한 돌발 변수가 생길 수 있으므로 이에 대비할 필요가 있다. 도출된 해결책의 실패를 줄일 수 있는 방법에 대한 예를 몇 가지 들어보면 다음과 같다.

• 사전에 해결책의 결과를 파악해 본다.

대규모로 해결책을 실행하기 전에 소규모로 실행해 보고 예기치 못했던 점을 보완한 후 확산하는 것이 바람직하다. 특히 사전에 정밀하고 다양한 실험을 해봄으로써 해결책의 결과를 정확히 파악하고자 노력하는 것이 중요하다. 이렇게 해서 해결책의 결과에 영향을 주는 요인을 파악한 후에는 문제가 발생하지 않도록 예방 조치를 강구한다.

● 해결책이 잘못되었을 때 적용할 수 있는 대비책을 마련한다.

예를 들어 중요 자료에 대해서는 백업 파일을 만들듯이, 특정 시스템이 무너지면 정확한 복제물이 업무를 대신 할 수 있도록 여분의 시스템을 준비할 필요가 있다. 그리고 담당자가 없는 경우 업무 공백을 막기 위해서 업무 대행자를 지정하듯이, 어떤 해결책이 실패했을 때 해결책이 완전히 붕괴되는 것을 막기 위한 예비 수단을 마련해 둘 필요가 있다. 또한 해결책에 문제가 생겼을 때 이를 자체적으로 고치고 보완할 수 있는 방법을 마련할 필요가 있다. 예를 들어 각 상황에 대처할 수 있는 매뉴얼을 준비하는 것도 한 가지 방법이 된다.

● 실수 방지책Mistake Proofing을 마련한다.

만약 해결책에 사람이 감당해야 할 부분이 있으면 실수로 인하여 잘못될 소지가 생기기 마련이다. 이러한 경우 실수 방지책을 마련하여 가능하면 실수 발생을 원천적으로 막을 수 있도록 하고, 적어도 실수가 발생하면 경보 장치를 통하여 이를 확인하고 즉각 조치를 취할 수 있도록 하는 것이 바람직하다.

● 잡음의 영향도 고려한다.

비록 '잡음'은 제어하기가 어렵지만 결과 변수가 잡음의 영향에 둔감하도록 해결책을 도출하고, 결과 변수가 제대로 작동할 수 있는 잡음의 허용 범위를 파악함으로써 미리 대처할 수는 있다. 예를 들어 상온에서만 작동하고 기온 변화에 민감한 정밀 기기가 있다고 할 때 기온 변화에 둔감하도록 기기를 개선하는 것이 바람직하겠지만, 이것이 어렵다면 기기가 작동하는 기온 범위를 파악하여 냉난방을 통해 기온을 조절하는 것도 한 가지 방법이 될 수 있다.

(3) 해결책의 모색 단계에서 유념할 사항

앞에서 설명한 바와 같이 해결책의 모색 단계는 해결책의 도출 과정에 영향을 줄 수 있는 요인을 파악하는 문제의 분석 과정과, 문제 해결 방향에 따라서 다양한 아이디어와 해결책을 도출하는 해결책의 도출 과정으로 나누어진다. 이때 해결책이 바로 보이지 않는 경우 좌절하지 않고 인내심을 갖는 것이 중요하다. 그리고 모색 단계는 확산 과정에 해당하므로 양적 확대에 치중하여야 하며, 이 과정에서 유념하여야 할 사항을 다시 한 번 강조하면 다음과 같다.

● 문제가 있으면 해답도 있다.
모든 문제는 반드시 풀린다는 신념에서 출발해야 한다. 문제의 성격에 따라 해결의 기미가 잘 보이지 않을 수 있지만, 중요한 것은 시작이 없으면 해결도 절대로 없다는 것이다. 만약 "그 문제는 어차피 해결이 불가능해!"라고 단정하면, 이는 해결을 위한 싹을 처음부터 잘라 버리는 것이다.

- 문제 해결 방향부터 바르게 설정해야 한다.

만약 문제 해결 방향이 잘못 설정된 경우, 문제 해결의 속도만 높이면 잘못된 방향으로 더 빨리 돌진하게 된다. 따라서 '빠르게' 보다는 '바르게'가 더 중요하다. 문제와 관련된 상항이 복잡한 경우, 원칙을 버리고 계속 타협만 하다 보면 문제가 엉뚱한 곳으로 표류하기 쉽다. 문제가 어렵고 복잡할수록 기본과 원칙에 충실하여야 한다.

- 원인과 증상을 혼동하지 말아야 한다.

문제를 분석하는 과정에서 문제의 원인을 파악할 때 원인과 증상을 혼동해서는 안 된다. 언뜻 중요해 보이는 원인이 증상에 지나지 않는 경우가 많다. 예를 들어 감기 바이러스에 감염되어 열이 많이 나는 경우 바이러스는 원인이고 열은 증상이다. 열이 난다는 증상만을 없애기 위해 해열제를 사용한다면 감기는 더욱 심해질 수도 있다. 따라서 근본 원인 파악이 중요하며 과연 참 원인인가에 대한 검증 과정 역시 꼭 필요하다.

- 문제의 전체 맥락을 이해해야 한다.

나비효과와 같이 작은 변화가 점점 증폭되어 커다란 결과를 초래하는 경우가 있다. 하지만 이러한 작은 변화나 원인은 파악하기가 쉽지 않다. 이때 이러한 변화를 이해하려면 시스템의 구조를 이해해야 하고, 하나의 장면보다는 전체적인 흐름을 볼 수 있어야 한다.

그리고 문제가 발생하고 있는 수준과는 다른 상위의 수준에서 해결되는 것이 바람직할 때가 많다. 예를 들어 고객 불만족을 해결하고자 할 때, 같은 수준에서의 해결은 고객에게 사과한 후 보상하는 것이라고 볼 수 있지만, 상위 수준의 해결은 관련 프로세스를 재설계하여 불만족 자체가 다시는 발생하지 않도록 하는 것이다.

- 열등한 요인이 시스템의 성능을 결정하는 경우가 있다.

요인의 성격을 파악할 필요가 있다. 만약 열등한 요인이 지배하는 시스템에서는 다른 요인에 아무리 투자를 해도 시스템은 향상되지 않는다. 예를 들어 넓은 도로가 갑자기 협소해질 때 나타나는 병목 현상을 보면, 병목 지점 전후의 도로를 아무리 넓혀도 교통 정체를 해결할 수 없다.

반면에 핵심직 소수의 우월한 요인이 시스템의 성능을 결정하는 경우도 있다. 예를 들어 의류 회사 같은 곳에서는 창의적인 아이디어를 내는 소수의 디자이너에 의해 회사 명성이 결정될 수도 있다. 이러한 경우 문제 해결을 위해 사소한 여러 요인에 매달리는 것은 낭비이다.

- 단기적인 문제 해결이 더 큰 문제를 야기할 수 있다.

긴 안목에서 문제를 살펴야 한다. 예를 들어 납기를 준수하기 위하여 계속 야근을 강행하는 경우 만약 피로와 불만으로 인하여 질적 저하가 일어나고, 그 결과 보완 작업이 필요해지면 도리어 업무량이 늘어날 수도 있다.

문제 해결을 위해서는 문제 해결 방법으로부터 파생되는 순환 체계를 이해할 필요가 있다. 그리고 단기적 처방이 새로운 문제를 야기하기도 한다. 특히 기업 내의 경영 이슈를 해결하기 위하여 컨설팅에 의존하는 것을 지나치게 반복하면 기업 스스로 문제 해결 능력을 상실하는 위험을 초래하게 된다.

● 해결책이 고정 불변은 아니다.

최선의 해결책이라 함은 단지 잘 작동하는 해결책도 아니고, 수정하기 쉽고 경제적인 것도 아니며, 다른 해결책과 함께 잘 작용하는 해결책도 아니다. 최선의 해결책은 환경 변화에 따라 도출 과정뿐만 아니라 구조와 기능 면에서 진화할 수 있어야 한다. 그리고 현실에 적용된 해결책이 새로운 상황을 맞게 되면, 피드백 시스템이 작용하여 해결책을 재구성하고 진화될 수 있는 것이 바람직하다. 만약 과거 성공 방식만을 고집하거나 과거 경험에 지나치게 얽매여 있는 경우라면, 과거에 아무리 유능했던 사람이라도 별수 없이 무능해질 수 있다.

● 몇 가지 해결책을 마련해 두어야 한다.

가지고 있는 아이디어가 오직 하나뿐일 때가 가장 위험하다. 그리고 오직 하나의 해답만 있다고 가정하는 것 역시 위험하다. 영리한 토끼가 굴을 여러 개 파두는 것처럼 다양한 해결책을 마련할 필요가 있으며, 그만그만한 해결책 몇 개에 만족해서는 안 된다. 그러다 보면 양자택일과 같은 함정에 빠지기 쉽다. 혹시 피치 못하게 양자택일해야 하는 경우가 생기더라도, 둘 다를 포용할 수는 없는지 열린 마음으로 확인해 보아야 한다.

● 실현 가능성 없는 해결책은 시간 낭비이다.

'고양이 목에 방울 달기'와 같이 해결책의 실행 단계에서 부딪히는 어려움이나 반대는 극복할 수 없는 장애가 되기도 한다. 따라서 해결책의 모색 단계에서부터 실현 가능성을 염두에 둘 필요가 있다. 하지만 수용 가능한 것과 저항이 적은 것만 찾으려고 한다면, 이것 역시 시간 낭비만 가져오기 쉬우므로 피하는 것이 바람직하다.

그리고 문제 해결을 위해서는 사실에 근거한 과학적 접근 방법이 중요하지만, 실행 과정에서 저항을 줄이기 위해서는 인간에 대한 따뜻한 배려와 공감대 형성도 같이 병행되어야 한다.

● 타이밍이 중요하다.

대부분의 경우 문제 해결의 타이밍을 놓치면 사태가 악화되고 중요한 기회가 소멸된다. 타이밍을 놓치면 작은 담뱃불 하나가 온 산을 태울 수도 있다. 그리고 시점에 따라 문제 해결 비용의 크기가 달라지므로 문제 해결에는 타이밍이 중요하다. 특히 해결책을 찾을 때 지나치게 완벽함을 추구하다 보면 훌륭함까지 놓칠 수 있으며, 극단적으로 최선만을 고집하다가 최악의 경우에 빠지는 경우도 있다. 상황에 따라서는 차선책을 선택할 수도 있어야 한다.

뿐만 아니라 능력에 비해 한꺼번에 너무 많은 것을 해결하려 하는 것도 좋지 않을 수 있으므로 완급을 조절할 줄 알아야 하고, 시간의 흐름 속에서 무엇을 해야 하고 무엇을 하지 말아야 하는가도 변할 수 있으므로 일의 경중도 조절할 수 있어야 한다. 또한 어떤 문제는 건드릴수록 부작용이 생기는 경우도 있다. 이럴 때는 아무런 조치도 취하지 않고 기다리는 것도 하나의 훌륭한 대안이 될 수 있다.

• 위기 상황에서는 문제 해결 능력이 급격히 떨어질 수 있다.

위기 상황에서는 조급함 때문에 장기적 결과를 희생하면서 단기적 결과에 초점을 맞추기 쉽고, 합의에 도달하기 위해 해결 방안에 대한 충분한 검토를 하기 어렵다. 또한 위기 상황에서는 권한이 위로 집중되는 경향이 생기기 때문에 의사소통의 왜곡과 집단 사고의 병폐가 발생하기 쉽다.

심리적 중압감을 느끼는 위기 상황일수록 문제 해결을 위해서는 마음의 평정을 유지해야 한다. 만약 평정을 잃고 발생한 문제에 대하여 과잉 반응하거나 부정하게 되면 적절한 대응을 하기가 어렵게 되고, 그 결과 상황이 더욱 악화될 수 있다. 그리고 위기 상황에는 남의 탓을 하기 쉽다. 책임 소재를 분명히 하는 것은 중요하겠지만, 책임 규명에만 매달리면 결속력이 떨어지고 시기를 놓쳐 문제 해결이 더 어려워질 수도 있다는 점을 명심할 필요가 있다.

4 해결책 선택 단계

앞에서 언급하였듯이 문제 해결 과정에서는 아이디어의 양적 확산 과정과 질적 수렴 과정을 반복적으로 수행하게 된다. 해결책의 노색 단계에서 바람직한 해결책을 노출하기 위해서 창의석 사고에 바탕을 두어 가능하면 양적으로 많은 해결책을 모색하였다면, 해결책 선택 단계에서는 비판적 사고를 바탕으로 평가 과정을 통해 질적으로 우수한 소수의 해결책을 선별하는 질적 선택 과정을 수행하게 된다. 해결책 선택 단계는 다음과 같이 해결책을 평가하는 과정과 해결책을 선정하는 두 개의 과정으로 진행된다.

1) 해결책의 평가

해결책을 평가하는 과정은 해결책의 결과가 평가 기준을 어느 정도 충족시키는지를 확인하는 과정이다. 따라서 먼저 해결책의 결과를 예측한 후 평가 기준과 비교하여 평가하게 된다. 이때 앞에서 고찰한 비판적 사고에 바탕을 둔 올바른 평가 과정이 수행되어야 한다. 이렇게 해야 필요한 경우 문제 해결 방향에 대한 궤도를 수정할 수 있게 되고, 추후 발생할 수 있는 위험을 최소화할 수 있게 된다.

(1) 해결책의 결과 예측

구체적인 평가에 들어가기 전에 해결책을 유사한 특성을 갖는 것끼리 묶어 봄으로써 체계적으로 정리해 볼 필요가 있다. 만약 같은 그룹에 속한 해결책들이 유사한 특성을 가지고 있다면 평가하기 전에 해결책의 수를 줄일 수 있다. 이와 같이 평가 대상이 되는 해결책이 정리되면, 그 다음으로 해결책의 결과를 측정 또는 예측하여야 한다. 결과를 예측한다는 것은 해결책을 실행했을 때 얻을 수 있는 결과와 그에 따른 위험성을 확인하는 것을 의미한다.

해결책의 결과는 미래에 나타나고, 불확실한 가운데 제한적 정보를 갖고 예측해야 하는 경우가 많으므로 쉽지 않은 일이다. 하지만 나중에 해결책의 선정 여부를 결정하기 위해서는 해결책의 결과를 확인하여야 한다. 정보가 부족하고 불확실할 때는 주관적 판단과 경험을 바탕으로 해결책의 결과를 예측하기도 하지만, 객관적인 데이터를 확보할 수 있는 경우에는 다양한 통계 기법을 활용하면 결과를 예측하여 평가할 수 있다.

특히 해결책의 결과가 제대로 예측되어야 이를 바탕으로 목표 달성 여부를 알 수 있게 된다. 해결책의 결과가 어떻게 될 것인지도 중요하지만, 각각의 결과의 발생 가능성을 확인하는 것도 매우 중요하다. 해결책의 결과를 평가할 때 우리는 일반적으로 다음 3가지 상황 중 하나에 직면하게 된다.

- 해결책의 결과가 무엇인지 확실하게 알고 있는 경우

어떤 결정을 했을 경우 그 결과의 상태나 결과값을 확정적으로 알고 있는 경우이다. 이때는 해결 목표를 달성할 수 있는 해결책을 선택하는 것이 핵심이다. 그리고 한계이익, 기회비용, 매몰 비용, 현금 흐름, 순 현재 가치 등과 같은 재무적 관점을 고려하여 유리한 해결책을 선택한다.

- 각 해결책에 대하여 다양한 결과가 발생할 수 있는 확률을 알고 있는 경우

어떤 결정을 했을 때 그 결과의 상태를 알고 있으며, 그 상태가 일어날 확률을 파악할 수 있는 경우이다. 이러한 경우 가장 보편적인 방법은 다음과 같이 이익 혹은 위험risk을 감안하여 선택하는 것이다.

이 방법은 각각의 해결책들에 대하여 결과들과 결과들이 일어날 확률을 곱하여, 개개의 해결책에 대하여 결과들의 평균값(이익의 기댓값)을 구하고, 평균값이 가장 큰 해결책을 선택하는 것이다. 예를 들어 아침에 집을 나설 때 일기예보에 의하면 비가 올 확률이 30%라고 하는 경우 해결책은 우산을 지참하는 것과 지참하지 않는 것이고, 이때 어느 해결책을 선택하는 것이 합리적인가 하는 문제를 생각해 보자.

우산을 지참하는 경우, 결과는 비가 내려도 비를 맞지 않는 것(이때

이익은 50이라고 파악됨)과 비가 오지 않는 경우 휴대 불편함(이때 이익은 −5라고 파악됨), 두 개의 결과이다. 이 경우 우산을 지참한다는 해결책의 평균(이익)은 (50×0.3)+(−5×0.7)=11.5가 된다.

우산을 지참하지 않는 선택을 한 경우, 비가 와서 비를 맞는 결과(이때 이익은 −50로 파악됨)와 비가 오지 않아서 편리한(이때 이익은 25로 파악됨) 결과 두 가지이고, 이 해결책의 평균(이익)은 (−50×0.3)+(25×0.7)=2.5가 된다. 따라서 해결책의 평균(이익)값을 비교하면, 평균 이익이 커지는 경우인 우산을 지참한다는 해결책을 선택하는 것이 합리적이라 할 수 있다.

그리고 한 번뿐인 선택을 해야 하거나 실패했을 때 손실이 지나치게 큰 경우에는, 기댓값을 고려하기보다는 안전하게 성공할 가능성이 가장 큰 것을 고려하여 선택하기도 한다. 예를 들어 몇 번의 실패 후 군대 입대를 앞두고 치르는 대학 입시에서는 합격 가능성이 가장 높은 대학을 선정하는 경우가 이에 해당한다고 할 수 있다. 보험의 경우도 이에 해당한다. 예를 들어 확률이 20,000분의 1인 특정 질병에 대한 보험을 1만 원을 주고 든다고 하자. 만약 질병에 걸리면 1억 원을 받는다고 하면 기댓값은 5천 원이지만, 이를 어리석은 일이라고는 하지 않는다. 왜냐하면 적은 비용으로 질병이 발생했을 때 초래될 재앙에 미리 대비할 수 있기 때문이다.

- 해결책의 결과가 발생할 수 있는 확률을 모르는 상황

어떤 해결책을 선택한 경우 해결책의 결과들의 상태는 알 수 있

지만, 그 상태가 일어날 확률을 상정할 수 없거나 상정하는 것 자체가 의미가 없는 경우가 있을 수 있다. 이러한 경우에는 예측할 수 없는 결과, 즉 불확실성uncertainty 속에서 선택하게 되며, 불확실성하에서는 다음과 같은 결정 방법을 고려할 수 있다.

먼저 각각의 결과에 대하여 확률을 상정할 수 없기 때문에 모두 같은 확률로 발생한다고 가정하고 기댓값을 비교하여 선택을 할 수도 있다. 앞의 예에서 비가 오거나 혹은 오지 않을 확률을 모르는 경우, 각각의 확률을 50%로 가정하여 이익의 기댓값을 구하면 우산을 지참하는 경우에는 $(50×0.5)+(-5×0.5)=22.5$이고, 우산을 지참하지 않는 해결책의 경우에는 $(-50×0.5)+(25×0.5)=-12.5$가 되어, 우산을 지참하는 해결책이 좋은 해결책으로 평가된다.

그리고 불확실한 상황에서 가장 우려되는 것은 최악의 사태가 발생하는 것이므로 최악의 상황에서 최선의 결과가 나오는 것을 선택할 수도 있다. 예를 들어 전쟁과 같은 최악의 사태를 고려하여, 자산 가치를 유지하기 위한 수단으로 금에 투자하는 것이 이러한 경우에 해당된다. 또한 객관적인 확률을 고려하지 않고 이익의 최댓값만 고려하여 선택하는 경우도 있을 수 있는데, 극단적인 경우지만 복권 구입과 같은 경우가 이에 해당한다고 볼 수 있다.

(2) 불확실성에 대처하는 방안

앞에서 살펴본 바와 같이 의사 결정을 어렵게 만드는 원인 중에 하나가 해결책의 결과들이 일어날 가능성을 파악하지 못하는 불확실성이다. 불확실성은 정보의 부재, 신뢰성이 부족한 정보, 모호하거나 상충되는 정보, 통합이 어려운 복잡한 정보 등으로 인하여 발생할 수 있다. 불확실성을 너무 일찍 인식하게 되면 해결책을 개발하는 과정에서부터 좌절을 느끼기 쉽다. 따라서 불확실성은 다양한 대안이 도출된 후에 인식하는 것이 바람직하며, 다음과 같은 상황을 고려하면서 의사 결정을 하게 되면 불확실성을 완벽하게 극복하지는 못하지만 어느 정도는 대처할 수 있게 된다.

- 시간과 자원이 허용하는 범위에서 주요 불확실성을 감소시킨다.

    예를 들어 패션 의류의 제품 수명은 짧으므로, 제품 출시가 늦으면 판매 시기를 놓치고 재고가 되기 쉽다. 이러한 경우 유행을 파악하여 상품을 디자인하고 상점에 진열하는 데까지 걸리는 시간을 줄일 수 있다면, 짧은 미래만 예측하면 되므로 불확실성이 감소된다. 또한 생산 후 판매하는 방식보다는 수주 후에 생산하는 방식을 택하면 재고에 대한 불확실성을 감소시킬 수 있다.

- 단계별 의사 결정을 통해 불확실성을 줄일 수 있다.

    일단 의사 결정을 하고 추가로 실험과 평가를 실시한 후, 이를 바탕으로 다시 진로를 수정하고 만족한 상태에 이를 때까지 반복한다. 이러한 과정이 반복 될 때마다 학습 향상, 해결책 향상, 자신감 증대를 가져오고 환경 변화에 대응할 수 있는 융통성과 적응 능력이 함양된다.

- 실물 옵션의 개념을 채택하여 불확실성을 통제하고 조절한다.

  실물 옵션이란 의사 결정을 여러 단계로 나누어 단계별로 나중에 변경할 수 있는 여지를 남겨 두는 방법이다. 다만 이러한 방법을 적용하는 경우 비용이 발생할 수도 있다.

- 의사 결정 시기를 늦추는 것도 불확실성을 줄일 수 있는 한 가지 방법이다.

  결과를 예측하기가 정말 어려운 경우나, 특히 되돌릴 수 없는 결정을 하여야 하는 경우에는 피할 수 있을 때까지 결정을 보류하는 것도 한 가지 방법이다. 예를 들어 산속에서 길을 잃고 안개 때문에 방향을 모를 때는 움직여서 체력을 소모하는 것보다는, 안개가 걷힐 때까지 그 자리에서 기다리는 것이 현명할 수도 있다. 그리고 판단을 하기에 정보가 불충분하다고 느낄 때는 의도적으로 시기를 늦추기도 한다. 예를 들어 직원을 채용할 때 인턴사원으로 일정 기간을 거친 다음 정규 직원으로의 채용 여부를 결정하는 것이 이에 해당된다.

- 결과에 대한 다양한 영향력을 파악한다.

  결과의 상태에 영향을 미치는 여러 변수들의 영향력을 미리 파악하여, 최악의 상황에 대한 대비책을 수립하는 것도 불확실성으로 인한 폐해를 줄이는 한 방법이다. 이를 위해서는 먼저 문제와 관련된 통제할 수 없는 위험 요소와 이들 간의 연관성을 조사해야 한다. 그리고 문제의 결과에 대한 영향력과 불확실성을 기준으로 위험 요소의 중요도 역시 파악해야 한다. 중요도가 파악되면 이를 바탕으로 미래 상황을 최악의 상황, 일어날 가능성이 가장 높은 상황, 최선의 상황 등과 같은 다양한 시나리오를 설정해서, 해결책 결과의 변화 범위를 추측해 보아야 한다. 이러한 과정을 통해서 불확실성으로 인한 폐해를 어느 정도 줄일 수 있다.

(3) 해결책의 평가

해결책의 결과를 예측하고 나면 이를 비교 평가하게 되며, 평가를 통해 해결책의 우선순위를 결정할 때는 다음과 같은 판단 기준이 사용될 수 있다.

- 문제 해결 목표를 달성하면서 감수해야 할 위험이 적은 해결책
- 최소의 노력으로 최대의 성과를 창출할 수 있는 해결책
- 혼란을 최소화하면서 필요한 변화를 가져오는 해결책
- 실현 가능성이 높고 타이밍이 적절한 해결책
- 문제 해결 과정에서 발생한 제약 조건을 극복할 수 있는 해결책

해결책의 순위는 이미 설정된 평가 기준과 도출된 해결책을 함께 나열한 후 평가 기준에 따라 해결책의 결과를 비교하여 결정하며, 문제 해결 팀이 토론을 통하여 결정하는 것이 바람직하다. 평가할 때 해결책의 실행 과정에서의 유리함과 불리함만을 주로 따지는 경우가 있는데, 핵심은 해결책이 목표를 얼마나 달성할 수 있는가에 있으므로 이를 간과해서는 안 된다.

또한 평가 기준을 설정할 때 유사한 평가 기준을 여러 번 함께 사용하면 평가 과정이 왜곡될 수 있으므로 유의하여야 한다. 지금부터 우선순위 결정 방법에 대하여 알아보기로 하자.

● 평가 기준이 하나이고 해결책의 결과를 객관적으로 측정할 수 있는 경우는 평가 기준에 따라 순위를 결정하면 된다.

● 평가 기준에 가중값을 줄 수 있는 경우는 다음과 같은 우선순위 행렬 prioritization matrix을 사용하여 가중합을 구함으로써 순위를 결정한다.
예를 들어 <표 4.5>의 예에서는 '해결책 A'가 가중합이 더 크므로 '해결책 A'가 선정된다.

<표 4.5> 우선순위 행렬의 예

평가 기준	가중값	해결책 A	해결책 B
이윤	0.4	9 (3.6)	2 (0.8)
비용	0.3	2 (0.6)	9 (2.7)
신속성	0.2	7 (1.4)	8 (1.6)
정확성	0.1	2 (0.2)	3 (0.3)
평점(가중합)		5.8	5.4

● 객관적 자료가 부족하고 가중값을 정하기가 어려운 상황에서는 해결책을 짝을 지어 비교하면 어떤 해결책이 상대적으로 우수한지를 찾을 수 있다.
예를 들어 4개의 해결책을 비교한다고 할 때, <표 4.6>과 같은

표를 만들고 대각선 밑에 있는 칸에는 '×'표를 입력한다. 그리고 둘씩 짝을 지어 우수한 해결책을 기록한다. 이때 A는 2번, B는 1번, C는 3번 승리하였으므로 C, A, B순으로 순위가 결정된다.

이와 같이 둘씩 짝을 지어 비교하는 방법은 평가 기준의 가중값을 구할 때도 활용될 수 있다. 예를 들어 평가 기준이 갑, 을, 병, 정, 무와 같이 5개가 있는 경우, 평가 기준의 중요도에 대한 가중값을 구하고 싶다고 하자. 이때 <표 4.6>과 같은 방법으로 표를 만들고 평가 기준끼리 비교한 결과, 평가 기준 '갑'이 4번, '을'과 '병'이 2번, '정'과 '무'가 한 번씩 이겼다면 가중값은 이긴 횟수에 비례하여 0.4, 0.2, 0.2, 0.1, 0.1로 주어지는 것이 타당할 것이다.

<표 4.6> 짝 지어진 비교의 예

구분	해결책 A	해결책 B	해결책 C	해결책 D
해결책 A	×	A	C	A
해결책 B	×	×	C	B
해결책 C	×	×	×	C
해결책 D	×	×	×	×

● 평가 기준이 여러 개이고, 가중값이나 순위를 정하기 어려운 경우에는 평가 기준 간에 트레이드오프trade-off하기도 한다.

'트레이드오프'란 동시에 달성할 수 없는 몇 개의 조건을 취사선택하여 균형을 취하는 일을 말한다. 예를 들어 한 해결책은 비용 절감액이 20억이고 고객 만족도는 5% 증가하며, 다른 해결책은 비용

절감액은 10억이고 고객 만족도는 10% 증가한다고 해보자. 이러한 경우에는 고객 만족도 1% 상승이 얼마만큼의 비용 절감에 상응하는지를 따져 볼 필요가 있다.

- 팀원들 간에 합의가 잘 이루어지지 않으면 투표를 통해 결정할 수도 있다.

미적분과 같은 수학 문제를 다수결로 해결할 수 없는 것과 마찬가지로, 어떤 의견에 찬성하는 사람이 많다는 것과 그 의견이 옳다는 것은 관계가 별로 없다. 하지만 다수결 원칙은 엉뚱한 것이 결정될 위험을 줄여 주기 위한 경험적 방법이며, '대중의 지혜'에 바탕을 두고 있으므로 문제 성격에 따라 최악의 선택을 막아 줄 수 있다.

(4) 윤리성 검토

해결책을 평가할 때 해결책의 윤리적인 관점을 고려해야 하는 경우가 있다. 만약 윤리성을 검토해야 한다면 이는 다른 판단 기준보다 우선하며, 다음과 같은 질문이 윤리성을 검토할 때 유용하다.

- 합법성 여부

해결책이 현행 실정법이나 회사 정책을 위반하고 있지 않은가?

- 공평성 여부

이해 당사자 모두에게 해결책이 공정하게 균형이 잡혀 있는가?

- 자신의 양심

나의 결정이 외부에 공개되거나 혹은 가족이 알게 되었을 때 기분이 어떨까?

만약 첫 번째 질문에서 위법이라고 느껴진다면 나머지 질문은 해볼 필요가 없다. 그러나 만약 해결책이 합법적이라면 두 번째 질문인 공평한가를 따져 보아야 한다. 해결책이 회사에 이익을 주지만 일부 사람의 희생을 강요하고 있다면, 이는 장기적으로 새로운 문제를 야기하여 더 큰 혼란을 가져올 수도 있다. 세 번째 질문은 윤리적인 결정을 통해서 자신의 자존감이 파괴되지 않도록 하는 데 있다. 최저의 비용으로 최고의 효과를 거두는 해결책이라도 윤리적이지 않다면 최종 결과가 좋을 수 없을 것이다.

2) 최선의 해결책 선정

해결책을 비교 평가하여 우선순위를 결정한 후에는 최선의 해결책을 최종 선정하는 작업을 수행하게 된다. 이때 해결책을 선정하는 과정에서 팀원들 간에 의견 불일치가 생길 수 있다. 의견 불일치가 생기는 경우 이를 해소하고 결론에 도달하기 위해서는, 먼저 기본 전제를 다시 검토한 후 프로젝트의 목표와 해결책의 연관성을 확인할 필요가 있다.

그 다음으로 해결책 결정에 대한 최종 기한을 설정한 후 최선의 해결책을 선정하도록 노력해야 한다. 그렇게 해도 합의가 어려운 경우에는 '다수결에 의한 결정' 또는 '책임자가 결정' 등과 같이 결정하는 방법에 대하여 팀원들 간에 동의를 받은 후 이에 따르도록 한다.

이와 같은 방법에 의해 최종적으로 해결책이 선정되면 선정된 해결책에 대하여 문제와 관련된 여러 이해 관계자들의 동의를 구할 필요가 있다. 이해 관계자들의 동의가 없으면 해결책을 추진하기가 어렵고, 추진한다 하더라도 저항에 부딪혀 목표를 달성하기 어렵게 된다. 따라서 선정된 해결책에 대하여 경영진, 관련 타 부서, 주주, 협력 업체 등과 같은 이해 관계자의 동의를 구하는 것이 필요하다. 이때 의사소통을 위해 같이 검토할 필요가 있는 내용은 다음과 같다.

- 문제 해결 과정에서의 쟁점
- 문제 해결의 목표와 성공에 대한 평가 기준
- 문제 해결에 참여한 팀원의 명단과 역할
- 검토된 해결책들의 타당성
- 최종 결정과 이해 관계자들에게 미칠 영향
- 실행 계획과 일정

결론적으로 최선의 해결책을 선택하는 단계에서 중요한 점은 해결책의 예상되는 결과를 문제 해결의 목표와 비교하여, 가장 적은 비용으로 목표에 가장 부합되는 결과를 산출할 수 있는 해결책을 선정해야 한다는 점이다. 이러한 최선의 해결책 선택 단계에서 유념해야 할 점들을 다시 한 번 강조하면 다음과 같다.

- 제3의 해결책이 있을 수 있는지 검토하여야 한다.

'이치에 맞는 것'과 '감정적으로 옳다고 느끼는 것' 중에서 선택해야 할 때는 결정을 하기 힘들 수 있다. 이러한 경우 하나를 선택하는 것이 아니라 생각의 틀을 재구성거나, 혹은 두 대립 요소를 통합함으로써 둘이 조율되어 합쳐질 수 있다면 더욱 바람직하게 된다. 그리고 선택 가능한 해결책이 셋 이상임에도 불구하고, 선택 가능한 것이 둘밖에 없다고 여기는 흑백 사고의 오류에 빠지는 것 역시 위험할 수 있다. 따라서 최종안을 선택할 때는 대안에 대한 양적 확대가 우선 선행되어야 한다.

- 공평해 보이는 타협안이 꼭 바람직한 것은 아니다.

해결책이 서로 대립되었을 경우, 더해서 둘로 나누는 정치적 타협을 하기도 한다. 이러한 방법은 두 가지 해결책을 모두 반영하고 있어서 언뜻 공평한 듯 보이지만 실은 옳지 않은 경우가 많다. 예를 들어 솔로몬의 재판에서 서로 자기 아이라고 주장하는 엄마에게 아이를 공평하게 나누어 주어서는 안 되는 것과 같은 이치이다. 두 가지 반대 의견이 있을 때는 그것을 섞어 올바른 부분은 남기고, 틀리는 부분은 버려야지 두루뭉술하게 절충해서는 곤란하다.

- 목적과 수단의 통합이 중요하다.

문제를 해결할 때 탁월한 성과가 나오기 위해서는 수단도 목적만큼 중요하다. 잘못된 수단 또는 '하지 말아야 할 일'을 열심히 하는 것만큼 불필요한 일도 없다. 상위 수준의 수단은 하위 수준의 목적이 되기 때문에 목적과 수단이 잘 통합되어야 한다. 예를 들어 조직 수준에서 경쟁력 강화를 목적으로 원가절감을 하고자 한다면, 프로세스 수준에서는 원가절감이 목적이 되고 이를 위해 수단을 강구하여야 한다.

- 어느 정도의 위험은 감수해야 한다.

해결책을 평가할 때 감수해야 할 위험을 최소화하려고 노력해야 한다. 하지만 위험을 피하는 일에만 전적으로 매달리면 결국 아무것도 하지 않는 위험을 초래하게 될 수도 있고 타이밍을 놓치기 쉽다. 예를 들어 교통사고의 위험을 방지하기 위해서 아예 운전을 하지 않겠다고 하는 것은, "구더기 무서워 장을 못 담그는 것"과 같은 잘못을 범하는 것이다.

- 해결책을 선정할 때도 의사소통이 중요하다.

해결책을 선택하는 과정은 대립되는 견해가 서로 충돌하면서 대화를 통해 몇 가지 대안 중에서 신중하게 최선의 해결책을 선택해 나가는 과정이라고 볼 수 있다. 만약 상황이 불확실함에도 불구하고 토론 과정이 부족한 상태에서 만장일치를 이루는 경우도, 소수가 일방적으로 어떤 안을 밀어붙이는 것만큼 위험할 수 있다. 이때는 도리어 결정을 유보하는 것이 바람직할 수도 있다.

- 해결책을 선정하는 과정 자체도 공정해야 한다.

어떤 결정으로 인해 영향을 받게 되는 사람들에게는 결정된 내용도 물론 중요하겠지만, 의사 결정 과정 자체가 공정했다고 느끼는 것도 중요하다. 구성원들이 공정한 과정을 거쳤다고 느낄 때 결과를 받아들이게 된다. 따라서 이해가 상반된 문제에서는 이해 관계자들 사이에 적절한 정보 공유를 통한 의사소통 과정이 필요하며, 소외감을 느끼게 하지 않도록 배려하여야 한다.

5 최선의 해결책 실행 단계

실행이란 계획과 성취 사이의 벽을 허무는 일이라 할 수 있다. 실행하지 않는 해결책은 무의미하며, 해결책을 찾아내는 것보다 더 어려운 것은 그것을 실행하는 것이다. 목적지를 향한 올바른 길을 찾았더라도 만약 움직이지 않고 그대로 있다면 목적지에 한 발자국도 가까이 갈 수 없다.

해결책은 실행되어야 비로소 결과와 연결되어 현실로 나타나게 된다. 그리고 해결책을 아는 것만으로는 충분하지 않고 그것을 현실과 현장에 적용하여야 한다. 더 나아가 해결책을 실행하는 것만으로도 충분하지 않고, 실행 과정의 장애를 극복하여 실행을 완수하여야 한다. 하지만 일단 실행하고 나면 결과를 되돌릴 수 없으므로 책임이 따른다는 점을 유념하여 제대로 실행해야 한다.

실행 단계는 기본적으로 효과성보다는 효율성에 초점을 두며, 미국의 품질 전문가 데밍E. Deming이 강조한 PDCA(plan-do-check-action) 사이클을 따르는 것이 일반적이며, 이를 데밍-사이클Deming-cycle이라고도 한다. 여기에서는 PDCA 단계를 둘씩 묶어서 실행 계획 수립 및 실행 단계(plan-do 단계)와 결과 평가 및 조치 단계(check-action 단계)로 구분하여 수행 내용을 설명하기로 한다.

1) 최선의 해결책 실행 계획의 수립 및 실행(Plan 및 Do 단계)

이 단계에서는 해결책의 성공적 실행을 위해 누가, 무엇을, 언제, 어디서, 어떤 방법으로 할 것인지를 명확히 함으로써 실행 계획을 수립하고, 이를 적용하는 단계이다. 해결책을 선택한 후에 바로 실행 계획을 수립하는 경우도 있지만, 실행이 기업 전체에서 대규모로 이루어져야 하거나 실행 과정에 불안 요소를 많이 내포하고 있는 경우에는 어느 한 부문에 먼저 적용해 보고 전 부문으로 확대하기도 한다. 이처럼 시험적으로 소규모로 실행해 보고 문제점을 보완하는 것을 파일럿 검증이라고 한다.

(1) 파일럿 검증Pilot Test

파일럿 검증이란 해결책을 제한된 범위 내에서 시험적으로 실행해 보는 활동을 말한다. 파일럿 검증을 수행하면 선정된 해결책을 실제로 적용하는 기회를 갖게 됨으로써 해결책을 검증할 수 있게 된다. 또한 해결책의 효과에 대한 이해가 증진되고 확대 적용하기 전에 보완할 수 있는 기회를 갖게 됨으로써 실패 위험을 최소화할 수 있게 된다. 파일럿 검증 역시 다음과 같이 기본적으로 PDCA 사이클에 따라 진행한다.

① 순서 1: 파일럿 검증 계획(Plan)

파일럿 검증을 계획하는 단계로서 아무리 좋은 해결책이라도 계획이 형편없으면 그 효력을 발휘하기 어렵게 된다. 파일럿 계획의 구성 요소는 파일럿 검증이 끝난 후 수립하게 되는 해결책에 대한 실행 계획의 구성 요소와 거의 일치한다. 파일럿 계획을 수립할 때 고려해야 할 요소는 다음과 같다.

● 파일럿 검증의 범위

파일럿 검증은 실패 위험을 줄여 주지만 비용이 늘고 문제 해결 시점을 지연시킨다. 따라서 파일럿 검증을 어느 범위까지 행할 것인가에 대해서는 위험 감소와 시간 지연이라는 양쪽 측면에서 고려하여 균형 있게 결정한다.

● 파일럿 검증의 성공 기준

성공 기준은 해결책이 문제의 목표를 얼마나 달성하는가에 관련된 부분과 해결책이 현장에 얼마나 효과적으로 구현될 수 있는가에 관련된 부분으로 이루어져 있다. 두 부분 모두에 기준을 별도로 설정하는 것이 바람직하다.

● 잠재 장애요인의 파악 및 대응 방안

파일럿 검증을 수행하기 전에 나타날 수 있는 장애물을 파악해야 하며, 장애물을 제거하기 위한 대응 방안을 검토할 필요가 있다. 그리고 경영진의 의지와 지원이 요구되는 경우에는 사전에 어느 정도 확실히 해두어야 한다. 이와 같이 잠재 장애요인을 파악하고 대응 방안을 마련하기 위해서는, <표 4.7>과 같은 잠재 장애 요인 분석이 유용하게 활용될 수 있다.

<표 4.7> 잠재 장애 요인 분석의 예

잠재적 위험	원인	예방책	차선책
남미 오지에서 두 달간 파일럿 검증을 실행하는 동안 팀원이 아프게 된다.	오염된 식수를 마신다.	충분한 정수 필터를 확보한다.	안전한 생수를 가능한 확보한다.
	독충에게 물린다.	어떤 종류의 독충이 위험한지를 파악하고, 안전 장비를 갖춘다.	해독제를 준비하고, 환자 이송 수단을 확보한다.

● 교육 계획

현장 요원들은 새로 선정된 해결책에 대한 이해가 부족할 수 있다. 이런 경우 파일럿 검증의 내용이 현장에서 제대로 구현되기 위해서는 교육과 훈련이 필요하고, 계획을 마련하여 교육을 실시한다.

● 파일럿 계획 검증 방안

문제 해결의 결과를 지속적으로 관리하고 유지하기 위해서는 결과를 모니터링할 수 있는 성과 지표가 필요하다. 그리고 피드백을 위한 성과 지표가 효과적으로 설정되었는지를 확인할 필요가 있다. 또한 이를 위한 측정의 용이성, 측정에 수반되는 시간과 비용에 대해서도 파일럿 검증을 통해 확인해 볼 필요가 있다.

• 일정 및 작업 계획

다른 계획과 마찬 가지로 파일럿 검증에 대해서도 해야 할 일, 책임 소재, 기한 등을 명확히 하여야 한다. 참여하는 사람들의 역할과 의무를 분명히 하고, 많은 경우 모든 일은 생각했던 것보다는 오래 걸린다는 점을 고려하여 여유 있게 기한을 정한다. 또한 추진 과정에서 필요한 예산, 일정 등에 대하여 가능한 통제 범위를 정리해 둘 필요가 있다.

결국 파일럿 검증의 실행 계획은 해결책의 실행 계획 전체에 대한 축소판으로 볼 수 있으며, 실행 계획은 해결책과 해야 할 일을 연결시켜 주는 교량적 역할을 한다.

② 순서 2: 파일럿 검증의 실행(Do)

파일럿 검증의 실행 계획이 수립되면 이를 실행하고, 결과를 평가하며 조치를 취하게 된다. 실행할 때는 적극적인 통제와 관리가 필요하다. 그리고 실행하는 과정에서는 예상하지 못한 주변 상황 변화에 잘 적응할 필요가 있다. 특히 예상치 못한 상황에 대비하여 주변 정황을 살펴보고, 필요하면 추가 자원을 확보하여 돌출 상황에 대처할 수 있도록 한다.

③ 순서 3: 파일럿 검증 실행 결과 검토(Check)

파일럿 검증을 실행하고 나면 결과를 측정하고 평가한다. 실행 결과 문제 해결의 목적을 어느 정도 달성하는지를 평가하고, 자원은 얼마나 소모되었는지를 확인한다. 그리고 예상하지 못했던 장애 요소가 있었는지 여부와, 있었다면 어떻게 극복했는지를 검토한다. 또한 해결책을 실행함으로써 생긴 변화가 문제와 관련 없는 다른 프로세스에 어떠한 영향을 미쳤는지도 확인해 볼 필요가 있다. 왜냐하면 프로세스들은 서로 연결되어 있고 서로가 서로에게 영향을 주기 때문이다. 극단적으로 한 부서의 작은 변화가 점점 증폭되어 다른 부서에 큰 영향을 줄 수도 있다.

④ 순서 4: 파일럿 검증 결과 조치(Action)

평가 결과에 따라 조치를 취하게 된다. 그리고 해결책이 기대했던 결과를 전혀 만들어 내지 못하면 해결책을 폐기하고, 전 단계로 되돌아갈 수도 있다. 혹은 파일럿 검증의 결과를 반영하여 해결책을 보완하거나 수정할 수도 있다. 만약 파일럿 검증 결과 해결책의 유효성이 입증되면 전체적으로 확대하기 위한 실행 계획 수립으로 넘어가게 된다.

이렇게 해서 파일럿 검증을 마치게 된다. 결국 파일럿 검증을 통해서 해결책을 시행했을 때 결과가 프로젝트의 목표를 달성할 수 있는지를 사전에 평가하고, 평가 결과에 따라 적절한 조치를 취하게 된다.

(2) 계획 수립 및 실행

파일럿 검증을 통해 최선의 해결책의 효과가 검증된 후에는 해결책에 대한 구체적인 실행 계획을 수립하고 실행하게 된다. 물론 규모가 큰 해결책을 실행할 때는 파일럿 검증이 필요하지만, 그렇지 않은 경우에는 바로 실행 계획을 수립해도 무방하다. 앞의 내용과 중복되지만 선택된 최선의 해결책에 대한 실행 계획을 수립하고 실행할 때 고려해야 할 사항을 제시하면 다음과 같다.

● 위험 감소 계획

목표 달성을 방해할 수 있는 실행상의 잠재적 위험을 파악하여, 이를 제거 또는 완화시키기 위해서 어떠한 절차와 행동이 필요한지도 파악해야 한다. 만약 잠재 위험 요인이 여러 개여서 우선순위를 구할 필요가 있는 경우에는, <표 4.8>과 같이 발생 가능성과 영향(중요성)을 10점 만점으로 평가하고, 이를 곱해서 위험도를 평가하는 방법을 사용한다.

<표 4.8> 위험 감소 계획의 예

잠재 위험	원인	발생 가능성	영향	위험도	감소 방안
해외 공장 증설 자금 부족	환율 변동, 물가 상승	6	8	48	여유 자금 확보, 공사 기간 단축으로 비용 절감
증설 기간 지연	건설 인력 부족, 안전사고 발생	4	5	20	우수 건설 인력 배치, 안전 교육 강화
생산 제품 품질 저하	생산 인력의 숙련도 부족, 불안정한 생산 라인, 부품/자재 불량	8	10	80	파일럿 검증을 통한 라인 안정화 기간 단축, 교육 훈련 강화, 품질관리 강화

● 성과 유지 계획

문제 해결을 통해 프로세스가 바뀐 경우에는 성과를 유지하기 위해서 절차를 문서화 및 표준화하고, <표 4.9>와 같은 형태의 관리계획서를 작성한다. 관리 계획에는 흔히 프로세스의 목적, 프로세스의 고객, 프로세스의 성과 측정 방법, 프로세스가 통제 범위를 벗어날 때 취할 조치 등의 내용을 포함시킨다.

<표 4.9> 관리 계획서 양식의 예

관리 번호	관리 대상	규격	측정			담당자	조치 사항	비고
			방법	빈도	표본 크기			
1								
2								
3								
4								

● 교육과 훈련 계획

새로운 해결책을 실행하기 위해서는 직원들에 대한 교육과 훈련이 필요한 경우가 있다. 이때 필요한 교육의 양은 해결책으로 인한 변화의 크기에 비례한다고 볼 수 있다. 만약 해결책이 규모가 크고 복잡하며 새로운 기술을 필요로 한다면 그에 합당한 교육 시간과 교육 대상 인원이 필요할 것이다.

● 의사소통 계획

　해결책의 실행은 프로세스에서 변화를 만들어 낸다. 예를 들어 일하는 방법, 평가 방법 등 여러 가지가 바뀔 수 있다. 이러한 변화는 구성원의 저항을 초래할 수 있고 그 결과 실행이 어려워 질 수 있다. 이를 위해서는 구성원들을 대상으로 적절한 의사소통이 적시에 이루어져야 한다.

● 실행 추진 계획

　해결책을 통해서 이루고자 하는 목표와 무슨 일을 어떻게 해야 하는지를 명확히 해야 한다. 그리고 그 일을 누가 해야 하는지와 이용할 수 있는 사원은 무엇이고, 어떤 일성으로 해야 하는지를 분명히 해야 한다. 규모가 큰 해결책에 대하여 실행 추진 계획을 수립할 때는 최종 목표에 도달할 때까지의 이정표를 작성할 필요가 있다.

　특히 실행을 위한 가시적 목표를 수립하고, 목표에 대한 우선순위를 정하여 이를 열거한다. 그리고 중간 목표들 사이에 이들 목표에 영향을 주는 변수들을 파악하고, 목표와 변수들 간의 관계를 분석한다. 이는 장거리 여행을 할 때 현재 위치와 분명한 목적지를 알아야 하고, 경로를 알 수 있는 지도가 있어야 하며 가시거리 내의 목표 설정과 이들 목표에 영향을 주는 변수를 알고 있어야 장거리 여행이 원활히 이루어지는 것과 마찬가지 이치이다. 규모가 비교적 작고 간단한 해결책에 대하여 실행 계획을 수립할 때는 해결책의 성공적 실행을 위해 누가, 무엇을, 언제, 어디서, 어떤 방법으로 할 것인지를 명확히 하는 것으로 충분한 경우도 있다.

위와 같이 실행 계획이 수립되면 이를 실행하게 된다. 아무리 좋은 해결책을 찾았다 하더라도 실행이 이루어지지 않으면 실효를 거두지 못한다. 기업이 평가 제도를 성과 중심으로 전환하고 리더십이나 커뮤니케이션 능력 향상을 위해 노력하는 이유도 실행력 증진을 위해서라고 볼 수 있다.

2) 실행 결과 평가 및 조치(Check 및 Action 단계)

(1) 실행 결과의 평가

선택된 해결책의 실행을 마치게 되면 실행 결과를 평가하여 문제 해결의 목표가 달성되었는지를 확인하고 적절한 조치를 취하여야 한다. 평가를 할 때는 <표 4.10>과 같은 점검표가 유용하다.

<표 4.10> 평가 점검표의 예

질문	예	아니오
해결책이 목적을 달성했는가?	☐	☐
문제가 영구히 해결되었는가? 아니면 미봉책인가?	☐	☐
모든 요구 조건과 제약이 충족되었는가?	☐	☐
해결책이 바람직한 영향을 가져오는가?	☐	☐
해결책은 윤리적으로 문제가 없는가?	☐	☐
해결책이 또 다른 문제를 야기하지는 않는가?	☐	☐
긍정적인 면과 부정적인 면 모두를 고려하였는가?	☐	☐

특히 실행 결과가 가져온 변화와 앞으로 성과가 유지되기 위한 방법 등을 관련 직원, 관리자, 내부 고객, 공급자 등과 공유하고, 필요한 경우에는 외부 고객에게도 실행 결과를 전달한다. 이와 같이 실행 결과를 공유하고 나면 이를 바탕으로 실행 결과에 대하여 남들로부터 평가를 받고, 평가 결과 중에서 받아들일 내용은 겸허히 수용하고, 성과가 계속 유지될 수 있는지를 검토한다.

(2) 평가 후 조치

평가가 끝나면 평가 결과에 따라 적절한 조치를 취하여야 한다. 만약 해결책의 결과가 목표를 달성하지 못했다면, 원인을 분석하고 이를 극복하기 위하여 적절한 전 단계로 되돌아간다. 이때 극단적으로 잘못해서 본래 문제와는 전혀 다른 문제를 해결한 경우도 있을 수 있다. 만약 해결책의 결과가 목표를 달성했다면 다음과 같은 조치를 취한다.

- 해결책과 실행 결과를 문서화한다.

  해결책에 대해서는 문서화를 해야 문제 해결 팀이 해체된 후에도 해결책이 남아 있게 되고 다른 부서로 전파될 수 있다. 문서화의 목적은 문제 해결 과정을 통하여 얻은 지식을 조직 내에 축적하고 공유하는 데 있는 점을 명심할 필요가 있다.

- 표준화된 해결책을 다른 영역에서도 확대 적용할 수 있는지 검토한다.

  만약 표준화된 해결책이 다른 영역에서 전개할 수 있다고 판단되면, 적용할 때 그대로 적용하기보다는 환경의 차이와 유사점을 충분히 고려하여 일정 계획을 조정하고 수정된 해결책을 적용할 필요가 있다. 이때 지금까지 축적된 지식과 경험이 중요한 역할을 하게 된다.

- 개선 효과 유지를 위한 지속적인 노력을 한다.

만약 해결책의 효과에 대한 유지 관리가 제대로 이루어지지 않는다면 문제 해결의 전 과정은 실패로 끝나기 쉽다. 한 번 얻은 성공에 도취되어 방심한 나머지 심리적 긴장감을 너무 늦추어 버리거나, 혹은 해결책을 생활화하는 데 실패하면 성과를 유지하기 어렵게 된다. 마찬가지로 문제를 해결했다 한들 그것을 유지시키지 않는다면 문제 해결의 전 과정은 아무런 소용이 없게 된다.

- 해결책의 결과를 주기적으로 검토한다.

해결책이 실행된 후에는 개선 효과를 주기적으로 검토하여 새로운 문제 혹은 역기능이 발생하고 있는지를 확인하고, 문제가 발생하는 경우에는 재발 방지책을 마련한다. 또한 추가적으로 개선 가능한 부분이 있는지를 확인하고 만약 있다면 새로운 문제 해결 절차를 다시 시작한다.

(3) 최종 보고서 작성

문제 해결 절차가 종료되면 필요한 경우 그동안 얻은 지식과 교훈들을 정리하여 최종 보고서를 작성한다. 보고서 작성은 읽는 사람에게 초점을 맞추어, 다음과 같은 **POWER**의 5단계로 작성하는 것이 바람직하다.

- P(Plan the writing): 작성 계획
- O(Outline the report): 보고서 개요 짜기
- W(Write): 작성
- E(Edit): 편집
- R(Rewrite): 재작성

특히 보고서 작성은 의사소통의 중요한 수단이므로 내용이 논리적이고 핵심 내용을 빠짐없이 포함하고 있어야 하며, 형식적으로 간결하여야 한다. 보고서 작성할 때 유의할 점은 다음과 같다.

- 먼저 전체적인 윤곽과 흐름을 잡는다.

처음부터 완벽한 보고서를 작성하기는 어렵다. 구체적인 보고서를 작성하기 전에 전체적인 윤곽과 스토리를 정리해 보면, 논리 전개가 어색하지 않은지 논리적 비약이 없는지, 또는 보충해야 할 부분이 없는지 등을 파악할 수 있게 된다.

- 5W1H 원칙에 따라 보고서를 작성하는 것이 기본이다.

의사 결정을 해야 하는 사람이 보고서를 읽고 "뭘 어쩌라고?"라는 반응이 나오지 않도록 해야 한다. 그리고 만약 보고서를 읽는 과정에서 "왜 그러지?"라는 느낌이 든다면 이는 설명이 불충분하다는 의미이다.

- 주장이나 의견은 논리적 사고를 바탕으로 한다.

특히 해결책이나 주장 등에 대해서는 출발 지점, 경로, 도착 지점을 분명히 하고 가설에 대해서는 객관적인 데이터를 통하여 검증하는 것이 바람직하다.

- 그래프, 그림, 도표 등을 이용하여 간략히 표현한다.

장황하게 말로 설명하는 것보다 시각적 도구를 사용하는 것이 복잡한 설명 없이 내용을 쉽게 이해하는 데 도움이 된다. 하지만 이때 그림이나 도표가 유발하는 착시 현상에 빠지지 않도록 유의해야 한다.

- 실패하고 잘못한 점도 내용에 포함시켜야 한다.

문제 해결 과정에서 잘한 점뿐만 아니라 잘못한 점을 모두 기록해야 교훈을 얻을 수 있고, 실패나 실수가 조직 내에서 반복되는 것을 막을 수 있다.

- 제목, 소제목, 구체적 설명이 들어가는 영역 등을 짜임새 있게 배치한다.

보고서의 구성이 우선 보기에 좋아야 하고, 특히 구성원들에게 익숙한 표준 양식이 있는 경우에는 이를 활용하는 것이 바람직하다.

- 보고서가 작성되고 나면 전반적인 내용을 최종 점검할 필요가 있다.

특히 스토리 흐름, 논리 전개, 오탈자, 보고서 구성에서부터 보고서 전반의 내용을 점검해야 한다.

이렇게 해서 최종 보고서를 제출하고 나면, 마지막으로 문제 해결 팀은 이루어 낸 결과에 대하여 서로 축하하고 성과에 대한 보상이 이루어짐으로써 문제 해결의 모든 절차를 마치게 된다.

(4) 최선의 해결책 실행 단계에서 유념해야 할 사항

다시 한 번 강조하지만, 이러한 최선의 해결책을 실행하는 단계에서는 해결책의 성공적 실행을 위해 누가, 무엇을, 언제, 어디서, 어떤 방법으로 할 것인지를 명확히 해야 한다. 그리고 해결책의 성과를 평가하여 평가 결과에 따라 적절한 조치를 취하는 것이 중요하다. 해결책 실행 단계에서 유념힐 짐들을 제시하면 다음과 같다.

• 아무것도 하지 않고 망설이는 것이 가장 큰 위험이다.

해결책이 갖고 있는 위험 때문에 실행하지 않는다면 결국 더 큰 위험을 초래하게 된다. 권투경기에서 피하기만 해서는 상대를 이기기 어렵다. 방향이 설정되면 위험이 도사리고 있더라도 나가야 한다. 되돌아오는 한이 있더라도 나가다 보면 목적지에 도착하게 되는 경우가 많다.

• 시간이 흐름에 따라 상황이 변할 수 있다.

해결책의 가치도 시간이 흐름에 따라 변할 수 있다. 따라서 해결책은 적절한 타이밍에 실천되어야 한다. 예를 들어 구성원 사이의 마찰을 줄이기 위하여 설득하느라고 시간과 에너지를 소모하여 타이밍을 놓치게 되면, 도리어 문제 해결이 어려워지는 경우도 있다. 이와 같이 상황이 변한 경우에는 해결안 자체를 재구성하고 변경할 필요가 생기기도 한다.

- 실행을 주저하게 만드는 중요 원인은 불확실성 때문이다.

해결책의 결과에 대한 불확실성은 사고의 혼란과 이해 부족을 초래하고 실행력을 약화시켜 결국 기회를 놓치게 만들기 쉽다. 따라서 기다릴 때와 행동해야 할 때를 알아서 불확실함에도 불구하고 필요하면 실행할 수 있어야 한다.

- 버릴 줄도 알아야 한다.

해결책의 실행 과정에서 어떤 해결책이 계속 실패할 경우에는 노력을 늘리기보다는 무언가 다른 것을 시작해야 하는 것이 아닌가를 따져 보아야 한다. 신제품 개발은 성공률이 일반적으로 매우 낮다. 따라서 실패할 제품에 자원을 장기간 투자한다면 손실이 커지므로 실패할 것은 빨리 파기해야 한다. 이것이 단계별 평가가 중요한 이유이다. 결국 한 우물을 계속 파는 것도 중요하지만 계속 물이 안 나오면 다른 곳을 뚫어 보아야 한다.

- 실행 속도를 조율할 필요가 있다.

해결책은 새로운 환경을 조성하는 경우가 많으므로, 너무 빠른 진행은 불필요한 스트레스와 소모를 야기함으로써 구성원을 피로하게 하고, 진로 수정이 어렵기 때문에 위험부담을 증가시킨다. 반면에 너무 느린 진행은 목표에 도달할 수 없거나 관련자들에게 동기부여가 어렵다. 또한 상황이나 결과가 시간이 지날수록 유리해지는지 불리해지는지를 확인하여 실행 속도를 조절할 필요가 있다.

● 잘못된 의사 결정이 바탕이 된 경우에는 실행되어도 의미가 없다.
  실행은 성과와 직결되므로 평가하기가 비교적 쉽고, 성패 또한 바로 결과로 나타난다. 반면에 의사 결정의 실패는 실행 결과에 의해 감추어지는 경우가 많이 있다. 따라서 실행이 실패한 경우, 적절한 피드백을 활용하여 실패 원인이 실행 그 자체에 있었는지, 아니면 의사 결정에 있었는지를 파악해 볼 필요가 있다.

● 요요 현상을 막아야 한다.
  문제 해결의 성과는 문제 해결 과정 자체에 있는 것이 아니라 결과를 유지하는 데서 나온다. 다시 말해서 문제 해결 과정 자체가 투자하는 과정이며, 결과를 지속적으로 유지하고 원래의 잘못된 모습으로 되돌아가지 못하게 할 때 창출된 성과가 유지된다는 점을 유념해야 한다.

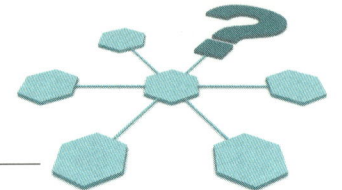

 리뷰를 위해 생각해 볼 문제

1. 전자 업체에 근무하는 박 부장은 외부 환경 변화에 대응하기 위하여 외부 환경 요인을 사회 및 문화 환경, 기술 환경, 경제 환경, 정치 및 법적 환경의 네 가지 영역으로 분류해서 다음 표를 얻었다. 문제와 기회를 파악해 봄으로써 이 표의 마지막 칸을 채워 보자.

환경 요소	환경 변화	변화의 동인	문제와 기회
사회/문화 환경	출산율 저하	여성 사회 활동 증가, 양육비 증가	
	초고령화 시대	의료 기술 발전, 저출산	
기술 환경	스마트폰 확산	전자 통신 기술 대중화	
경제 환경	글로벌화	금융 위기 극복, FTA 확대	
정치 및 법적 환경	통신 규제 완화	경쟁을 통한 시장 활성화	

2. 최근 홍길동은 퀵서비스 센터를 개설하고 영업에 들어갔다. 앞으로 6개월간 하루 고객 수 50명을 목표로 설정했다. 목표 달성을 위하여 영업 대책을 10가지 이상 제시해 보자.

3. 지금 어떤 회사의 가전제품에 대해서 고객 불만이 점점 늘고 매출은 점점 줄고 있다. 이 현상이 아래의 각각의 입장에서는 어떻게 보일 수 있는지 생각해 보자.

(1) 회사의 경영진

(2) 회사의 주주들

(3) 마케팅 부서

(4) 제품 설계 부서

(5) 생산 부서

(6) 고객 서비스 전담 부서

(7) 제품 사용 고객

4. 어떤 연구소에서 최근 이직률이 급증하고 있다. 이 문제를 해결하지 않았을 때 어떤 일이 발생하는지를 분석한 결과, 다음 표를 얻었다. 이 표를 바탕으로 2번, 3번, 4번에 대한 문제 해결의 목표를 설정해 보자.

문제	번호	아무 조치도 취하지 않았을 때 발생할 결과	결과에 바탕을 둔 목표
이직률 증가	1	연구소의 사기 저하	연구 분위기 쇄신
	2	연구 개발 능력 하락	
	3	신제품 개발 일정 지연	
	4	기술 유출	
	5	기업 경쟁력 약화	기업 경쟁력 강화

5. 앞으로 내가 3달 안에 해야 하는 일 10가지를 열거해 보고, 일의 경중과 완급에 따라 분류해 보자.

6. 다음과 같은 과정을 통해서 처음 생각이 바뀌는지, 그리고 바뀐다면 왜 바뀌었는지를 확인해 보자.

   (1) 예를 들면 '초등학생 전체 무상 급식' 또는 '국민연금 확대'와 같이 논쟁을 일으킬 수 있는 이슈를 선정한다.

   (2) 일단 선정된 이슈에 대하여 찬성 또는 반대의 입장을 정한다.

(3) 자기의 입장을 옹호하는 이유를 열거한다.

(4) 자기의 입장을 반대하는 이유를 충분히 열거한다.

(5) 서로 다른 입장에서의 이유를 비교해 보고 다시 입장을 정한다.

7. 서로 모순되는 요구 조건을 극복하는 방안을 찾아보자. 여기서 서로 모순이 되는 요구 조건의 예로, 어떤 국가가 체제를 유지하기 위해서 경제 회복이 필요하고, 경제 회복을 위해서는 개혁과 개방이 필요하다고 하자. 이때 개혁과 개방을 추구하다 보면 내부적 단결과 정통성에 위협이 될 수 있다. 따라서 개혁과 개방, 그리고 체제 유지는 서로 모순이 되는 요구 조건이다. 다음과 같은 과정을 통해서 이와 같이 서로 모순이 되는 요구 조건을 모두 포용할 수 있는 방법을 모색해 보자.

(1) 두 가지 대안 중에서 하나를 선택하면 나머지 대안을 포기해야 하는 상황을 설정해 본다.

(2) 두 가지 모두를 포기하지 않는다고 선택한다.

(3) 이때 발생하는 모순, 갈등, 장애물 등을 열거해 본다.

(4) 이들을 하나씩 제거해 본다.

(5) 도출된 방안이 모순 없이 두 가지 요구 조건을 충족하는지 확인해 본다.

8. 다음은 원인을 나타내는 단어들이다. 이들의 차이를 간단히 설명
   해 보자.

   (1) 잠재 원인

   (2) 참 원인

   (3) 핵심 원인

   (4) 근본 원인

9. 영업 사원이 하루 8군데의 거래처를 방문한 후 회사로 되돌아와야
   하는 경우에 거래처를 어떤 순서로 방문하는 것이 최선인지를 파악
   하고자 한다. 그리고 순서를 정할 때 영업 사원은 다음과 같은 목적
   을 달성하고자 한다. 각각의 경우 최선의 방법을 찾기 위해 필요한
   정보는 무엇인지 파악해 보자.

   (1) 총 방문한 거리의 최소화

   (2) 방문하는 데 걸리는 시간의 최소화

   (3) 총 교통비의 최소화

10. 아기가 자동차 아기용 보호 좌석에 앉기 싫어서 울고 있다. 이때 다음과 같은 두 가지 대안이 있을 수 있다. 두 가지 대안의 장단점을 나열하여 평가함으로써 대안 중 하나를 선택해 보자.

(1) 대안 1: 아기를 부모가 안고 간다.

(2) 대안 2: 아기를 보호 좌석에 강제로 앉힌다.

11. 어떤 회사에서는 최 과장을 해외 판매 팀장으로 최종 선정하였다. 당신이 임명권자라면 이 결정이 옳았는지를 어떤 것을 근거로 언제쯤 판단하는 것이 좋겠는지 파악해 보자.

12. 사무실을 임대하고자 한다. 사무실 후보지 A, B, C에 대하여 3가지 평가 기준에 따른 조사 결과가 다음과 같다. 사무실을 어떻게 최종 선정할 수 있을지 생각해 보자.

<표> 사무실 선택을 위한 조사 결과

평가 기준	대안		
	A	B	C
통근 시간(분)	45	25	70
사무실 크기(평)	40	35	55
월 임대료(만 원)	60	70	40

13. 당신의 현재 건강 상태를 고려하여 향후 5년 뒤 어떤 잠재적 건강 문제가 야기될 수 있는지 생각해 보고, 이에 대한 예방 대책을 수립해 보자.

14. 당신이 5년 후 이루어지길 소망하는 꿈을 서술하고, 꿈을 이루는 데 방해가 되는 장애, 제약 조건, 한계 등을 열거한 후 이를 극복하기 위한 실행 계획 또는 해결 방안을 수립해 보자.

15. 근처 지역의 식당의 종업원을 면담하고 그들이 갖고 있는 문제를 정의해 보자. 그리고 문제에 대한 해결책을 모색하고, 평가한 후 최선의 해결책을 선택해 보자.

16. 학교 기숙사에 거주하는 학생을 대상으로 설문 조사를 실시하여 기숙사에서 발생하는 문제를 파악하는 경우, 문제를 분류하고 각각의 문제에 대하여 다양한 해결책을 모색하고 최선의 해결책을 선정해 보자.

17. 다음의 각 경우에 대하여 잠재 장애 요인 분석을 하고자 한다. 각 경우 잠재적 위험, 원인, 예방책, 차선책을 서술해 보자.

   (1) 전국 도보 일주 (하절기 3주 동안 고등학생 30명 대상)

   (2) 산악자전거 타기

   (3) 야외 공원에서 거행되는 결혼식

   (4) 취업을 위한 면접시험

18. 읽는 사람을 중심으로 보고서를 작성하기 위해서는 어떤 점에 유의해야 할지 생각해 보자.

5장

프로젝트 관리

앞에서 우리는 문제 해결의 일반적인 절차인 문제 인식 단계, 해결책 모색 단계, 해결책 선택 단계, 실행 단계에 대하여 살펴보았다. 이러한 단계들은 해결해야 하는 과제, 즉 과업을 수행하는 과정이라 할 수 있다.

"개선은 프로젝트를 통해 이루어진다"는 말처럼, 해결 과정 역시 프로젝트를 통해 이루어지는 경우가 많다. 또한 '프로젝트'는 해결하기로 예정되어 있는 문제를 의미하기도 한다. 따라서 문제 해결을 위해 프로젝트가 효율적으로 추진되기 위해서는 프로젝트 관리가 제대로 이루어져야 한다.

그리고 프로젝트 관리가 제대로 이루어져야 주어진 일정과 예산 범위 내에서 프로젝트의 목표를 효율적으로 달성할 수 있게 된다. 문제가 복잡할수록 문제 해결의 전체 과정, 즉 프로젝트에 대한 더 철저한 관리가 필요하게 된다. 이 장에서는 프로젝트를 관리하는 방법에 대하여 알아보기로 한다.

1 프로젝트 팀

프로젝트라는 말은 계획이나 제안 또는 사업을 의미할 수도 있고, 연구나 일을 의미할 수도 있다. 지금부터 프로젝트는 '문제에 대한 해결책을 모색하고 실행하는 임무'를 지칭하기로 한다. 이러한 프로젝트는 상호 연결된 여러 활동을 관리하며 수행하게 되므로 프로젝트 자체도 하나의 시스템이라고 할 수 있다.

문제들이 점점 복잡해지고 여러 분야가 연관됨에 따라 문제 해결을 위해서 서로 다른 분야의 전문가들 간의 협동이 필요한 경우가 점점 많아지고 있다. 이와 같이 선정된 문제가 개인의 힘만으로 풀 수 없는 경우에는 프로젝트 팀을 구성하게 된다. 프로젝트 팀은 문제 영역에 따라 **소규모 프로젝트 팀**small project team과 **다기능 팀**cross functional team으로 나누어지기도 한다.

소규모 프로젝트 팀이란 특정한 문제를 해결하거나 지원하기 위하여 사업 부문 내에 만들어지는 팀을 말한다. 반면에 **다기능 팀**은 해결하여야 할 문제가 기업의 여러 부분이 연관되어 있는 경우 여러 부서의 기능 혹은 구성원들이 참여하여 만들어지는 팀이다. 이때 팀의 구성원은 기술적 지식뿐만 아니라 소속 부서의 이해를 대변할 수 있어야 한다.

문제 해결을 위한 프로젝트 팀을 구성하기 위해서는 먼저 문제와 관련이 깊은 부서 또는 프로세스를 확인하여야 한다. 이때 다음과 같은 질문이 유용하게 사용될 수 있다.

- 문제가 발생하는 곳이 어디인가?
- 문제에 대한 정보, 지식, 기술을 누가 갖고 있는가?
- 어느 부서가 해결 방안을 실행하는 데 도움이 되는가?

관련이 깊은 부서 또는 프로세스를 확인한 후에는 구성된 팀이 앞에서 확인한 부서의 대표성을 갖고 있는지 검토하고, 다음과 같은 질문을 통하여 팀과 팀원을 평가한다.

- 팀원들이 문제 해결을 위한 지식을 갖고 있는가?
- 팀원들이 프로젝트에 몰입할 수 있는 시간적 여유를 갖고 있는가?
- 팀원들이 프로젝트에 포함된 프로세스들에 대해 정확히 이해하고 있는가?
- 팀원들은 관련 부서와 협력하여 도출된 해결 방안을 실행할 수 있는 능력이 있는가?

프로젝트 팀이 구축되면 개인 역량에 따라 업무를 배정하게 되는 데, 프로젝트 팀의 구성원과 프로젝트 수행에 필요한 모든 기술을 열거한 후에 팀원들의 특성과 능력에 따라 필요한 업무를 할당한다. 만약 팀원 누구도 필요한 기술을 가지고 있지 않다면 팀원을 보강할 수도 있고, 혹은 팀원들에게 그 기술을 훈련시키는 계획을 수립할 수도 있다.

팀원들에게 업무가 배정되면 팀원들은 함께 계획과 프로젝트 목표에 대하여 최대한 자세히 검토하고 목표에 대한 공감대를 형성하여야 한다. 이러한 과정을 통해 팀원의 역할과 의무가 분명해지고, 팀의 의사소통이 시작되며, 팀원 사이에 신뢰가 생기기 시작한다.

프로젝트가 추진되면 팀원들 사이에 예상치 못했던 크고 작은 문제가 발생할 수 있으며, 이를 적절히 대처하지 않으면 작은 문제가 커다란 위기로 변질될 수도 있다. 특히 목적과 임무가 불분명한 경우에는 팀 자체가 갈팡질팡할 수 있고, 그 결과 팀워크teamwork가 깨질 수도 있다.

팀워크는 팀원들이 공동의 목표를 달성하기 위해 역할과 책임을 다하고, 협력하기 위하여 맺어지는 유기적인 관계를 말한다. 팀원들 사이의 문제를 해결하고 팀워크를 이루기 위해서는 능력적 측면과 감성적 측면의 조화가 필요하다. 능력은 팀원들의 전문성, 지식, 창의성 등을 의미하고, 감성적 측면이란 상호 배려, 이해와 존중, 리더십 등을 의미한다. 팀워크를 제대로 이루기 위해서는 다음과 같은 사항을 유념할 필요가 있다.

- 갈등을 회피하려는 지나친 배려가 도리어 팀워크를 해칠 수도 있다.

　만약 팀원들이 팀 분위기를 의식하여 서로의 의견을 솔직히 말하지 못하고 의견 충돌을 회피하는 데 중점을 둔다면, 겉으로는 팀원들 관계가 좋아 보이고 의사 결정이 신속히 이루어지는 것 같지만 팀워크가 좋은 것이 아니다. 사람이 모이면 크고 작은 의견 대립과 갈등이 생기기 마련이고, 이를 잘 해결해 나가는 것이 올바른 팀워크이다.

- 팀워크를 위해서는 팀과 팀원 양쪽 모두에게 도움이 되어야 한다.

　"개인보다는 팀이 우선되어야 한다"는 생각은 자칫 개인의 특성이 무시되고, 그 결과 개인의 창의성이 팀의 창의성으로 연결되지 않는 결과를 초래한다. 반면에 팀원들 간의 차이와 특성을 인정하고, 상호 교류를 통해 시너지를 내게 하면 팀 성과가 더욱 높아지게 된다. 결국 팀워크는 팀원들이 성취감과 자부심을 느끼고 자발적으로 헌신할 때 이루어지므로, 팀과 팀원 쌍방 모두에게 도움이 될 수 있어야 진정한 팀워크라 할 수 있다.

- 팀의 개인 평가가 팀워크의 걸림돌이 되는 것은 아니다.

　팀원에 대한 성과 평가가 내부 경쟁을 조장하여 팀워크를 떨어뜨릴 수 있다고 생각할 수 있지만, 이는 평가 방식이 잘못된 것이지 성과 평가 자체의 문제점은 아니다. 오히려 팀의 기여도를 평가하면 팀워크를 강화하는 수단이 될 수도 있다. 만약 팀워크를 위해 형식적인 평가를 한다면, 이는 내실이 없는 팀워크를 만들 뿐이다.

● 팀워크가 좋다고 해서 반드시 탁월한 성과를 올리는 것은 아니다.

팀원들 사이에 결속력이 높고, 자신들이 전문가라는 자만심이 높을수록 집단 사고에 빠질 위험이 커진다. 팀의 단합과 친밀한 관계가 팀워크의 바탕이 되는 것이 사실이지만, 인간관계를 지나치게 중시하면 팀의 자체 정화 능력과 비판 능력이 약화되어 팀 전체가 잘못된 방향으로 갈 수 있다.

그리고 만약 팀원 가운데 고압적인 전문가, 우월적인 참가자, 마지못해 참가하여 겉도는 팀원, 남의 의견을 의문 없이 받아들이거나 혹은 무조건 무시하는 팀원, 다른 사람에게 책임을 전가하는 무책임한 팀원, 만사를 귀찮아하고 결과를 서두르는 팀원 등이 있으면 팀워크가 깨지기 쉽다. 이외에도 팀원과 관련된 문제 몇 가지를 정리해 보면 다음과 같다.

● 문제와 관련된 지식이나 기술이 부족한 경우

계획 수립 과정에서 중요한 기술을 간과했거나 혹은 프로젝트 추진 과정에서 새롭게 필요성이 생길 수 있다. 이러한 경우에는 팀원들이 새로운 기술이나 지식을 습득할 수 있도록 교육과 훈련을 실시할 수도 있고 외부 전문가를 영입할 수도 있다. 만약 팀원들이 필요한 지식이나 기술이 부족해서 이를 형식적으로 적용하거나 혹은 무지로 인한 기법의 오남용까지 일어난다면 좋은 결과를 기대하기 어렵다.

- 팀원들이 중간에 그만두는 경우

  새로운 팀원을 뽑아서 업무를 다시 배정할 수도 있다. 그러나 그만 두는 팀원과 함께 사라지는 지식을 다시 확보할 수 없는 경우에는 커다란 손실이 야기될 수 있다. 이에 대비하기 위해서 중요한 기술이나 지식에 대해 예비 인원을 둘 수도 있고, 좀 더 유능한 팀원을 확보하는 계기로 삼을 수도 있다.

- 프로젝트에 대한 동기부여가 부족한 경우

  경영진의 무관심, 과도한 업무로 인한 시간 부족 등과 같은 열악한 추진 여건은 팀원들의 사기를 떨어뜨린다. 그리고 미흡한 보상 등으로 인하여 동기부여에도 실패하게 되면 프로젝트가 형식적으로 진행되기 쉽다.

- 일부 팀원끼리 지나치게 친밀한 경우

  일부 팀원끼리 지나치게 개인적 친분이 있는 경우 개인 문제를 이야기 하느라고 시간이 낭비되기 쉽고, 그 결과 업무 속도가 떨어지고 팀원들 간의 통합이 어려워질 수 있다. 이러한 경우 구성원들 사이에 파벌이 생기지 않도록 유의할 필요가 있다.

- 팀원들 사이에 갈등이 발생하는 경우

  팀원들 간에 역할 및 자원 분배의 모호함, 리더십 부재, 업무 스타일과 의사소통 스타일 및 각자의 개성 등 다양한 이유로 팀원들 사이에 갈등이 발생할 수 있다. 이런 경우에는 팀원들 사이에 일치하는 점과 대립하는 점을 구분하고, 대립의 원인을 분명히 할 필요가 있다.

예를 들어 목적에 차이가 있다면 상위 목적에서 바라보고, 관점의 차이가 있다면 좀 더 넓고 다양한 관점에서 보도록 노력해야 하며, 입장의 차이가 있다면 제3자의 입장에서 객관적으로 바라보아야 한다. 결국 대립을 협동으로 바꿀 수 있도록 서로 상생할 수 있는 접근 방법을 취해야 한다. 갈등이 생기면 더 고착되고 심화되기 전에 풀어야 한다.

팀원들 사이에 갈등을 해결하기 위해서는 우선 갈등이 존재한다는 사실을 서로 인정하는 것에서 출발하여, 실제로 존재하는 갈등을 파악한 후 모든 관점을 경청하도록 노력해야 한다. 그리고 팀원들 사이에 갈등을 이해하고 나면 갈등 해결 방법을 함께 모색하고, 해결책에 합의한 후 책임을 정하고 갈등을 해소하여야 한다. 이때 해결책은 팀원들의 합법적인 요구를 어느 정도 충족시킬 수 있어야 하며, 모든 팀원들의 득과 실이 대략적으로 균등해야 한다.

지금까지 프로젝트 추진 과정에서 팀원들 사이에 발생할 수 있는 문제에 대해 알아보았다. 결국 프로젝트 팀 활동이 원활히 이루어지기 위해서는 팀원들이 공통의 목적을 갖고 있어야 하며, 적절한 보상이 기대되어 목적을 달성하고자 하는 의욕이 바탕이 되어야 한다. 또한 팀 활동에 필요한 예산과 시간 같은 자원이 적절히 제공되어야 하고 적정 수준의 권한 위임이 이루어져야 한다. 특히 구성원 사이에 활발한 의사소통이 이루어질 때 프로젝트의 성공적인 수행을 기대할 수 있게 된다.

② 프로젝트 진행 단계

　프로젝트가 선정되고 수행 팀원들이 구성된 후에는 계획을 수립하고, 프로젝트를 수행하며, 프로젝트가 종료되면 보고서를 작성하고, 결과를 유지 관리하게 된다. 프로젝트 진행 과정이 효율적으로 이루어지기 위해서는 프로젝트 진행 관리 체계가 필요하다. 결국 프로젝트 관리란 인력, 시간, 예산이라는 제약 조건에 따라 프로젝트를 효율적으로 수행하는 것을 말한다(<그림 5.1> 참조).

　그러면 프로젝트의 각 진행 단계에서 고려하여야 할 사항을 알아보기로 하자.

<그림 5.1> 프로젝트 관리 체계 예

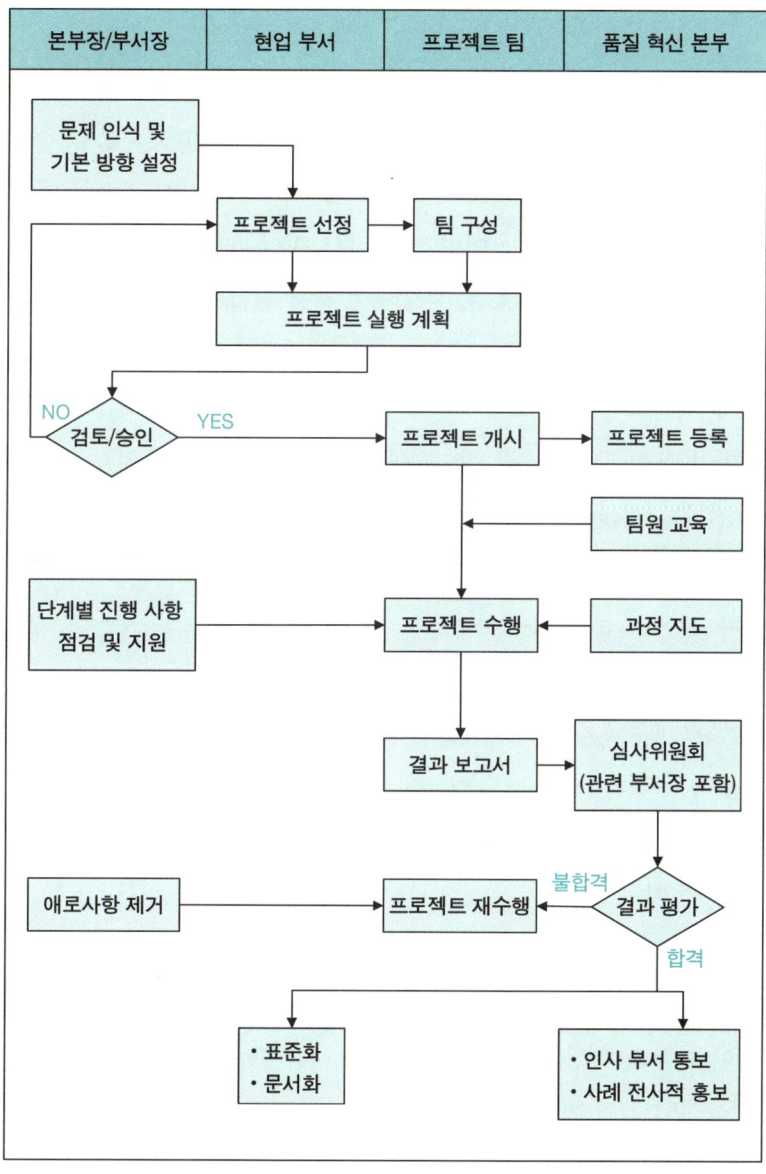

1) 프로젝트의 선택

프로젝트는 기업이 해결하여야 하는 문제를 인식하는 것에서부터 시작된다. 하지만 인력, 예산, 시간 등과 같은 기업이 갖고 있는 자원에는 한계가 있으므로, 현실적으로 기업이 해결해야 하는 모든 문제를 한꺼번에 해결하기는 어렵다. 따라서 여러 측면에서 선택과 집중이 불가피하고, 프로젝트를 시작하기 전에 시간을 내서 프로젝트를 통해 해결하고자 하는 문제가 핵심 문제인지부터 확인할 필요가 있다.

만약 핵심 문제인지를 확인하지 않은 상태에서 어떤 일을 완수하고 결과를 성급히 얻고 싶은 마음에 해결책을 설계한다면 이는 시간과 비용의 낭비일 뿐이다. 핵심 문제인지를 확인하고자 할 때는 다음과 같은 질문이 유용하다.

- 무엇 때문에 사람들이 이것을 반드시 해결해야 하는 문제로 인식하는가?
- 이 문제를 해결해야 하는 이유와 목적은 무엇인가?
- 이 문제와 관련된 이해 당사자는 누구인가?
- 프로젝트에 대한 이해 당사자들의 목표는 어떻게 다른가?
- 프로젝트를 성공이라고 판단하는 데 어떤 기준을 적용할 것인가?

이와 같은 과정을 통해 추진하고자 하는 프로젝트가 핵심 문제라는 확신이 들면 자원과 의지는 충분한지, 프로젝트를 수행할 능력은 있는지 등을 검토함으로써 프로젝트의 수행 가능성을 확인한다. 그리고 수행 가능성이 확인되면 프로젝트를 맡기고 승인한 상부 지원을 받을 수 있는지도 확인하고 목표를 분명히 한 후에 프로젝트를 시작한다.

2) 프로젝트 계획 수립

계획이란 출발 지점에서 도착 지점까지의 이정표를 말하며, 관련된 일을 앞으로 어떻게 할 것인가에 대한 로드맵의 성격을 갖는다. 하지만 프로젝트가 진행되는 과정에서 예상하지 못한 상황이 발생하게 되면 계획을 수정해야 하므로, 좋은 계획이란 수정하는 상황이 가급적 발생하지 않는 계획이다.

계획을 수립할 때는 문제의 정의, 이해 당사자, 프로젝트의 목적과 목표 등이 분명히 규정되어 있어야 한다. 목적과 목표가 분명하지 않은 상태에서 무엇을 할 것인지를 먼저 생각한다는 것은 마치 마라톤 경기에서 도착 지점을 확인하지 않고 일단 뛰려는 것과 같다. 그리고 팀원들이 프로젝트의 목적을 명확하게 이해하고 있을 때 더 많은 기여와 참여를 유도할 수 있다. 다만 목표를 설정하고 이를 협의하는 데 지나치게 많은 시간을 소비해서는 곤란하고, 목표 설정을 할 때 관료주의적 성향을 줄이는 데 노력해야 한다.

만약 프로젝트 추진 과정에서 필요한 활동이나 작업을 정의할 때 중요한 부분을 간과하거나, 프로젝트를 완료하는 데 필요한 자원을 지나치게 과소평가하면 프로젝트가 실패하기 쉽다. 따라서 프로젝트 추진 과정에서 단계별로 해야 할 일을 명확히 정리할 필요가 있으며, 해야 할 일이 체계적으로 정리되면 이를 바탕으로 프로젝트 팀을 구성한다. 팀이 구성되면 문제의 특성과 현황을 공유한 후에 팀원들과 함께 시간을 추정함으로써 일정 계획을 수립한다. 이때 유념할 사항 몇 가지를 정리하면 다음과 같다.

- 만약 변경할 수 없는 마감일이 정해져 있는 경우에는 마감일부터 거꾸로 일정을 정해 나가는 것이 현실적인 방법이다.
- 프로젝트가 장기간 지속되어야 한다면 이를 관리 가능한 규모로 나누어 단계별로 추진할 필요가 있다.
- 통제 범위보다 더 자세한 일정을 수립할 필요는 없다.
- 먼저 일정을 수립하고 난 후 자원을 배정한다.
- 초과 근무가 필요할 정도를 일정을 빡빡하게 짜서는 곤란하며, 예기치 않은 문제를 처리할 수 있는 여지를 남겨 두어야 한다.

프로젝트의 수많은 업무에 시간을 배분하는 방법 중에서 가장 널리 사용되는 방법이 <그림 5.2>와 같은 **간트 차트**gantt chart이다. 간트 차트를 통해 특정 업무가 언제 시작하고 그 업무를 완성할 때까지 얼마나 오래 걸리는지를 파악할 수도 있다.

<그림 5.2> 간트 차트의 예

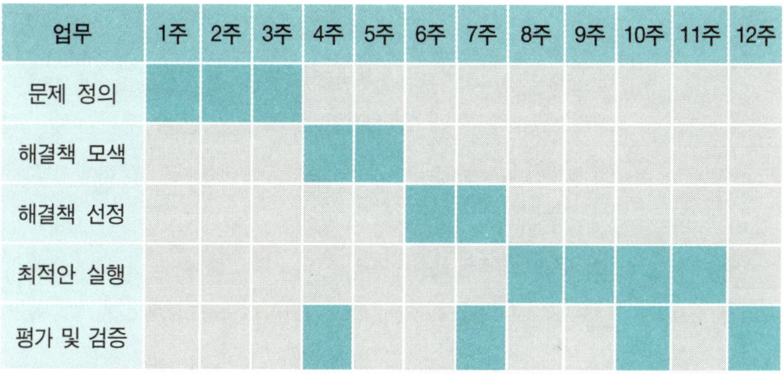

업무	1주	2주	3주	4주	5주	6주	7주	8주	9주	10주	11주	12주
문제 정의	■	■	■									
해결책 모색				■	■							
해결책 선정						■	■					
최적안 실행								■	■	■	■	
평가 및 검증				■			■					■

　이와 같이 일정 계획을 수립하고 나면 비용을 추정함으로써 예산을 수립한다. 예산은 "프로젝트를 수행하는 데 실제로 필요한 것이 무엇인가?"라는 질문에 답변하는 과정에서 수립된다. 참고로 <표 5.1>에는 예산 항목과 관련된 질문의 예가 주어져 있다.

　예산은 아무리 철저히 세워도 여전히 추정 금액일 뿐이다. 따라서 실제 금액이 예상 금액에서 벗어날 경우에 대비해야 한다. 그리고 벗어날 경우에는 일정, 프로젝트 목표, 사용 가능한 전체 비용 범위 내에서 융통성을 발휘하여 적절히 조정한다. 그리고 프로젝트 성공의 핵심 요인은 결국 사람이기 때문에, 팀원들로 하여금 계획을 수립하는 과정에 적극 참여하도록 하여 프로젝트에 대한 전반적인 이해를 공유하게 하는 것은 매우 중요하다.

<표 5.1> 예산 항목의 예

예산 항목	관련 질문
인건비	현재의 팀원뿐만 아니라 추가로 필요한 계약직을 포함하여 전체적으로 요구되는 금액이 어느 정도인가?
여비	모든 팀원이 현장에 있는가, 아니면 다른 곳에서 인원을 확보해야 하거나 또는 이동이 필요한가?
훈련	프로젝트 수행에 필요한 기술과 장비 사용법을 알고 있는가?
사무 용품	평소 사용하는 용품뿐만 아니라 특수한 장비가 필요한가?
공간 사용료	현재의 공간에서 재배치되어야 하는가, 혹은 추가 공간이 필요하다면 비용은 어느 정도인가?
연구	새로운 연구가 필요하다면 어느 정도의 연구를 수행해야 하는가?
자본 지출	고가의 장비나 설비가 필요하다면 어떻게 마련할까?
간접비	예상되는 간접비는 얼마나 되는가?

3) 프로젝트 수행

계획이 수립되고 나면 프로젝트를 수행하게 된다. 이때 계획이 행동으로 바뀌게 되며, 문제 해결 절차에 따라 프로젝트를 진행하게 된다. 프로젝트를 수행할 때는 집중력을 높여야 하며, 집중력을 높이기 위해서는 용기 있게 버릴 것은 버리고 잊을 것은 잊어야 한다. 예를 들어 진행 과정에서 세부 내용이 진행될수록 큰 흐름에서 벗어나기 쉽고 결과적으로 시간 낭비가 일어나기도 한다. 뿐만 아니라 예상하지 못했던 상황이 벌어져 프로젝트의 진행이 늦어지기도 한다. 만약 프로젝트가 지연된다면 다음과 같은 몇 가지 시도를 해볼 필요가 있다.

- 이해 당사자와 예산과 일정을 다시 협의하고, 협의 과정에서 마땅히 해야 할 것은 해야 하지만 포기해야 할 것은 포기한다.
- 낭비 요소를 최소화하고, 예산과 일정을 다른 부분에서 벌충할 수 없는지를 검토한다.
- 프로젝트 종료 시점의 중요성을 검토하여, 필요한 경우 더 많은 자원을 투입한다.
- 인센티브를 제공하여 팀원들의 활력을 끌어낸다.

프로젝트가 원활히 진행되기 위해서는 실행 과정을 모니터링하고 통제할 필요가 있다. 통제가 제때에 이루어지기 위해서는 적시에 관련 정보를 얻을 수 있어야 하며 얻어진 정보에 대해서는 빠르게 대처할 필요가 있다. 다만 너무 조급하게 대응하여 팀원이 지나치게 간섭한다고 느끼게 해서는 곤란하다.

프로젝트를 수행하는 과정에서 일정 관리와 예산 관리보다 더 중요한 것이 프로젝트의 질을 확보하는 일이며, 프로젝트의 목적 달성 여부가 프로젝트의 품질을 결정한다. 그리고 프로젝트의 진행 사항을 이해 관계자에게 알려야 한다. 예를 들어 예상치 못했던 상황이 발생한 경우, 이를 숨기거나 무시하면 위기로 악화될 수 있다. 이럴 때 이해 관계자들에게 알리고 솔직하게 대처하는 것이 상황이 악화되는 것을 막는 최선의 방법이다.

4) 프로젝트의 통제Control와 평가Evaluation

프로젝트가 수행됨에 따라 계획대로 진척되고 있는지를 점검할 필요가 있다. 만약 계획과 불일치가 발생하면, 원인을 파악하고 적절한 조치를 취해야 한다. 특히 중요한 과업의 진척도가 느리다면 자원을 많이 투입하여 속도를 높여야 하고, 특정한 과업에서 자원이 예상보다 적게 소모되었다면 혹시 과업이 부실하게 진행된 것은 아닌지 확인할 필요가 있다. 이런 경우 만약 프로젝트 관리자가 추진 과정에서 필요한 사람과 자원에 대하여 권한을 갖고 있지 않다면 적절한 통제를 하기가 어려워진다.

일반적으로 프로젝트에 대한 평가는 프로젝트 수행 중간 단계나 혹은 완료 후에 이루어진다. 중간 평가가 적절히 이루어지면, 미래에 좋지 않은 영향을 미칠 수 있는 요인들을 사전에 파악하여 예방할 수 있게 된다. 평가는 계획과 실제 진행 정도의 차이를 확인하는 작업이며, 평가 방법과 평가 기준도 중요하지만 평가가 이루어지는 시점 또한 중요하다.

프로젝트가 완료되면 프로젝트의 결과를 최종 평가하게 된다. 평가 결과는 정량적 효과와 정성적 효과로 구분되며, 정량적 효과는 다시 재무적 효과와 비재무적 효과로 구분된다. 재무적 효과는 비용 절감, 수익 향상 등과 같이 손익에 직접적인 영향을 주는 것을 말한다. 비재무적 효과는 사이클 타임 감소, 고객 만족도 향상 등과 같이 객관적인 재무적 효과로 파악되기는 어렵지만 간접적으로 수익에 영향을 주는 것을 의미한다. 그리고 정성적 효과는 브랜드 이미지 향상, 부서 간 의사소통 원활 등과 같이 정량화하기는 어렵지만 업무 성과에 긍정적 영향을 주는 것을 말한다.

만약 최종 평가 결과가 만족스럽지 않은 것으로 판정되면, 실패 원인을 분석하고 성공 가능성이 확인되는 경우 프로젝트를 다시 수행할 수도 있다. 반면에 최종 평가 결과가 합격 조건을 갖춘 경우에는 프로젝트 사례를 전사적으로 홍보하는 등의 사후 관리를 시행하여 프로젝트를 통해 얻어진 내용을 공유하고 학습하게 된다. 프로젝트에 대한 통제와 평가는 두 가지 다 프로젝트 수행 과정에서 중요한 피드백 기능을 제공하지만 차이점을 요약하면 <표 5. 2>와 같다.

<표 5.2> 통제와 평가의 차이

통제(Control)	평가(Evaluation)
• 프로젝트 추진 과정에서 계속 모니터링한다. • 일정, 예산과 같이 세부적인 일에 초점을 둔다. • 프로젝트 매니저가 수행한다.	• 중간 평가, 최종 평가와 같이 일정 기간에 수행한다. • 목적, 방향, 성과 등과 같이 전체적인 일에 초점을 둔다. • 객관성 확보를 위해 프로젝트에 참여하지 않은 개인이나 집단이 수행한다.

5) 프로젝트 종료

프로젝트가 최종 평가되어 가치를 인정받으면 지식으로서 기업 내에 축적하고, 유사한 상황에 적용되어 회사 안에서 그 효과가 파급되게 하여야 한다. 또한 평가 결과에 따라 프로젝트 팀은 상여금 또는 승진과 같은 보상을 받기도 한다.

프로젝트는 정해진 시작과 끝이 있지만 프로젝트 종료 후에도 책임은 계속되어야 한다는 점을 유념해야 한다. 흔히 프로젝트의 결과가 장기적으로 지속되지 못하고 개선 전의 상태로 돌아가는 경우가 있다. 특히 근본 원인 파악에 실패했거나 또는 개선안을 시스템으로 정착시키는 데 실패한 경우, 상황이 더 악화되는 요요 현상이 발생할 수 있다. 이러한 요요 현상을 줄이기 위한 한 가지 중요한 방법이 평가 지표 관리이다. 지표 관리는 <그림 5.3>에서 보는 바와 같이 순환 체계 속에서 이루어지기도 한다.

이러한 지표 관리는 프로젝트를 통해서 얻어진 성과가 평가 지표를 향상시키고 있는지 확인하고, 또한 평가 지표 값을 꾸준히 모니터링하여 프로젝트의 결과가 정착되었는지를 검토하게 된다. 그리고 정착된 평가 지표는 배제하고 새롭게 관리해야 할 평가 지표를 다시 확정하고, 부족한 평가 지표는 새로운 프로젝트를 통해 향상시킨다. 이러한 순환 체계를 통하여 프로젝트 결과를 유지하고 계속 향상시키는 것이 지속적인 개선의 핵심이라 할 수 있다.

<그림 5.3> 평가 지표 관리 체계의 예

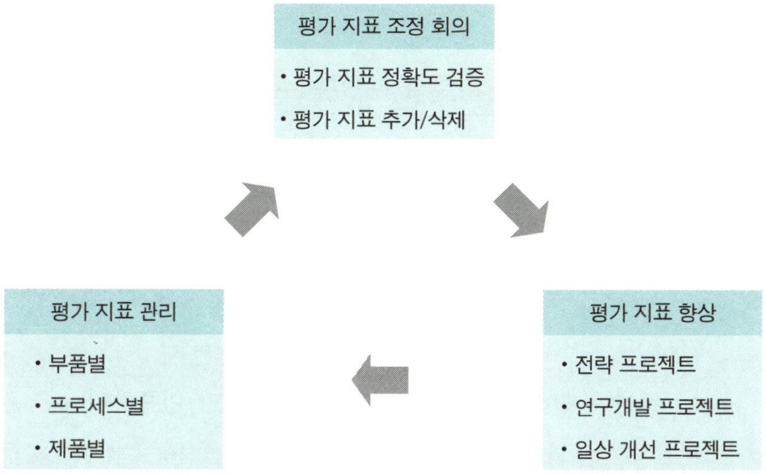

평가 지표 조정 회의

- 평가 지표 정확도 검증

- 평가 지표 추가/삭제

평가 지표 관리

- 부품별

- 프로세스별

- 제품별

평가 지표 향상

- 전략 프로젝트

- 연구개발 프로젝트

- 일상 개선 프로젝트

　　그리고 앞에서 설명한 프로젝트의 관리 및 평가 과정의 흐름을
요약하면 <그림 5.4>와 같다. 이런 과정을 거쳐 프로젝트가 성공
적으로 마치게 되면 수행 과정에서 겪은 일들을 교훈으로 삼고 다
음에는 더 잘할 수 있다는 자기 긍정과 자신감으로 최종 마무리하
게 된다.

<그림 5.4 > 프로젝트의 흐름

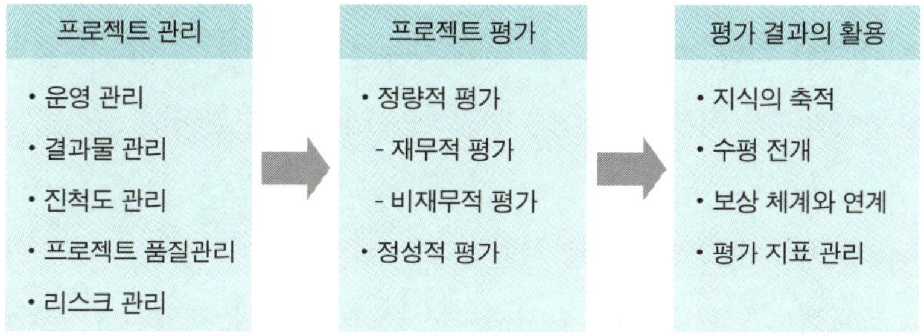

프로젝트 관리	프로젝트 평가	평가 결과의 활용

• 운영 관리
• 결과물 관리
• 진척도 관리
• 프로젝트 품질관리
• 리스크 관리
	• 정량적 평가
	  - 재무적 평가
	  - 비재무적 평가
	• 정성적 평가
		• 지식의 축적
		• 수평 전개
		• 보상 체계와 연계
		• 평가 지표 관리

3 프로젝트를 관리할 때 유념해야 할 사항

프로젝트를 추진하는 과정에서 프로젝트 성과가 미흡하거나 혹은 예산과 일정이 초과되는 경우 프로젝트 관리는 실패하게 된다. 프로젝트 관리 과정에서 유념하여야 할 사항을 다시 한 번 강조하면 다음과 같다.

● **올바른 프로젝트 테마의 선정이 중요하다.**

고객 요구를 제대로 파악하지 못하여 고객 가치 증진에 기여하지 못하는 테마이거나, 조직 목표와 조화를 이루지 못하는 프로젝트 테마는 성과를 내기 어렵다. 또한 문제가 다양하거나 복잡한 경우에는 먼저 전체 큰 그림을 이해하고, 이를 바탕으로 세분화하고 우선순위를 정해야 한다. 만약 이러한 문제 구조를 파악하는 과정이 소홀히 다루어진다면 적절한 테마를 선정하는 데 어려움을 겪게 된다.

● **프로젝트 관리의 핵심은 사람이다.**

프로젝트 팀이 활력을 갖기 위해서는 관련 지식, 하고자 하는 열정, 올바른 마음가짐을 가진 사람들로 팀이 구성되어야 한다. 팀원 사이에 역할, 책임과 권한 등이 불분명한 가운데 의사소통도 잘 이루어지지 않는다면 프로젝트는 진행 과정에서 어려움을 겪게 된다. 그리고 잦은 팀원 교체로 인하여 팀이 연속성 확보에 실패하거나 구성원 간의 통합 노력이 부족한 경우에도 갈등이 발생하기 쉽다. 결국 프로젝트의 성공 여부는 사람에게 달려 있다는 점을 다시 한 번 명심할 필요가 있다.

● 프로젝트가 복잡할수록 계획이 필요하다.

복잡한 프로젝트를 수행하기 위해서는 먼저 문제의 구조를 이해해야 하며, 이러한 이해를 바탕으로 계획을 제대로 수립해야 한다. 만약 복잡성으로 인하여 계획을 수립할 때, 프로젝트 목표가 불명확해지면 프로젝트의 방향 설정에 어려움을 겪게 된다. 그리고 예산 편성, 일정 계획, 자원 할당 등이 적절치 못하게 적용된 경우에도 진행 과정에서 어려움을 겪기 마련이다. 또한 복잡한 상황에서 계획대로 진행되고 있는지를 제대로 파악하지 못한다면 프로젝트에 대한 적절한 조정이 어렵게 되고, 그 결과 프로젝트의 질이 저하되기 쉽다.

● 프로젝트 팀원의 사기를 높이기 위한 계획도 필요하다.

팀원의 사기를 높이기 위해서는 보상하고, 벌칙을 가하며, 경쟁시키고, 도전하게 하며, 지도하는 것이 필요하다. 보상하는 것은 승진이나 금전적 보상도 물론 중요하지만 직접 본인을 격려하는 것이 중요하다.

관심을 보이면 반응이 일어난다. 따라서 프로젝트 리더는 팀원들에게 계속적으로 관심을 보여야 하며, 팀원들이 잘못했을 때 모르는 체하면 오히려 사기가 꺾일 수도 있다. 팀원들 간에 공정한 경쟁이 이루어지면 성과가 올라갈 수도 있지만, 팀원들 개인끼리의 경쟁보다는 다른 팀 혹은 외부 다른 조직과의 경쟁을 유도하는 것이 바람직하다.

그리고 높은 목표를 통해 도전 정신을 고양시키거나 공감할 수 있는 분위기가 형성되면 사기가 올라간다. 그리고 이러한 것을 한꺼번에 행하는 것보다는 계획에 따라 체계적으로 행하는 것이 더욱 효과적이다.

● 지나친 통제는 자율성을 해칠 수 있다.

팀원들이 자율적으로 행동하는 분위기가 조성되고 팀원 각자가 자신이 해야 할 일에 몰두 할 수 있을 때 창의적인 아이디어와 성과가 나온다. 따라서 통제는 적정 수준의 권한 위임을 전제로 이루어져야 한다. 권한 위임과 방치는 다르다. 적정 수준의 권한 위임이 이루어지기 위해서는 누구에게 무엇을 위임해야 할지를 파악하고, 일할 수 있도록 그에 따른 정보와 자원을 제공하여야 한다.

● 프로젝트 범위와 목표에 대하여 일관성을 유지하여야 한다.

프로젝트 추진 과정에서 프로젝트의 목표와 범위를 변경하도록 요구 받을 수 있다. 이해 관계자들이 변경을 요구한다면, 우선 이러한 변경이 프로젝트의 비용, 시간, 품질에 어떠한 영향을 미칠지에 대하여 명확히 알려야 한다. 계획에 대한 합의가 이루어진 후에는

긴급한 상황이 아니라면 프로젝트의 범위와 목표를 유지하는 것이
바람직하다.

● 일정 관리가 중요하다.

　프로젝트 관리에서 발생하는 가장 흔한 문제는 일정을 맞추지 못
하는 것이다. 시간은 다른 자원과 달리 유한하고, 모두에게 일정하
게 주어져 있으며 재생산이 불가능하다. 대부분의 경우 프로젝트를
수행하는 일은 계획보다 시간이 많이 소요되는 경우가 많다. 일정
관리를 위해서는 일정에 차질을 빚을 수 있는 요인을 미리 파악하여
대비하여야 하고, 나중에 예상치 못한 일을 처리할 수 있는 여지를
남겨 두는 것이 바람직하다.

● 팀원들의 업무가 지나치게 많아지는 것은 막아야 한다.

　기업에서 프로젝틀 추진할 때 팀원들은 본인의 일상적으로 수행
하는 고유 업무와 함께 부가적으로 프로젝트를 수행하는 과제를 맡
게 되는 경우가 많다. 이러한 경우 과도한 업무로 인한 시간 부족
등과 같은 열악한 추진 여건은 팀원들을 어렵게 만들 수 있다. 그리
고 예산, 일정, 목표, 방향에 대한 지나친 변경 요구는 팀원들을 더
욱 힘들게 할 수 있다. 역설적으로 긴장감이 너무 없어져도 피로를
쉽게 느끼기도 하지만 피로감을 지나치게 느끼면 생산성이 떨어질
수 있고, 극단적인 경우 팀원이 더 이상 일을 지속하지 못할 수도
있다. 이러한 경우 프로젝트 리더는 위임받은 범위 내에서 최대한
팀원들의 업무를 재조정할 필요가 있다.

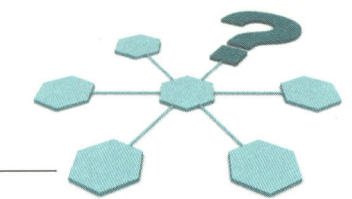

1. 우선 내가 속해 있는 조직에서 새로운 변화를 가져올 수 있는 문제나 기회를 설정해 보자. 그리고 이 일을 훌륭하게 해낼 수 있는 프로젝트 팀의 팀원을 서너 명 찾아보자. 만약 마음에 떠오르는 특정한 사람이 없다면 프로젝트를 추진하는 데 필요한 능력이나 기술이 무엇인지를 열거하고, 이를 바탕으로 팀을 구성할 수 있는 방법을 모색해 보자.

2. 프로젝트를 진행하는 과정에서 계속 일정이 지연되고 있다. 이러한 프로젝트 지연을 통제하는 방법에는 어떠한 것이 있을지 파악해 보자.

3. 내가 속해 있는 프로젝트 팀에 다음과 같은 문제가 있다고 가정할 때 어떻게 하면 되겠는지 생각해 보자.

   (1) 누군가가 항상 토론의 방향과 결론을 지배하려 한다.

   (2) 팀원 중 한 명이 항상 모임에 늦고, 맡은 업무를 해오지 않는다.

   (3) 팀원 중 한 명이 일은 열심히 하는데 업무 처리 과정에서 자주 실수를 한다.

   (4) 경영진이 지나치게 간섭하고 요구 사항이 자주 바뀐다.

4. 우리 회사에서 불량률을 감소시키기 위한 프로젝트를 부여 받았다고 가정하자. 구체적인 계획을 수립하기 전에 무엇부터 확인해야 할지 생각해 보자.

5. 효율적인 프로젝트 팀을 구성하기 위한 절차를 정리해 보자.

6. 효율적인 프로젝트 팀의 특징은 무엇인지 생각해 보자.

7. 프로젝트 팀이 활력을 갖게 하기 위해서는 어떻게 해주어야 할지 생각해 보자.

8. '외과 수술 팀'과 '신제품 개발 팀' 사이에는 팀 구조의 측면에서 어떠한 차이가 있을 수 있는지 생각해 보자.

9. 프로젝트 팀 리더가 갖추어야 할 덕목에는 어떠한 것이 있을지 생각해 보자.

10. 계획 수립 단계 초기에 프로젝트 활동과 산출물에서 관련된 이해
    관계자를 파악하는 데 시간을 들여야 하는 이유는 무엇인지 생각
    해 보자.

11. 프로젝트의 목표를 정의할 때 고려해야 할 요인에는 어떠한 것
    이 있을지 파악해 보자.

12. 완료된 프로젝트는 누가 평가하는 것이 바람직한지 생각해 보자.

13. 프로젝트를 마친 후 결과에 대한 보상으로 어떠한 것이 있을 수
    있는지 생각해 보자.

우리는 이제까지 기업에서의 '문제'와 '문제 해결'이라는 평범하지만 중요한 주제에 대하여 구체적이고도 체계적으로 고찰해 보았다. 먼저 우리는 문제를 이해하기 위한 첫 걸음으로, 1장에서 기업에서 발생하는 문제의 개념과 문제의 유형, 그리고 문제 해결이 쉽지 않은 이유에 대하여 알아보았다. 이렇게 기업에서 발생하는 문제에 대한 포괄적인 의미를 고찰한 다음 계속하여 문제 해결의 방법에 대해 살펴보았다.

문제를 해결한다는 것을 이해하기 위해서는 여러 각도에서 살펴볼 필요가 있다. 먼저 문제 해결 과정 그 자체는 지속적인 사고 과정이라 볼 수 있다. 그리고 다른 각도에서 문제 해결은 구체적인 의사 결정을 하는 연속적인 판단 과정이라는 측면도 있고, 해결책을 마련하고 실행하는 행위들의 총체적인 집합이라고도 볼 수 있다. 우리는 이 책에서 문제 해결의 의미를 이러한 다양한 각도에서 살펴보고 그 내용을 고찰해 보았다.

먼저 문제 해결 과정을 우리의 사고 과정이라는 관점으로 볼 때, 문제를 해결하기 위해서는 적절한 사고력이 필요하게 된다. 우리는 2장에서 문제 해결에 필요한 이러한 사고력을 비판적 사고, 창의적 사고, 논리적 사고, 시스템 사고, 통계적 사고의 여러 측면에서 살펴보고, 이러한 사고력들이 문제 해결 과정에서 어떻게 적용되어야 하며, 그리고 어떻게 결합될 때 효과적인지를 고찰하였다.

그리고 문제 해결이란 의사 결정을 하는 행위의 연속이라는 관점에서 고찰해 보았다. 바람직한 문제 해결은 오류를 범하지 않으면서 적절한 의사 결정을 내리는 행위라고 볼 수 있다. 이러한 측면에서 3장에서는 의사 결정을 하는 데 방해 요인이 무엇이며, 우리가 의사 결정을 할 때 오류를 야기하는 요인으로 비논리적 사고, 심리적 요인, 부적절한 정보 그리고 현상에 대한 잘못된 인식 방법 등의 관점에서 살펴보았다. 이러한 요인들로부터 야기될 수 있는 오류를 범하지 않는 것이 최선의 의사 결정 방법이 될 것이다.

그리고 4장에서는 의사 결정은 문제에 대한 구체적인 해결책을 마련하고 실행하는 행위라는 측면에서, 해결책을 모색하는 방법을 단계별로 나누어 살펴보았다. 즉 문제 해결 과정을, ① 문제를 인식하고, ② 다양한 해결책을 모색하며, ③ 해결책을 평가하여 최적 해결책을 선택한 후, ④ 실행하는 단계로 나누어, 좋은 해결책을 마련하기 위해서 필요한 각 단계별 수행 내용을 설명하였다. 그리고 5장에서는 이러한 문제 해결을 하는 과제인 프로젝트를 어떻게 수행하고, 관리하여야 효과적인지를 살펴보았다.

결국 이 책에서 살펴본 내용을 종합하면 최선의 문제 해결이란, 정확하게 문제를 인식하여, 적절하고도 합당한 우리이 사고력을 바탕으로, 합리적으로 의사 결정 과정을 수행하여, 문제에 대한 해결책을 마련하고, 이를 실행하는 구체적인 행동의 총체적 집합이라 결론지을 수 있다. 그리고 우리는 이 책에서 이러한 내용을 체계적이고도 구체적으로 살펴보았다. 또 이러한 일련의 과정, 즉 프로젝트를 체계적으로 진행하고 관리하는 방법에 대해 알아보았다.

따라서 이 책의 각 장에서 살펴본 내용들은 독립적인 내용이면서도 통합적인 측면을 동시에 갖고 있다고 할 수 있다. 우리가 기업에서 다양한 문제를 해결하고 성과를 창출하고자 할 때, 우리가 이 책에서 다룬 내용들을 각각 이해한 후 통합적이고도 유기적으로 결합하여 적용하면, 적절한 문제에 대해 타당한 방법으로 최선의 해결책을 마련할 수 있을 것이다.

  이 책의 내용을 한번 눈으로 보는 데 그치지 말고, 기회가 닿는 대로 현실에 적용해 보기를 기대한다. 눈으로만 배운 지식보다는 직접 체험을 통해 체득한 지식이 더 소중하고 오래 기억되기 때문이다.

참고 문헌

가톨릭대학교 교양교육원. 《분석과 창의적 문제 해결》. 서울: 가톨릭대학교 출판부, 2005.

게리 클레인. 《의사결정의 가이드맵》. 은하랑 옮김. 서울: 제우미디어, 2005.

고문규. 《전략적 문제해결》. 대전: 대경, 2008.

김도훈・문태훈・김동환. 《시스템 다이내믹스》. 서울: 대영문화사, 1999.

김동건・박종외. 《논리학 이해》. 서울: 경문사, 2010.

김동환. 《시스템 사고》. 서울: 선학사, 2004.

김상수. 《창의적인 문제해결과 의사결정》. 서울: 명경사, 2005.

김영채. 《창의력의 이론과 개발》. 서울: 교육과학사, 2007.

나라이 안. 《문제해결력 트레이닝》. 김영철 옮김. 서울: 일빛, 2003.

데이빗슨 프레임. 《프로젝트 관리》. 양기영・한경수 옮김. 서울: 한언, 1999.

도로시 엡. 《창의적 업무능력 개발》. 김만식 옮김. 서울: 21세기북스, 1997.

마이클 모부신. 《왜 똑똑한 사람이 어리석은 결정을 내릴까?》. 김정주 옮김. 서울: 청림출판, 2010.

박은진・김희정. 《비판적 사고》. 서울: 아카넷, 2008.

사토 인이치. 《문제해결의 기술》. 이봉노 옮김. 서울: 새로운제안, 2003.

스코트 포글러・스티븐 르블랑. 《창의적 문제해결 전략》. 김정현 옮김. 서울: 진샘미디어, 2008.

R. L. 퍼틸. ≪논리적 사고≫. 한상기 옮김. 서울: 서광사, 1994.

HR Institute. ≪전략적 의사결정을 위한 문제해결 툴킷≫. 노구치 요시아키 엮음, 이봉노 옮김. 서울: 새로운제안, 2005.

오마에 겐이치・사이토 겐이치. ≪맥킨지 문제 해결의 기술≫. 김영철 옮김. 서울: 일빛, 2004.

자카리 쇼어. ≪생각의 함정≫. 임옥희 옮김. 서울: 에코의서재, 2009.

카이 위르겐 리츠. ≪의사결정의 함정≫. 두행숙 옮김. 서울: 비즈니스맵, 2008.

크리스토퍼 호에닉. ≪문제해결 법칙≫. 박영수 옮김. 서울: 예문, 2004.

토머스 키다. ≪생각의 오류≫. 박윤정 옮김. 서울: 열음사, 2007.

피터 드러커 외. ≪의사결정의 순간≫(개정판). 심영우 옮김. 파주: 21세기북스, 2009.

피터 셍게. ≪제5경영≫. 안중호 옮김. 서울: 세종서적, 1996.

하버드 경영대학원. ≪의사결정의 기술≫. 임재주 옮김. 서울: 웅진윙스, 2007.

하버드 비즈니스 프레스 엮음. ≪프로젝트 관리의 기술≫. 이상욱 옮김. 서울: 한스미디어, 2008.

허명회. ≪통계적 사고≫. 서울: 교우사, 2006.

호리 기미토시. ≪문제 해결을 위한 퍼실리테이션의 기술≫. 현창혁 옮김. 서울: 일빛, 2005.

후쿠자와 히데히로. ≪데이터로 사고하는 의사 결정의 기술≫. 박종민 옮김. 서울: 멘토르, 2008.